围城

内容红利

掌控内容创作与流量增长的黄金法则

于困困 著

The Content Dividend

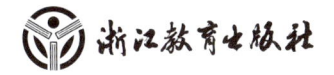

浙江教育出版社

图书在版编目（CIP）数据

内容红利：掌控内容创作与流量增长的黄金法则 / 于困困著 . -- 杭州：浙江教育出版社, 2025.6.
ISBN 978-7-5722-9631-4
Ⅰ. G206.2-39
中国国家版本馆 CIP 数据核字第 2025U2E834 号

内容红利：掌控内容创作与流量增长的黄金法则
NEIRONG HONGLI: ZHANGKONG NEIRONG CHUANGZUO YU LIULIANG ZENGZHANG DE HUANGJIN FAZE

作　　者：于困困
责任编辑：刘姗姗
美术编辑：钟吉菲
封面设计：末末美书
版式设计：张　敏
责任编审：赵　娜

浙江教育出版社出版
北京华景时代文化传媒有限公司发行
北京中科印刷有限公司印刷　　新华书店经销
字数 349 千字　　690 毫米 ×980 毫米　　1/16　　23.5 印张
2025 年 6 月第 1 版　　2025 年 6 月第 1 次印刷
ISBN 978-7-5722-9631-4
定价：79.00 元

版权所有，侵权必究
未经书面许可，不得以任何方式转载、复制、翻印本书部分或全部内容。
本书若有质量问题，请与本公司图书销售中心联系调换。电话：（010）83626929

序言
潮起潮落，仰慕永恒

亲爱的读者，欢迎你与我一起开启内容能力提升之旅。

我想先邀请你看看这本书的使用指南和创作历程。

这是一本工具书，希望可以帮你习得内容原理，在"人人自媒体时代"掌握一门技能，积累属于自己的线上资产。

这本书的创作过程潜藏了我对时代变迁与当下情绪的观察，也许可以作为你的参照，帮你理解变动与不确定的大环境，在职业技能与人生方向上构建一个确定且向上的小环境。

这本书从2023年初开始策划，到出版上市，历经两年时间。两年间，中国的社交媒体和社会情绪都发生了剧烈变化，每个人都置身事内，无法忽视大环境的变动。在写这本书的过程中，我也不时被各种各样的社会热点打断，但停下来反观，发现书中所写正好是看透当下正在发生的变化的一个小小切口。

中国的社交媒体在这两年，从浮躁回归常识，从潮起潮落到走向呈现某种趋势，未来社交媒体会将会有哪些变化？如果你正在做自媒体，这本书也许可以帮你了解其中三味。

作为有20年经验的内容从业者，我越发感受到了什么能力是持久的，可以穿越时间周期，什么东西仅仅是短时红火，刹时烟消云散。希望这本书对忙忙碌碌的职场人有所帮助。

2023 年 3 月，我在大理面向洱海的书桌前写下了这本书的第一个字。

我当时住的小区叫"山水间"，里面聚集了很多从北上广深移居大理的新移民，我只发了个朋友圈，就炸出了 100 多个老熟人。他们在大理有开书店的、开咖啡馆的、开餐厅的、建数字游民社区的，当然还有做自媒体大博主的。

那时候的大理给我的感觉好像是双创时代的北京或者上海，新移民们野心勃勃、摩拳擦掌，他们的共同精神面貌是：重新开始，大干一场！

那时候，很多人开始重新到处走动，迫不及待地往前看，想要追回丢掉的时间和很多其他的东西，虽然不太看得清前路，但心怀希望，世界有一种即将重启、万象更新的气氛。

大理就是这些人的聚集的地方。

现在回头看，当时的氛围还挺迷人。每个人都因为充满希望而特别有生命力，当然也夹杂着危险，因为好像要追赶失去的东西，盲目且盲从，野心中夹杂着浮躁和贪婪。

当时社交媒体上一些人的心绪更为明显。

拿"怎么做自媒体"这个类型的内容为例。

当时最时髦的方法论都讲究快速：30 天起号、7 天起号、3 小时起号、1 招起号……

并没有人关心内容。虽然自媒体本质上是一个内容产品，但是流量红利仍在，玩花式投放、矩阵倒流、卡流量 bug 小技巧是这些教你怎么做自媒体的课程的主要内容。

原创被视为 old school，甚至应该反对，因为"爆款的本质是复制""你没有火是因为你不会抄"，社交媒体上处处可见这种言论。

当然，更鼓动人心的宣传语与赚钱有关："有手就能做""月入 100 万"，等等。

……

这其实是社交媒体流量高速增长的自然过程，但也是最后的狂欢。

以抖音为例：2019 年抖音发布了日活用户 3.2 亿的数据，到了 2022 年，日活用户超过 6 亿，抖音成为中国日活用户第二多的平台。此后抖音官方再也没有公开发布过这个数据，很多第三方数据机构也认为目前抖音的日活用户停留在 8 亿左右这个量级。

这种增速带来的结果就是"能上网的人都上网了"。流量红利时，教大家玩流量拿结果，在技术上只能说，不是不可行。

但一切在 2024 年发生了转变。社交媒体面临着前所未有的内卷，一方面新增流量放缓，用户不够用了；另一方面职业前景的不确定让更多人将自媒体作为它业或副业，形成了人人都有个号的局面，人们发现，通过玩流量的方式起号没那么好使了，回归内容与回归商业常识，逐渐成为一种新的共识。

这本书的核心理念，在转折发生前后，笃定不变。

这是一本聚焦如何在自媒体中应用内容原理的书，它有如下几个关键词：

融合：对经典的内容概念、方法、使用原理与社交媒体的内容生产、传播进行转换和融合。

底层：着重讲解不过时的部分，较少涉及那些转瞬即逝的模板、套路或技巧。

原创：总结相对通用的原则与规范，方便你添加个性、施展想象力，做出自己的爆款，而非复制、抄袭。

倡导美好品质：做得体、尊重常识、有审美、追求品质、有流量的自媒体，而非哗众取宠或装疯卖傻。

聚焦做自己：真诚对待自己的内容与用户，既不觊觎他人，也不妄图投机。

我之所以这样"以不变应万变"，来自 20 年内容从业的经验、教训与观察。

首先我是个内容创作者，参与过太多五花八门的内容形态的创作，亲眼看到平台起起落落，流量飘来飘去，然而真正沉淀下来可以依赖的绝非流量，而是内容。

我也是个内容创业者，亲身体会了成功的商业都来自利他的产品、科学的方法论，以及坚持长期主义的必要决心，寄希望于转瞬即逝的奇技淫巧与投机外部的小花招，最终会跌落在时代转折的夹缝中。

我工作 20 年了，越发相信底层能力的威力：一种可迁移、能通感、随时取用的能力，不论顺境、逆境，不论好年景、坏年景，这些才是唯一可以依靠的东西。

我创作过各种形式的爆款，它们都共享少数几条内容原理。

我是以专栏作者的身份入行媒体的，自2002年开始在《三联生活周刊》的"生活圆桌"专栏发表文章，之后又在三联主持了一个长达6年的"流言"专栏。

专栏，是传统纸媒时代的爆款：短小、轻快，紧跟当下热点，填塞了一闪一闪亮晶晶的小聪明，也孕育了一批专门写小短文的专栏作家。

之后我开始尝试写特稿，作为GQ的创刊团队成员负责人物特写，完成过海子、刘慈欣、张艺谋等一系列人物特稿，有的耗费了我半年时间，长达数万字，它们后来结集为我的特稿文集《不上流，不下流》。

当年这是另一种媒体行业的爆款：用大量的采访、实地考察和绵密铺陈的笔触完成的杂志体文章。

在过去10年，我在社交媒体上换一种形式做爆款：阅读量10万+的公众号、点击量过亿的"病毒营销"活动、播放量过千万的爆款短视频……

现在回顾这些形态不一的爆款，它们一定抓住过流量红利或者时代精神，但是撇去表面的浮沫，会发现它们背后的内容原理永恒不变，至今仍在社交媒体发挥威力。

节奏与口音，是短小专栏的精髓，也是今天自媒体爆款内容的必备要素。

故事、人物、对白与意义，是人物特稿打动人心的秘密，也是今天所有现象级账号鲜明人设的来源。

视频内容展现出的对时间感的掌控抓住了精神涣散的社交媒体用户，用户心理学又催生了用户互动，这些不仅支撑了红极一时的"病毒营销"，还使同类型的变体不断反复出现。

……

内容行业没有新鲜事。

我的媒体导师、《三联生活周刊》前副主编苗炜苗师傅，在我写作这本书时赠给我一句推荐语："我原来教困困做老媒体，现在我跟着困困学习做新媒体。"

我想说，苗师傅太客气了。

今天我解读的自媒体内容原理，很多仍旧来自苗师傅的教诲，今天我只不过借来一用，变换了应用场景。

我甚至还往前追溯了一下，从文学、戏剧、电影大师那里借用经验，有的是对海明威、福克纳、斯蒂芬·金经验的提炼，有的是对李安、希区柯克、戈达尔经验的浓缩总结。

我也越发相信，做自媒体，需要有点"创业精神"。

创业实际上就是：构建产品，帮助他人，建立影响力，对世界产生一些好的影响，而赚钱仅仅是自然而然的副产品。

我从2014年开始至今都在创业，创立过估值过亿的内容公司玲珑，公司入选了微软加速器，也得过虎嗅的年度新锐媒体奖，我还曾在一家内容型上市互联网公司做副总裁，负责用户与内容业务。与我同行的很多人，他们今天有的是大厂中层，有的是新消费品牌创始人，有的是百万大V，仍旧在影响着今天的社交媒体。

今天做自媒体更像是一种最小形态的创业。它要求你具备创业的几种基本素养。

构建产品的能力：定位、需求、用户与品牌需要高度协同一致，做出市场需要且独特的内容产品。

营销能力：定义和抵达你的有效目标用户，既不要认死理去做没有用户基础的事情，也不要被泛流量数据的虚荣指标所干扰。

向善：媒体的本质是"人与人的交流"，其中蕴藏着人类最根本也最美好的品质：诚恳、正直……这使交流双方具有人格魅力；成长、寻找、梦想、爱与美……这是人类最普遍的意义，是所有爆款内容能够穿破圈层流行的内核。

作家、"详谈"丛书主理人李翔先生，为我的书写了一句推荐语："既有创作者的体感，又有商业化的经验，困困对内容的见解值得一听。"我想，李翔先生的推荐语也值得你一听。

以上这些经验与观念，成为这本书背后的指导思想：既有一个创作者珍视的有点学院派的内容原理，也有一个创业者下地干过活后的实操方法论。

这本书，真是从春天走到了冬天。

我不喜欢现在，我也在努力适应：因为过去的时代过于耀眼，此时此刻又过于朴实，让人有时空错乱之感。

但是我仍旧认为有一件好事正在发生，不管是主动还是被动，不管你愿意还是不愿意。

所有人都必须回归常识。

所谓潮水退去，露出真正的礁石。

社交媒体也跟着一起转向与祛魅，出现了下面一些变化：

流量停止增长，玩流量小花招不好使了。这对应的是平台上存量内容的丰富与需求的不断多样性。其实这也是互联网发展的必然规律：起初是基础设施迅猛发展，当基建完成后，就是拼内容的时候了。在一片哀号中，这也算是个不大不小的好消息：自媒体，终于回归到了内容。

网红再难出现，但"职人"层出不穷。动不动一夜涨粉百万的网红少之又少，但精耕细作拥有几十万粉丝，做到垂直第一名的职业人却大有人在，并形成了一股潮流。二者之间最大的差异不是粉丝量级和商业模式，而是做号逻辑与可持续性：一个是艺人逻辑，考验资本与运气，成功概率靠命，能火多久待定；另一个是职场逻辑，考验专业与技能，成功概率可预估，更具持久性。

大呼小叫、打鸡血的成功学听的人少了，理性奋斗者崛起。理性奋斗更像在"韬光养晦"，但也提供解决方案，仿佛是"躺不平又不想卷"一代的新型指路明灯：他们分享专业技能，解决具体问题，倡导"把杠杆加在自己身上"，等待新的时机。

社交媒体未来将会奉行如下价值观：

追求长期价值，而非相信捷径；

尊重规律，既要懂内容，又要懂商业；

做自己，而不是企图复制他人；

……

这些也是本书的价值理念。

我不觉得自己有什么高瞻远瞩洞察未来的高见，我有的是一个20年内容从业者朴素的认知。但凡经历过两次以上的周期，见识过足够多的起起落落，就会更珍视那些稳定且亘古不变的东西。

感谢北京大学新闻与传播学院教授胡泳老师对这本书的认可，胡老师在推荐语中说："困困此书，秉承的是'以不变应万变'的内容理念，专注于内容本质，分享可迁移的底层内容原理，而这一切都源于作者20年的内容创作和创业经历。其所坚持的'长期价值'，是对现今速成文化的一种有力回应。"

下面请让我为你介绍一下这本书的使用指南，以及这本书能帮你解决什么具体问题。

这是一本以"爆款内容原理"为核心展开的工具书，总共有4章28节，它们在广度上覆盖了你开启一个自媒体的全链条，在深度上帮你习得可理解也可操作的内容能力。

第一章，帮你找好自媒体的定位与人设、目标用户、全平台运营的策略以及个人IP方法论，特别适合做自媒体刚刚起步的朋友。

我把你当作一个创业者，用这一章帮你规划一份自媒体商业计划书；帮你培养"空杯心态"，重新审视自己与内容，找准人设与定位；重新去理解中国5个主流社交媒体平台，做出最适合的运营策略；重新去思考和厘清有效目标用户，破除虚荣指标的干扰；帮你用品牌营销的专业框架，在最初就埋下品牌的种子，打好个人IP的地基。

第二章是重点章节，讲的是16个爆款内容原理。这里适合进阶的朋友，帮你实现内容自成风格，做出属于你自己的源源不断的爆款。

以"意义"为例，这是一切内容能够突破圈层的真正秘密，它不是玄学，而是一门内容科学，是情感与价值的浓缩。"视角"，是你调整与用户远近亲疏关系的筹码，带着视角思路你就犹如有了一种内容透视感，经过"视角"的自由组合，生出无数种可能。"场景"，是爆款内容的最小单元。近年来出现的现象级账号，全部都是应用场景，瞬间提升了内容的信息密度。

在此，我不再一一列举，每小节一个内容原理，我力图讲清楚它的概念、目标与方法，也期待你能落地实操去试试，你会发现创作的乐趣与力量。

为什么要学习原理，而非模板、公式、套路？因为那些表面的技巧从未告诉你"为什么"，当你僵化复制后，或许会得到一点短期效果，但你将迅速迎来瓶颈，因为公式限制了你的想象。这些原理恰恰能帮你理解为什么、是什么、怎么做，释放你的想象力。

第三章介绍了自媒体目前最重要的 5 种应用类型：口播、vlog、访谈、剧情和好物种草，我从不同的维度将内容原理重新串联，帮你在实操中更快洞悉本质。

第四章介绍了人人都能看得懂的算法原理和数据方法论。帮你理解推荐算法的人、信息高效率匹配的原则，找到与算法共赢的策略；帮你用"爆款内容流量漏斗模型"去审视每一条内容和账号的健康程度，做到有效增长；帮你学会看数据，用数据去反观用户迭代内容。

这本书适合谁读呢？

肯定适合计划做或正在做自媒体的朋友，可以帮你建立一个底层操作系统，无论是换个平台，还是穿越周期，你都能做到心里有底。

也适合各行各业的职场人，帮你掌握这门手艺，建立职业第二曲线。

当然，更广泛来讲这本书也适合所有人，可以将其视为拓展视野的读物，帮你透过社交媒体这个小小切口，回望过去，洞悉当下，理解未来。

新媒体品牌"新世相"的创始人张伟先生与我有相似的媒体从业经历：曾经都在传统媒体黄金时代探索最复杂的特稿形态，也在2010年初参与了中国社交媒体的创新探索，他说："从我经历过的璀璨的内容年代起，困困一直是让人敬佩的作者和良师。"

我与你在这本书中相遇，我既是一个写作者，也是一个经验的传授者。不过不仅限于此，我想，作为一个始终努力保持旺盛生命力与乐观状态的人，我还想额外传递一点东西：

一个是确定性。因为这本书所讲述的内容足够底层、流传已久，能够不断迁移。我希望，它可以变成你的一门确定的手艺，给你带来人生的另一种可能。

另一个是乐观。我跟所有人一样，也正在适应变化，但是，用一句大卫·鲍伊的话说："我们都很焦虑，不是吗？所以我一直都在努力保持积极向上。"

我也希望将这种能量传递给你。

目录

PART 1
第1章 自媒体定位科学方法论

定位与人设：如何设计一个有"人味儿"的自媒体？ / 003

用户与增长：三个维度，帮你摆脱用户增长焦虑 / 014

理解平台：全域运营，一鱼多吃的内容怎么做？ / 030

个人IP：用品牌营销理念打造有价值的线上名片 / 044

PART 2
第2章 自媒体的16个底层逻辑

人物：14种被反复验证的经典人物原型 / 063

选题：从"纺锤结构"中获得源源不断的选题 / 078

故事原理：真人秀时代对生活的极致比喻 / 093

结构：架构内容的骨架与节点 / 107

冲突与悬念：内容的引擎与动力 / 116

场景：爆款内容的最小单元 / 126

视角：调整与用户远近亲疏的无形力量 / 136

节奏：为内容增添"音乐性" / 151

意义：击中人心的破圈密码 / 160

口音：从平庸的罐头内容中脱颖而出 / 169

时间感：赋予精神涣散的用户以确定感 / 178

开头：10个吸引用户注意力的钩子 / 190

结尾：5 种结尾营造"峰终效应" / 202

标题与金句：以小搏大，提升内容质感 / 209

测试与修改：为内容开出"诊断处方" / 222

互动：用"沟通心理学"提升互动效果 / 232

PART 3
第 3 章　自媒体五大应用场景的本质

口播：10 个技巧赋予口播视频动力 / 247

Vlog：用内容原理重构生活碎片 / 258

访谈：如何问出正确的问题？ / 271

剧情：情节、角色和对白 / 283

好物种草：用内容调动消费决策的"潜意识" / 297

PART 4
第 4 章　内容是增长引擎，增长是内容罗盘

算法原理：不要畏惧算法，也不要挑逗算法 / 309

爆款迷思：爆款内容增长模型实操方法论 / 323

数据思维：做内容，怎么看数据？ / 335

致谢 / 349

附录　参考书单 / 351

PART 1
第 1 章

自媒体定位科学方法论

1

定位与人设：
如何设计一个有"人味儿"的自媒体？

欢迎你跟我一起来到自媒体的原点事件：定位。

当你开启一个自媒体账号时，总有几个问题常常在脑子里打转：我要发什么内容？我将以怎样的形象示人？我的受众又是谁？我怎么在内卷的社交媒体平台上脱颖而出？

这些出于本能提出的问题汇集到一起，就是定位需要解决的问题。

定位理论是营销学者艾·里斯和杰克·特劳特在 1969 年提出的营销理论，后来广为流传，主要应用于企业的产品研发与品牌建设。这个理论在实践中演化为四个重要问题：**你是什么？问的是你属于哪个品类。有何不同？问的是你的差异化在哪里。何以见得？问的是你的能力与谁为你的能力背书。为何爱你？问的是用户认同。**

今天要做一个自媒体账号，与创业几乎大同小异，定位决定了自媒体的基础原点，甚至影响账号的未来走向与天花板。即使你想要先试着发几条内容试试水，也总要面对定位问题，应用于商业世界多年的经典定位理论依然可以作为指导自媒体定位的基础方法论。

但是自媒体与一般商业产品有一个显著不同：它是一种与你的人格紧密相关的内容产品，甚至需要倾注你的生命力。叠加此刻任何领域都充分溢出的自媒体环境，以及人工智能的不断进化，人格设计已成为自媒体定位中最核心的线索。具备人格魅力的自媒体账号很难被"赛道化"，也最具有竞争力。

所以，这一章节我结合定位理论，用人格设计串联起一个自媒体账号的定位方法论，与你一起开启一个有"人味儿"的自媒体账号。

一、以自我分析为线索的自媒体定位法

我们先来了解一下如何进行自媒体的人格设计。它可以衍生出账号的基本定位，即可以为用户持续输出提供长期价值的内容；可以衍生出账号的基本用户特征，即自媒体账号可以吸引到的目标用户；可以衍生出账号的基本风格，即自媒体账号作为一个品牌的用户感知和忠诚度。

人格设计既是自媒体账号一切的发端，也是一切汇总后的结果。

设计人格，你首先需要学会自我分析，也就是要充分挖掘和了解自我，避免过于自恋而舍本逐末。

1. 自我分析清单

自我分析的一个方法是让自己进入"全能视角",像小说家设计人物一样审视并设计你自己这个"人物"。这里有一个哈佛创意写作课中给出的人物设计清单,完全可以拿来借用,清单中的每一项对应的是一个问题,你可以列出至少一个答案。

过去:并非事无巨细,而是你的"重要选择时刻"。广度上可以很广,例如童年时的事件、职业上的高光时刻、裸辞当数字游民等;深度上需要深,带给你较深刻的人生改变,或让你的情感、人生路径甚至价值观受到比较强烈的冲击,发生了明显转变的事件。

名声与印象:包括性格、为人处世的风格和职业名声。如果你在某个领域有一定积累,就注意观察和回忆他人的评价;如果是"小白",也可以从社交账号、亲朋好友处获得反馈。

关系网:你所处的行业人脉、你最常交往的圈子。

天赋与能力:可以是已被证明的天赋与能力。例如出书获奖等职业成就,或者特别"社牛"走到哪儿都不怵;**也可以是未被证明但你希望挑战的一种能力**,例如每日读书或挑战全球旅居。

品位与偏好:正向的,可以是一种兴趣爱好。例如非常爱吃、特别爱美;**负向的,可以是你"总是拒绝什么"**,例如拒绝人群嘈杂、喜爱独处。

习惯与规律:你的一些日常很难察觉但却习以为常的小习惯。比如总是用手指敲桌子,下班后在车里待 10 分钟。

风格:并非指美与丑这种主观判断,而是客观描述。例如你的年龄，与他人的关系更亲密还是更疏离，风格更温婉还是更刚硬。

2. 自我分析清单的作用

这个人物小传清单的好处是帮你"一网打尽"自我分析的方方面面，避免遗漏。同时作为基础信息，你可以从中归类和选取出自媒体账号定位的必备要素。

· 人设

你可以从中发现自媒体账号的人设。这里帮你总结几个打造人设的基本原则：

第一，建议你选取几个少而精的特征，作为面向用户的基本面，形成一个"扁平人物"而非"圆形人物"。扁平人物在文学和电影等传统内容创作中，指的是性格较为单一、让人记忆深刻的配角。例如《西游记》中的猪八戒，或者《堂吉诃德》里的桑丘，他们的特点是让用户感知明确，记忆深刻。圆形人物指的是性格层次更丰富的人物，往往需要大量的铺陈以及性格与价值观的转折。在自媒体环境下，用户精神涣散，内容相对碎片化，人设需要扁平、明确，给用户留下一两个记忆要点。

第二，在相关性基础上，设置一些反差。在你的自我分析清单中，一定有一些相关性特征，例如喜爱独处的文艺青年，串联起这些相关性的特征，使用户感到确定性强，没有挑战社会一般认知。之后可以设置一点反差，引发用户一探究竟的好奇心，例如在喜爱独处的文艺青年中，叠加创业圈子这样的人脉特征，形成既入世又出世的反差感。

第三，不避讳无伤大雅的小缺点。 自媒体账号的人设，真实好过完美。在很多文艺作品中，让我们感到可亲近的人物，大多有一些无伤大雅的小缺点。战胜你的完美倾向，从你的自我分析中挑拣一些小缺点，变成与你的用户产生情感链接的调味剂。

· 内容

接着，你的自我分析清单中还藏着你的自媒体核心产品，也就是你可以持续发布的内容。

这些内容可以来自你为用户解决问题的能力，即所谓有工具价值的内容，可能来自你的过去、天赋与能力甚至人脉圈；这些内容也可以是你能给用户提供的情绪价值，可能来自你的品位与偏好，你为人处世的风格。

· 用户

用自我分析要素来串联你的自媒体内容，有一个撒手锏：赋予内容价值观，用价值观串联内容。

例如，因为对丁克这种人生选择的认可与包容，希望解读背后的人性、制度与哲思，帮助更多人做出人生选择，遇到的最大障碍是主流认知中大量的概念混淆和偏见。这是哲学科普账号"丁远"的自媒体价值观，也贯穿在他的账号内容设计中。

因为受不了内卷，为了实现自我价值，决定全球旅居当数字游民，障碍是如何平衡自我与社会关系，平衡生活与谋生。这是生活方式博主"夏萌人"的自媒体人格价值观。这种价值观驱使这个账号做出"行为艺术"，全程在向用户展示这个人物是如何为了欲望战胜困难的。

价值观赋予内容一条边界线，是选题的尺子。 价值观可以带来用户的认同，或者筛选掉不想要的用户。价值观也能让你的自媒体账号避免陷入信息堆砌的恶性竞争，成为一个有"人味儿"的自媒体账号。

　　你的自我分析还锚定了你的目标用户，目标用户又反向影响了你的自媒体定位。

　　你可以为"你"所代表的一类人做一个账号，你是用户中的一员，与用户共享所思所想所忧所惧；你也可以以"他者"身份，为另一个群体提供内容服务和情绪价值。

　　但自媒体定位与打造一个一般商业产品最大的不同是，你必须直面自我，你有什么才可以提供什么内容，无法无中生有。

　　至于如何理解自媒体的用户，我会在"用户与增长"一节中，帮你详细分析有效用户、用户关系、用户成长的理论与方法。这里不再赘述。

　　最后，人设、内容、用户三者串联，营造出"品牌"。一个优秀的新媒体账号，往往是将三个部分都设计到位，并充分一致，相互关联，形成一个完整而鲜明的整体。

　　此时你会发现，定位理论中的核心问题：你是什么？有何不同？何以见得？为何爱你？都由你的自我分析串联起来，得到解答。

　　掌握了以自我分析为线索的自媒体定位方法，人们得出的结论与呈现的自媒体状态可以是千人千面、五花八门。

二、常见自媒体定位的实际运用

那么为什么有的定位帮你顺利开启了一段自媒体旅程,而有的定位就磕磕绊绊不太成功呢?下面我来分析一下近几年社交媒体上常见的两大类自媒体定位,帮助你理解它们各自的特征、优势、劣势以及未来走向。

第一类自媒体定位强调工具价值,情绪价值很低,人格设计也偏弱。

以拆书自媒体账号"不略"为例,这是2023年在抖音上粉丝数量快速增长的短视频账号,以"3分钟读一本书"作为标志性内容,不断发布拆书内容,用户增长很快。这个账号的工具价值很高,增长速度与用户的评论反馈也证明了这一点,但博主的人设几乎没有,或者是博主的价值观是藏在书的拆解过程中的,不是显性的,不易察觉。

这类账号并非一种全新的自媒体类型,自微信公众号普及以来,拆书类账号都出现过佼佼者,例如老牌公众号"书单来了"。但是一切是个轮回,当这一类型出现现象级账号后,模仿复制的账号就大量出现。目前在抖音平台,你可以看到各种各样的"×分钟读一本书"短视频,"不略"的独特性价值被稀释,用户增长放缓。

这种侧重提供工具价值,几乎没有情绪价值和人设的账号,优势非常明显:内容利他,用户获得感强,非常适合在账号早期冷启动时进行内容测试。

但是几乎所有这类账号很快就会遇到增长瓶颈。一个原因是这类内容门槛太低，比较容易被复制，随着人工智能变成我们信息收集与协助创作的工具，纯信息整理类的内容丧失了壁垒，同类内容的差异非常微小，账号会快速进入同质化竞争的旋涡；另一个原因是垂直内容的选题宽度不够大，我们常常喜欢用"垂直"来形容一种类型的内容，例如心理学科普、职场之道等，倘若停留在内容的垂直，而非用户的垂直之上，选题的多样性会大大减少，会常常遭遇选题枯竭的困境。

第二类则是以提供情绪价值为主，工具价值较少。

你可以回想一下，什么样的自媒体内容给你带来慰藉，让你感到放松？

这种主要提供情绪价值的自媒体定位大体上可以分为下面几类：颜值类，比如变装短视频博主"垫底辣孩"，提供审美感受；氛围类，比如旅行短视频博主"房琪kiki"，内容激发了用户对诗与远方的向往；剧情类，用故事引发用户的代入感和放松感，比如剧情短视频账号"对话中的暂停"。还有账号全部内容都是疏解情绪、放松心情的，比如层出不穷的各种抒压类账号，内容有助眠、清洗地毯、赶海、采蘑菇、挖笋……

社交媒体平台是目前覆盖范围最广、使用频率最高的泛娱乐工具，提供情绪价值始终是最方便的自媒体定位，而且不同类型各领风骚一段时间。它们有一个共同的特征：对创作者输出情绪化内容的要求很高，既需要像"天选之人"一样具备表现力，也需要有源源不断的供人娱乐的精神。

因此这个类型的自媒体定位优势是：与绝大多数社交媒体用户的需求契合，用户覆盖量大；人格属性很强，恨不得博主本人即是产品，所以很容易形成粉丝忠诚度。

劣势之一则是入门门槛比较高，你得在现实生活中是个"角色"，才能成为这一领域的网红。另一个劣势是内容的天花板太低，很容易陷入自我重复，这也是为什么我们看到大量的网红昙花一现，因为他们陷入了自我复制、用户审美疲劳的循环中。

自 2022 年之后，社交媒体整体进入存量时代，也就是新增用户量放缓，自媒体创作者却批量涌入。你会发现原本的提供情绪价值类账号，希望复制早期的快速爆火模式非常困难，即使这种"天选之子"式的博主也开始进行技能叠加，例如颜值叠加超强的氛围感。

曾在 2022 年风靡一时的"好端端的猪"，以西部牛仔风少女与猪圈的反差形成差异化；变装博主"垫底辣孩"，在一系列变装视频之后，开始叠加系列内容策划和背景延展，比如中国文化系列、中国各地风景代言系列。

所以目前社交媒体上出现了一种趋势：不论你是从工具价值起手，还是从情绪价值起手，最终都要走到**第三种类型：两种价值兼具，持续输出干货，提供工具价值；持续散发魅力，人格属性强。与用户的共鸣和情绪链接强，以此来作为自媒体的定位。**

在分析这种定位之前，我们先来看两个账号：主要定位为职场成长的短视频博主"丑穷女孩陈浪浪"和主要定位为美学分享与短视频教学的短视频博主"亲爱的安先生"。

当你浏览了这两个账号后，你会发现它们有几个共同特点。

第一个特点，内容根本不垂直。

比如"丑穷女孩陈浪浪"，账号内容包括职场经验、女性成长、变美教程、情感故事等。"亲爱的安先生"账号内容包括阅读与电影推荐、个人 Vlog、短视频教学知识科普等。

在这种看似很散的内容中，其实隐含了另一个维度的分类线索，他们有意识地将内容切分为以提供工具价值为主的干货知识分享内容、提供情绪价值的生活 Vlog 以及人生感悟类内容，两类内容分布均匀，且获得的用户反馈也旗鼓相当，并未出现数据的极大起伏。

第二个特点，虽然内容形散，但是神不散，用户画像与浏览习惯相似，即所谓"用户垂直"。

串联起这些零散内容的线索，正是两位博主的"人格设计"。他们通过生活 Vlog 或者人生感悟类内容，传递了各自的人格与价值观，透露了他们的动机、欲望和障碍，最终形成一种叙事性，吸引同频共振的人，形成一种"有着相似价值观的人群垂直"。

比如"丑穷女孩陈浪浪"，她的人格叙事是三本进大厂的能量女孩，她的动机是人生向上的驱动力，她的欲望是通过努力工作认真生活达成这个目标，她的障碍是普通女生，学历一般相貌平平，但这并不影响她去追逐自己的欲望。她的账号吸引的是有类似价值观的用户：年轻职场人，多为女孩。因此她的内容可以拓展，只要是这类人群喜欢的内容和干货，她都可以做，都会获得不错的数据。

"亲爱的安先生",他的人格叙事是审美,审美是他安身立命的根本和人生价值观,他希望通过拆解审美的要素,影响更多人。他遇到的障碍也很简单,在一个浮躁和人们不太有耐心欣赏深度审美的世界,该如何坚持这一套原则,并找到一些方法论,寻找一个平衡点。所以你看到他的内容虽然散,但都围绕着有相似价值观的用户展开。

这种人格设计的串联带来了黏性很高的用户群体,两个账号的粉丝都是百万量级,分别在广告和知识付费领域有着不错的商业能力。

工具价值和情绪价值两者兼备的账号,是目前最有竞争力的一类账号,它的优势很明显:可以拓展选题的天花板,拉长用户的生命周期,商业的扩展性也较好,同时在各种同质化自媒体账号中,因为"人"的特色而具备不可复制的差异化。

同时,这类账号的劣势也出来了:对自媒体运营者的综合能力要求较高,既要有一技之长持续进行内容输出,还要有不错的表现力,同时善于将人生叙事抽象为人格设计。

如何做到这些?

这正是本书希望帮你建立的能力。它们既是运营一个自媒体账号的基础内容原理,帮助你在内卷时代练好过硬的基本功,也是可以迁移到其他场景的基础能力,可谓一门不易过时的手艺。

用户与增长：
三个维度，帮你摆脱用户增长焦虑

很少有自媒体人不重视用户的，但是有意识不等于有方法。互联网运营中，"用户"涉及的概念繁多，用户的变化往往受到多种因素影响，所以"用户"这个概念有时候会让自媒体人有失控感。

比如预想的用户与实际情况不符，来了一群意料之外的受众，数据与算法将用户抽象为一些数字的集群让你感到增长焦虑，来自用户的反对声音甚至恶评让你陷入内耗，或者粉丝、付费用户数量不再增长，账号陷入停更的困境……

以上情况我感同身受。我经历过传统媒体人、互联网内容平台规则制定者、个人自媒体运营者三种身份的转换。从最初"心中有我眼底无他"的传统媒体时代，走过了研究用户增长、制定算法规则、建设创作者内容生态的阶段，之后来到了自媒体人需要每天都跟用户直接打交道的阶段。这三个阶段，每一次我都离用户更近，当然，用户也让我更焦虑。

今天我结合个人经验与一些经过验证的科学方法论，帮你将复杂的用户问题简单化，总结一套自媒体人必要的用户思维框架，帮你减少内耗，少走弯路。

一、有效用户思维

1."用户思维"的理论基础

我用到的用户思维基础主要有两个，分别来自两个不同的行业，站在不同的视角。

一个是站在平台视角的"**增长黑客 Growth Hacking**"理论，这个理论在 2007 年由硅谷的风险投资人戴夫·麦克卢尔提出，此后随着互联网行业的发展被应用于所有用户型互联网公司，将用户增长的关键节点拆分为拉新、留存、成长、转化、传播、召回，是平台运营人处理用户增长的基础理念。

另一个是站在品牌视角、品牌营销中的"**用户关系**"理论，它将品牌细化为用户故事、用户角色、用户生态、用户画像、用户旅程、用户心智等几个方面，这套方法论被应用于自媒体的建设，即所谓做 IP，几乎可以无缝转换。

依托于科学方法论，这里我将自媒体人必要的用户思维总结为三个维度：有效用户、用户关系和用户成长，覆盖自媒体运营过程中有关用户的方方面面。

2. 有效用户

我们先来了解一下有效用户。

你的内容一旦发布到社交媒体上，一定会有人产生反应，浏览互动甚至关注你，你会笼统地将他们都叫作"用户"，实际上对内容产生反应的人不等于"有效用户"。

所谓"有效用户"，是指你的新媒体账号的目标用户。他们可以拆分为核心人群、辐射人群和潜在人群。

核心人群是指你的账号直接服务和吸引的人群。这里区分两种情况，假如你为用户提供的仅仅是内容，那么这群人指的是对你的内容产生点击和其他互动行为的人；如果你的账号承担了导流的作用，为你提供的其他服务或者商品引流，那么这群人指的是你的付费用户或对服务感兴趣的线索人群。

有效用户中还涵盖了**辐射人群，指的是目前不直接成为你内容或导流产品的消费者，但因为内容中有吸引他们的因素，也会对你的内容产生点击或互动行为的人群。**

有效用户中藏着**潜在人群**，也就是说**那些暂时还未成为你的用户，但未来存在这种可能性，或可被转化的人群。**

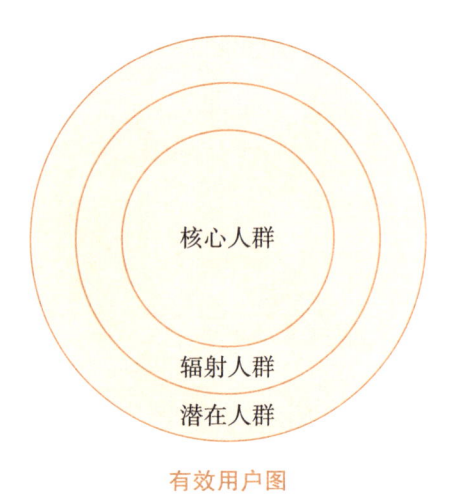

核心人群

辐射人群

潜在人群

有效用户图

这三类人群与你的账号之间的关系由强到弱，同时也会因为你的内容的触达，或他们自身生活境遇的变化，从一种人群向另一种人群转化。

我们以一个账号为例来理解一下这三类人群。

生活 Vlog 博主"夏萌人"在自媒体账号简介和内容中强化了几个标签：大厂裸辞员工，全球旅居的数字游民。内容也围绕标签展开：有许多职场分享、人生不是轨道而是旷野的价值观传递，以及生动的数字游民生活 Vlog。因此她的核心用户是已经成为数字游民或者正在思考要不要当个数字游民的年轻职场人，因为这种生活方式较新，适用人群也需要一定的职业技能和职场历练，所以核心用户较窄。这个账号的用户中也包含辐射用户，即一般意义上的职场人，因为身份相似，但生活状态引人向往或好奇，让相对较大范围内的职场人对这些内容也有感知。最后，账号还有一些潜在用户，他们喜爱异域风情，向往旅居生活，是被博主旺盛的生命力感染的泛人群。

3. 有效用户思维的应用

那么，当你有了有效用户三个层级的认知后，将会对你的账号定位与用户运营产生什么影响呢？

首先，你会理解核心用户的需求与唤起点，持续生产他们喜闻乐见的内容，并不断重复你的账号与他们同频共振的价值观。

其次，当你有了辐射用户思维，就不会被"垂直内容"这个虚假概念所限制住，你可以拓展内容边界，围绕辐射用户的需求与趣味生产新的内容。

同时在人群聚焦的前提下，你的内容设计可以增添更普遍的审美情感，以吸引潜在用户，最终可能出现突破分众人群的爆款，实现破圈。

了解了"有效用户"思维，你心中就对"用户"这个泛泛的概念有了一把标尺，它最大的作用是帮你矫正账号运营过程中用户过泛或用户过窄的问题。

自媒体账号运营中最令人感到迷茫的一个增长上的问题是追求**虚荣指标**，也就是盲目追求浏览量巨大的爆款内容，或者期待一夜粉丝百万，导致动作变形，发布与定位违背的内容，或者陷入自我怀疑的增长焦虑。

自从 2013 年微信公众号潮涌以来，到 2018 年抖音带来的短视频内容暴增，截至 2022 年，许多人都感受到了流量红利，也就是各大社交媒体平台的新增用户量增长很快，网民数量接近 10 亿人，能上网的都上网了。在这种狂飙突进的氛围中，早期自媒体的运营方法与商业逻辑也应运而生：先吸引大粉丝量，之后以接广告作为商业模式，因此一夜百万粉丝的神话，或者粉丝迅速破千万的自媒体大 V 时常出现，品牌广告投放份额也从传统媒体向自媒体转移，整体上实现了自媒体广告收入的增长。

这种现象在 2022 年以后逐步消失。"流量红利不再"，这并不是一个让你感到陌生的行业术语；流量红利不再，就是新增的互联网用户正在减少，各个社交媒体平台出现了互相竞争，或者内部各个类目出现争夺存量用户的情况，这促使大量自媒体的定位由追求泛流量人群走向精耕细作，瞄准特定人群；广告商业模式也随着分"蛋糕"进入尾声，转移到自媒体中的广告份额逐步稳定，仅仅靠广告收入维持自媒体运营出现了越来越卷的情况，很多自媒体人将商业模式调整为转化，即导购带货或者导流提供服务。

这个过程也在印证"增长黑客 Growth Hacking"中的用户理论，特别是被叫作"海盗模型"的 AARRR 理论——简单来说，对用户的认知提升和用户增长做动作，需要从表面触达新用户的"拉新"开始，步步深入，还要关注怎么留下用户，也就是"留存"，甚至要对用户进行转化，既包含了转化为忠实粉丝，也包含了转化为付费用户。

仅仅追求泛流量，是一个成功概率很低的事件，在长期品牌建设与商业收益上得不偿失。同时，因为各个平台推荐机制的完善，一条内容如果吸引的非有效用户流量比例过高，将会冲淡内容的"价值感"，带来内容的无效分发，俗称这个内容废了。比如一个本该针对 25 岁 + 年轻人用户的成长话题，由于种种原因吸引来一堆 50 岁 + 的人，他们的后续行为带来的收益不佳，系统将会判定这条内容质量不佳，这就限制了内容获取流量的能力。

当然，很多朋友下定决心只服务垂直人群，这样做会陷入另外一个困境：目标人群太少，受众寥寥，最终正反馈不足，无法持续运营一个账号。

有效用户思维中的三个圈层，就是帮你清晰、简单且有效地对照自己的自媒体定位，描画出符合实际的用户增长图景。

首先忘记核心人群、辐射人群和潜在人群之外的用户，他们或许因为偶然因素对你投来匆匆一瞥，如同在广场上流动的看热闹的人群，但无法对你的自媒体账号产生品牌与商业价值。你所做的内容和传递的价值观，兼顾三层有效目标用户即可，这可以帮你缓解本不应该存在的增长焦虑。其次，内容在瞄准特定人群时，切忌被"垂直"概念绑架，螺蛳壳里做道场，忘记了辐射用户与潜在用户。你需要设置一定比例的内容，甚至应当考虑到在所有的内容满足核心人群的同时，如何吸引更多的辐射人群与潜在人群。

二、用户关系思维

在掌握了"有效用户"意识后，我们来到用户思维的第二个维度，也就是建立"用户关系"意识。

1. "用户关系"理论基础

用户关系来自品牌营销，特别是那些人格化的品牌，它指的是品牌与用户之间建立链接的远近亲疏以及品牌与用户对话的视角，最终达成在用户心中的品牌印象与心智占领。

这种关系，或者说视角的建立，与运营一个有品牌价值的自媒体账号相仿。

2. 用户关系

按照与用户之间的对象感和距离感，用户关系可以划分为**俯视关系、平等关系和仰视关系**。这些关系本质上也是现实世界人际交往的翻版。

俯视关系常见的应用场景，是知识科普类自媒体，即博主与用户之间有信息差，因而建立起一种面向众人侃侃而谈的演讲感和传道授业解惑的感觉。

俯视关系根据知识门类的具体细分，还可以衍生为师生关系、老板与小弟的关系、过来人与年轻人之间的关系、独家信息持有者与观众的关系等。

俯视关系的好处是可以建立权威性，但是劣势也非常明显：与用户的亲近度不足，容易引发用户排斥和反感。

这里举一个偏向负面的例子来帮你理解俯视关系。

2024年有一个迅速爆发又转瞬即逝的自媒体账号——百度前副总裁璩静的抖音账号。随着"百度副总裁称员工闹分手提离职我秒批"登上了微博热搜，对这个账号的争论达到了高点，大多数都是反感的声音，特别是"百度副总裁"的精英身份、咄咄逼人的口播姿态，以及不讲人情的职场观点，让众多职场人感到不适。

这是与用户形成的一种极端的"俯视关系"，排斥感压倒了权威性，情绪感压倒了信息量，导致账号进入死胡同。

社交媒体上的职场人对工作伦理、旧的职场方法论越来越敏感，甚至是反感，因此存在俯视关系的账号需要特别注意降低说教属性，增加利他的信息含量。

与百度前副总裁璩静不同，360集团创始人周鸿祎的同名社交媒体账号在简介中，刻意强调"不装不端有点二"，减弱周鸿祎与用户的对立，在内容中也常常穿插周鸿祎的私人生活，有意避免说教。

因为信息差的存在，自媒体与用户之间的"俯视关系"不会消失，但今天却变得更微妙，也更容易引发排斥，所以采用这种用户关系时，你更需要斟酌。

第二种用户关系是平等关系，几乎适用于所有内容类型，即博主与用户之间是对等关系，没有明显的距离差。

例如营造闺蜜或朋友关系、合作伙伴关系的账号，以及大部分的泛人群类账号，都没有明显的用户关系落差。

平等关系的兼容性最优，也比较容易拉近博主与用户的距离，是我最推荐的一种用户关系设计。

甚至很多知识类博主也充分利用了平等关系的优点，将俯视关系调整为平等关系。

例如同样是聚焦职场内容，精英人设的自媒体账号"崔璀优势星球"。崔璀进入职场超过 10 年，曾在一家著名出版公司由实习生升任公司 CEO，她的职场经历与能力确实可以让她用俯视、老师的姿态面向用户说话。我私下和崔璀聊天时发现，虽然崔璀的定位是"职场女高管经验分享"，但是她有意识营造相对平等和示弱的用户关系，她称之为"总裁闺蜜"，在内容上也较多分享她战胜职场困境的经验，降低了说教感，避免激化职场矛盾。

在平等关系中，为了给出这种心理暗示，还衍生了一些网络人称流行语，例如家人们、铁子、宝宝，这些人称流行语本质上就是在强化这种关系。当然这种人称流行语对有些账号效果显著，但在某些账号身上却非常违和，原因在于，关系的本质不只是称谓的变化，还在于人设与内容及价值观传递的方式是否匹配。

第三种用户关系是仰视关系,这是一个别出心裁的新媒体用户关系类型。

我们先来看这两个账号。

通过面对镜头口播的形式分享日常生活的"郑还好"和"顺顺有点酷"这两个自媒体账号,它们的内容主要是展示"男孩的日常",但是内容暗藏着一条主线,就是都与用户建立了微妙的"仰视关系"。因为他们都发现自己的核心用户是年纪比自己大的"姐姐",因此他们都有意识地展示出调皮、讨好的一面,并在内容中不时提及目标用户的姐姐身份。

仰视关系也可以与用户建立紧密联系,但是它的风险在于度的拿捏,如何做到既顾及受众的自尊心又不丧失自我,实际上也是在危险的边缘来回穿梭。因为在社交媒体中,过度仰视将激起用户的逆反心理,关注成本极高,抛弃成本极低。

在社交媒体上一度成为流行热梗的"馬保國"这个账号,博主是一位60多岁的大爷,自称"浑元形意太极拳掌门人",在自媒体内容中他展示了对武术的理解,博主自我认知中的用户关系是"俯视关系",也就是武艺高超,自我展示欲强,经常向年轻人露两手;但最终因为内容的戏剧感,实际上博主与用户变成了"仰视关系",也就是用户以看笑话的心态来关注和浏览并形成了自传播。

这个现象供你参考,但并不建议你有意识地设计,因为关系最容易暴露你是否真诚,不建议为了刻意营造关系的冲突性而刻意设计。

3. 用户关系的应用

用户关系的三种类型中，最推荐使用的是"平等关系"，这是与社交媒体的整体特征最契合的，用户希望获得与自己有关的内容，体会让人感到放松的情绪，而你中有我、我中有你的用户视角和关系，也成为最适合的一种方法。但是理解其他用户关系也对你至关重要，特别是在你受到用户的反感或者攻击时，可以作为一种参照维度去审视一下，是不是用户关系出了问题。

三、用户成长思维

讲完了"有效用户"和"用户关系"，我们来到用户思维的第三个要点，那就是你在自媒体运营中要有"用户成长"思维，这种思维的本质是将用户视作流动、有机的整体，而非一成不变。

1. 什么是用户成长体系？

"用户成长体系"是一个互联网行业常用的用户运营概念，也缘起于开篇说的增长黑客理论。通俗地讲，它是设计一个流程，从用户的拉新开始，到在平台上的所有行为路径，都指向用户的活跃，成长是指用户从新用户向老用户、从低价值用户向高价值用户的变迁。

在自媒体运营中，从成长思维来看用户可分为三类：新用户、老用户、流失用户。 你可以有意识地规划内容选题和投放策略，分别针对他们，起到使总用户量增加，且用户从游离向聚集转化的作用。

下面我来讲讲怎么做。

2. 如何规划用户成长

首先是关于新用户，在账号的冷启动阶段，你所有内容的对象都是新用户。这是一个目标用户测试阶段，此时你的核心目标是识别你的用户画像，确认或调整有效用户，针对你的有效用户发布具有持续性的内容。

· 冷启动阶段

这里我总结了三个实用建议，帮你在冷启动阶段识别和调整有效目标用户：

第一，进行有效用户预设：通过小规模调研或分析同类型账号目标用户的特征，预设你目标用户的画像。**其中一些可量化的画像指标包括但不限于年龄、性别、职业分布、城市分布等**。这些指标将会出现在你的账号数据后台中，平台可帮助你定义和观测你的用户情况。

但是更重要的预设不仅限于此，你需要根据你的账号定位、人格设计、内容类型、你提供的产品或服务，重点分析目标用户的"**欲望**"，也就是他们会对什么内容服务有需求，从而产生消费的行动；"**障碍**"，他们为了追求想要的生活，正在面临的主要挑战；还有"**恐惧**"，他们目前担忧和焦虑的事物。

第二个确定有效目标用户的方式比较简单粗暴，但直接有效：使用社交媒体平台的投放工具，去向相似达人的粉丝投放，也就是锁定你所认为的相似领域的同类账号，面向他们的粉丝或相似人群

进行投放测试。这是利用算法的能力，用少量的启动资金获取冷启动阶段目标用户的有效手法。

至于具体的投放方式建议，你可以搜索各个平台的官方介绍，详细技巧不再赘述。

第三，有效目标用户会面临调整，你应该拥抱调整。

在账号冷启动阶段，复盘尤为重要。当你进行了一段时间的内容更新，获取了部分用户后，你需要做用户复盘，看一下你的测试内容是否吸引了预设用户。假如匹配，你可以保持原有定位持续更新；假如与预设用户出现偏差，你需要做出选择：是转向还是不转向？

例如一个初始定位为年轻女孩成长的生活 Vlog 账号，更新数条内容后，发现内容吸引的用户偏向男性，此时需要重新审视账号的人设传达、内容输出是否出现了偏差。你可以选择调整，例如内容更针对年轻女性的困境或欲望。你也可以选择保持内容风格，将有效目标用户转向男性。

·用户稳定阶段

当你的账号走过冷启动阶段，你就要同时关注新用户和老用户了。这里的标志是有了一定数量的稳定用户，这没有一个固定的数字标准，要素是用户特征趋于稳定。你需要有意识地将内容区分为针对新用户的拉新和针对老用户的留存。正常的内容更新，一般都可以达到拉新和留存的双重目标。

但在一些情况下，需要侧重做调整。

一种情况是需要侧重拉新，也就是当你发现内容的浏览与互动数据、粉丝增长速度明显放缓，与你进行互动的用户都是"老熟人"，也就是老用户时，你出现了自媒体运营中常见的一种情况：过于关注已有用户的需求，新用户增长乏力甚至被排斥在小圈子之外。此时需要重新审视你既定有效用户中三层用户的结构，特别是辐射用户与潜在用户的需求，增加针对这两类人群的内容比例，侧重拉新。

还有一种情况是需要侧重老用户的留存。

老用户对你至关重要。你可能多多少少听说过各个社交媒体平台的"铁粉"机制，即根据一些活跃指标定义出你账号的忠实老用户并将其命名为"铁粉"，内容的推荐逻辑也是铁粉优先，同时平台通过铁粉的占比、活跃程度，判断你的内容和账号的健康度，配比不同的流量规模。

一个账号很可能会持续地流失用户，对比不必大惊失色。但是一旦流失用户超过新增用户，账号将会失去活力，估计你也会失去动力。这里有几个建议，帮助你规避这类情况，增加老用户的留存：

建议一，保持核心用户、辐射用户与潜在用户内在价值观和需求的一致，不要为了拉新而无视老用户。

在社交媒体平台中，我观察到许多知识科普类博主都出现过偶然爆红一夜转向的现象，但账号的持续性往往很差，生命周期也比较短。比如一位英语教学博主，她的账号核心用户是学英语的人，她持续提供英语学习方法，但是她偶然发布了一条美妆变装视频，获得了比较好的流量，因此她持续复制这种模式，虽然看上去获得了"虚荣指标",也就是点赞量和播放量,但从长期价值来看,变装视频吸引的新用户以男性为主,核心需求是颜值欣赏,而非英语学习,必然对她的账号持续性和商业模式造成冲击;而老用户因为无法接受老师变成了颜值博主,取关量也大幅上升。

你会说,这不是被用户绑架了吗?

一切问题的核心又来到"有效用户"的定义上,如果你清晰定义了有效用户,并有针对这群用户持续输出高价值内容或提供商品的能力,那么这不是绑架,而是用户留存意识的体现和保持商业模式一致性所需的必要工作。但如果你铁了心要转型,那就可以不考虑上述问题。一旦转型完成,你又会面临留存老用户和拉来新用户并存的问题。

建议二,做商业化内容要有老用户留存意识。

如果发布商业化内容后,没有人指责博主"恰饭",甚至出现"博主总算接到广告了,喜极而泣"这一类用户评论,这就体现了老用户对账号的认同和共创感。例如用小老鼠的形象讲故事的公众号"老鼠什么都知道",在博主发布商业化内容后,用户在评论区不但不反感,反而赞扬。因为这种情形出现在商业化内容与非商业化内容品质一致、价值观一致、人设一致的基础上。但假若商业化内容粗制滥造,商业化内容传递了与此前相悖的价值观或博主在商业化内容中表达了与此前相反的观点,则容易被指责"吃相难看",造成老用户流失。

这一章节讲用户,希望能帮你减轻面对社交媒体用户汪洋大海时的失控感和焦虑感。用户是离散和动态的集群，你的心态没必要被偶然的用户反馈扰乱，这里总结了三个需要重点关注的维度——有效用户、用户关系与用户成长，希望能帮你稳定心态，掌握用户增长的方法。

这一章节也更像是一个底层的思维建设，要想实现用户的持续增长，你需要用到本书中的内容原理与运营技巧，因为自媒体的本质，正是从用户中来，到用户中去。

理解平台：
全域运营，一鱼多吃的内容怎么做？

"不断重复"，这是品牌营销经典书籍《定位》中，针对品牌影响力建设反复提到的概念。这个概念同样也适用于自媒体。

它不仅仅是一个简单的口号，还是一种让你的人设和内容深入人心的策略。运营一个自媒体账号，就像经营一个个人品牌，为了让这个品牌深入人心，就要通过不断的重复、触达，将你的内容与形象准确地传达到用户视野中，并且深入他们的记忆。

但是中国的几大社交平台之间互相区隔、各自为政，用户之间有重叠，也有差异。为了更好地触达尽量多的用户，需要运营多个平台，在各个平台都将自己的定位和人设明确。同时，因为平台特性与用户差异，即便是相同的内容，也需要呈现内核一致但表现形式不同的形态，最终达到最大的传播效果。

因此品牌营销概念"不断重复"，并非表面看起来那么简单，重复的是账号定位、人设与内容的内核，但并非在全平台上原样照搬。

在这一章节中，我会详细拆解主流的中文社交媒体平台目前的特点，帮你理解不同平台的特征；同时结合具体案例讲解如何在不同平台区分适配不同的定位与内容形式，帮你快速锁定自己应该主攻的平台，并根据平台特点调整内容。

一、根据平台特点区分运营策略

首先，我们来了解平台特点和内容特点。

第一个维度是平台特点。

从这个维度上，平台分为两大类：国民级平台和相对垂直的平台。

1. 国民级平台

所谓国民级平台，就是像抖音、视频号、微信公众号这样的平台，它们的用户量大，几乎能覆盖全人群。它们的优势在于，无论你做什么样的内容，都有较大概率在这些平台找到自己的目标用户。然而，由于用户量大、创作者众多，你需要更精心地打磨自己的内容和呈现形式，才能在众多竞争者中脱颖而出。

· 抖音

抖音是自媒体人不可回避的国民级平台。到 2023 年，这个平台整体呈现出以下几个新趋势：

内容形式多元化。抖音短视频内容仍然继续占据主导地位，但图文和直播等形式的用户喜好度持续上升，显示出用户对多样化内容形式的偏好。同时，创作者的类型也不断丰富，泛生活、三农、文化教育等类别的内容创作呈现出快速增长的趋势，反映出平台内容的深度和广度都在不断扩展。

生活服务领域是 2023 年抖音着力发展的一个领域，通过一系列重要的变革和合作，服务已经覆盖了全国 370 个城市，主要策略有组织架构的调整、对达人探店的扶持，以及独立外卖服务的内测等。

知识付费领域是自 2020 年抖音增速最快的一种内容类型，根据《2021 抖音泛知识内容数据报告》，泛知识内容播放量年同比增长 74%，泛知识内容播放量占平台总播放量的 20%。同时，抖音也在 2023 年采取了一系列专项治理措施，发布了关于整治"厚黑学"和"伪成功学"的公告，以解决自媒体通过炒作社会焦虑、无底线吸粉引流牟利的问题。同时期，抖音又发布了关于不当利用 AI 生成虚拟人物的治理公告，明确表示将对违规使用 AI 技术生成虚拟人物发布内容的账号进行严格处罚。

此外，在直播领域，抖音还针对直播卖惨、户外直播乱象、不良直播 PK 内容、违规吃播等行为进行了专项治理，以净化网络环境，保护用户利益。通过这些措施，抖音展现了提升用户体验和维护平台秩序的决心。

从总体上来看，抖音依旧是一个内容上偏娱乐化、用户偏下沉的平台。作为创作者，你可以选择创作专业化内容吸引精准用户，也可以选择用泛娱乐内容吸引泛流量，再逐步沉淀核心用户，但是内容专业、价值观符合公序良俗，一定是与抖音平台趋势一致的运营底线。

- **视频号**

我们再来看另一个国民级平台——视频号。

即使依托微信这个国民级平台，视频号的增长速度依然落后于抖音，但在近几年呈现出高速发展的态势。特别是 2023 年，视频号平台进行了大量更新，涵盖了与微信生态的深度融合，与企业微信打通，以及公众号文章中支持插入视频号小店商品卡片等，显示出微信视频号与微信生态系统的嵌合度在提升。

特别值得注意的是，2023 年，视频号也希望以泛知识类内容为突破口，强化用户心智，发布公告称计划引入约一万名教育、泛知识类达人，与知乎、B 站、快手、抖音等平台形成竞争。除此之外，视频号还将在本地生活服务方面发力。

商业化功能也是视频号更新的重点，包括创作分成计划、直播间推广、竞价广告等，为创作者、商家和品牌提供商业化工具和机会。

视频号的覆盖度足够广，其运营策略与抖音大体类似，但因为与微信生态的深度融合，特别是熟人圈子、转发对内容传播的核心作用等，其内容创作和运营策略与抖音又有所不同，这个在本章节的后半部分我会详细拆解。

2. 相对垂直的平台

我们再来看另一类社交媒体平台：相对垂直的平台。主要指的是 B 站、小红书这样的平台，它们的用户群体没有国民级平台那么大，因为平台发展历史的原因，人群相对垂直，有一定特殊社区氛围。

· B 站

根据公开资料显示，B 站主要用户是 1990—2009 出生的人，近 82% 的用户是 Z 世代用户，中学生和大学生的数量较多；B 站用户年轻、有个性，大多聚集在一、二线城市。B 站起家于 ACG 文化，随着用户数量的增加，开始往多元化方向发展，游戏，动漫、科技、音乐、时尚、美妆、生活、影视等内容也是 B 站的强势类目。

2023 年，知识类内容依旧是 B 站重点推进的一个类目，超过 2 亿用户在平台上学习知识，有 217 万 UP 主投稿泛知识类内容，且有 645 位教授和学者入驻 B 站。科技科普类视频数量超过 850 万，每天有超过 1300 万用户观看此类视频。

加速商业化也是 B 站 2023 年的重点，平台开启了知识付费扶持计划，鼓励创作者直播，从公开财报上也可以看到，其广告收入和电商收入都取得了较快增长。

在 B 站，用户更偏好容量丰富、制作精良、时长更长的内容。

假如你的自媒体目标用户与 B 站用户有较高的契合度，你也善于进行深度内容创作，那么你可以优先选择 B 站作为自己的主要运营平台。

· 小红书

小红书有"种草平台"的称号。用户有 72% 为 90 后，超 50% 来自一、二线城市，男性用户比例升至 30%，但仍以女性为主。

小红书的用户使用场景有特殊性：用户在使用小红书时主要涉及两个场景——信息浏览和搜索。小红书的 Top5 使用场景分别是：

40% 主动搜索自己感兴趣的产品或话题；

37% 对某种产品产生兴趣后，到小红书看网友使用评价；

36% 了解潮流趋势；

33% 寻找灵感，等待被种草；

30% 因他人分享了小红书笔记而进入小红书浏览。

2023 年，小红书也在加速商业化步伐，有几个显著的趋势：买手模式慢直播，一方面鼓励创作者分享好物，同时直播形态有别于叫卖和折扣直播，既有差异化，创作者、用户体感也有较好的反馈。小红书在文旅和本地生活服务领域也进行了尝试，如与民宿预订平台合作、推出露营地预订系统等。小红书也在尝试通过内容和流量优势扩大社区影响力，并提升在文旅领域的变现能力。

最终，小红书呈现出明显的"生活百科化"趋势，"小红书是年轻人的搜索引擎"是一个普遍的认知，官方宣传语包括"普通人的视角，过来人的经验"与"有用的心智"。

基于以上特点，在小红书平台创作内容时，你可以考虑通过分享自己真实感受的方式，来创作利他性内容，充分利用"百科化"的趋势获得更广泛传播；也可以与你的自媒体定位结合，进行商品选购、测评甚至买手式带货的尝试。

以上这两个相对垂直的平台，因为人群特征和社区氛围的特殊性，既有优势也有劣势。如果你的目标用户与平台用户重合度高，会带来较快的增粉速度和较高的用户黏性；但是平台特点也让社区有一定的排他性，对某些内容类型不算友好，例如轻短娱乐类短视频在 B 站不受欢迎；历史人文类知识科普在小红书的传播速度较慢。

二、根据内容类型区分平台运营策略

了解了社交媒体平台的整体特点后，我们再从另一个维度来了解创作和运营的差异，也就是内容类型，这也是决定你的内容在不同平台上表现的重要因素。

1. 长图文

这种内容类型最具代表性的平台就是微信公众号，主要有以下特点：

在传播过程中，用户第一眼看到的是**标题**，因此一个能抓住人的标题很重要；

文章**开头**决定着用户是否能继续阅读下去；

图文并茂的呈现形式，可以插入多种媒体形式；

长文要求文章有逻辑、有重点、讲究文章结构与增量信息，**独特的切入点**会让文章获得更多关注；

热点效应十分明显；

十分依赖转发带来的**朋友圈传播**，因此能够触发大众情绪的内容通常会在转发效应下实现传播度的指数型增长。

很多人评价长图文已经在社交媒体中处于走下坡路的境地，但稀缺的优质长图文依旧具有相当竞争力，微信公众号平台仍然是针对某一人群、信息增量比较强的长图文内容的主要阵地。比如频频产出流传广泛的公众号"晚点 LatePost"，采用深度访谈、调查报道和深度解读等方式，在泛财经领域保持着影响力。

2. 短图文

这种内容类型的代表性平台是小红书，通常以一组图片 + 简单的文字介绍的形式来呈现，主要有以下特点：

在传播过程中，用户第一眼看到的是**封面**；

小红书用户常有**搜索**的习惯，这决定了小红书**封面、标题和内容中的关键词**很重要；

内容分享社区的特性决定了**分享式、情绪浓度较高**的内容为主流；

为满足用户快速获取信息的需求，**清单式、指南式、金句观点式内容**流行；

常用**分段、表情符号**等标记重点；

推送逻辑与点赞、收藏、评论数挂钩，在内容中需要有互动点。

在小红书的短图文生态中，仍有一些内容类型是短视频、长图文等无法比拟的。例如读书金句分享类短图文，在小红书自成一派，多以一本书的照片作为封面，书中金句作为标题，在正文中，会略微分享这本书的书名、作者、评分、书中金句，以及作者的读书感悟。再比如小红书中的一种特殊类型 Plog，也就是图片生活分享，博主们会在封面配上一张自己的生活照，并用显眼的大字在封面写上生活感悟或情绪金句，这种私人分享也切合小红书平台整体的用户氛围。

3. 中长视频

中长视频的代表性平台是 B 站，主要内容特点如下：

在传播中，用户第一眼看到的是**封面和标题**；

内容丰富、翔实、有逻辑性、制作精美才能够长久地吸引粉丝，即所谓**专业内容生产**（pugc）；

Z 世代用户占主体，决定了 B 站用户更偏爱新鲜的、有趣的、有个性的内容，且内容叙述风格偏年轻活泼。

有许多著名的自媒体账号发源于 B 站，带有强烈的 B 站特征，例如科技领域博主"老师好我叫何同学"，他的内容通常新鲜有趣且内容制作有一定的深度，常常几个月才产出一条新内容，但这并不影响他在 B 站积累了千万粉丝。

4. 短视频

抖音、视频号、快手，都是典型的短视频平台，主要特点如下：

在传播中，用户第一眼看到的是**视频开头**，开头是否具有吸引力是决定能否留住用户的关键；

用户的使用习惯决定了短视频内容需要**节奏快**、**用户感知轻短明快**；

用户受众更广泛的内容仍以泛娱乐内容为主，其他内容类型或多或少需要容纳部分**娱乐元素**；

平台推送逻辑与点赞、收藏、评论数挂钩，在内容中需要有互动点。

以上特点会推动一些现象级短视频账号周期性地涌现，例如抖音曾经的现象级账号"张同学"，视频开头强调动作和场景切换，抓住用户注意力；视频节奏快，转场丰富；视频中的农村场景具有广泛的复古感和情绪共鸣，从而引发互动；整体内容提供的是轻松的情绪价值，用户压迫感较低，因此在短视频平台力推三农类型视频时脱颖而出。

三、使用工具和方法，制定有针对性的运营策略

在平台特点和内容特点两个维度，你应该已经对几大中文社交媒体平台有了初步的框架认知，但这更多是一种普适性的经验，你也完全可以使用一些工具和方法，依据自己的内容定位，制定更具针对性的运营策略。

例如可以借助新榜、巨量创意、即时热榜等工具，查询各个平台的最新趋势；搜索各平台官方推出的行业报告，了解在过去一段时间，该平台用户的使用习惯、消费习惯和平台走向等。

你也可以锁定细分领域，做一些初步的内容调研，可以参考以下方法：

搜索同一门类下粉丝量最多的创作者，了解这一门类内容的天花板；

搜索同一门类下大致的创作者数量，了解市场的宽度；

调研同一门类近期新创作者和数据情况，了解市场的饱和度；

批量找出对标账号，分析他们的作品，寻找共同点，感知趋势，积累选题库。

了解了平台特征后，就可以根据你的自媒体定位、人格设定、目标用户与内容类型进行平台匹配了。

平台匹配的总原则是：重点突破，恰当适配，避免全部照搬分发。

所谓重点突破，其核心在于精准定位，首先要识别出目标用户群体与特定垂直平台用户的匹配度。若你的目标用户群体主要集中在一、二线城市，且以女性为主，内容聚焦于消费领域，那么小红书无疑是一个理想的起点。小红书的用户基础与你的市场定位高度契合，可以作为你的核心平台。如果你的内容更贴合B站的Z世代用户群体，并且你有能力制作高质量的中长视频，那么B站可以成为你的另一个重点突破平台。

选择重点突破平台时，务必考虑用户群体的特征和偏好，以及平台的内容形式是否与你的内容策略相匹配。

所谓恰当适配，是在确立了重点突破平台后，其他平台的选择和内容适配应更为灵活和多样化。我们以中长视频内容为例：可以在B站分发制作精良的中长视频，其中的精彩切片或花絮可以选择在短视频平台发布，而视频脚本或制作过程可以改写为长图文在微信公众号发布，同时金句、图文花絮可以产生的短图文内容在小红书传播。

我曾经在自己的自媒体账号中，有所区分又全平台发布过一条有关北京三里屯的内容。这条内容的缘起是有28年历史的三里屯酒吧街拆除整修，我的内容素材包括：新闻热点描述，北京三里屯一带的改造变化，消费主义的兴起和城市公共生活的地标性变化，同时也包含了这种变化背后的社会心态，包括对物质消费的重视、社会地位的展示以及由此产生的压力。此外，我还收集了城市规划的科普内容，如北京的路网密度不足，以及这种单一消费功能区域对城市包容性和社会多样性的潜在负面影响。

在不同的平台发布时，我对这条内容进行了微调，以使这条内容更契合每个平台的特点。

在抖音和视频号上，我以"三里屯酒吧街"的热点为切入点，由此扩展到每个城市都会有的购物商场，解析它们的出现和给人带来压力的原因，描述人们习惯走在其中的感受，将主题扣回到消费主义的大众情绪上。结构上遵循着"热点＋共鸣＋新知＋大众情绪"的原则。

在小红书上，我在原视频的基础上，在封面、标题和内容中强化"消费主义"。在小红书平台，"三里屯"作为地标，"消费主义"作为老生常谈的话题，比其他平台都更具有传播效应。

而在公众号上，我在同一热点话题的基础上，加入了我曾经撰写的一篇关于三里屯的特稿，结构更加复杂，内容信息密度更高，同时辅以数字和图片，使文章更有深度。

通过这样的适配策略，不同内容在不同平台都获得了不错的传播效果，同时也保持了一致的核心信息和品牌调性。

通过以上内容，我相信你对各个平台的特点以及如何进行内容适配心里有数了。

而社交媒体平台具有舆论公共性，运营自媒体还需要关注通用的情绪趋势，这里分享当前中文社交媒体平台的几个情绪特征。无论你最终选择哪个平台作为自己的主要运营平台，无论你的目标人群是谁，都需要注意这些情绪趋势，避免出现公关危机。

第一，社交媒体用户特别是年轻用户对职场内容敏感。

社交媒体平台的主要受众群体中，青年人的互动性和群体性效应更明显，目前的普遍情绪是青年人反思工作伦理、厌恶加班文化，并热衷于发布"打工人""班味儿"相关内容自嘲，寻求对工作、生活压力的疏解，同时也反映了他们自我认知的觉醒。因此在内容创作中，要避免激化职场矛盾，避免高高在上的说教感。

第二，多元化价值观兴盛。

例如在职业选择方面，95后的年轻人对自我的定义和态度正在发生显著变化。他们面临着更为多元化的职业选择，独立内容创作者、时尚博主、畅销书作家、女团成员等多样的职业路径都受到欢迎，反映了年轻人的个性和追求被社会包容和认可，"内卷"和"躺平"共存。

对于"美"的态度，同样也存在着不同的声音。一方面，年轻人追求变美；另一方面，他们也拒绝服美役，拒绝"身材焦虑"和"颜值焦虑"。

面对这样的趋势，你需要尽可能地吸纳多元化的价值观，而非推崇单一的优绩主义，导致用户的反感。

第三，女性主义兴起。

性别问题在全球范围内都具有多样性和复杂性，近一段时间由于当前的经济状况、城市化发展以及人口比例等问题，在中国的社交媒体上更是变成一股风潮。比如2024年的"上野千鹤子风潮"，就引起了用户在社交媒体上的广泛讨论。

无论你是什么类型的自媒体运营者，无论你是否关注女性主义，在涉及相关话题的时候，都要避免逆女性主义趋势而为，不可宣导男女对立或强化对女性的刻板印象；也要避免为了追女性主义流量密码而随意跟风，吸引大量与账号主线不相关的泛流量。

在社交媒体中，内容就是你的资产，为了让这些资产得到最大化的利用，全域运营这个动作必不可少。但是全部照搬、"全网分发"，在今天这个内容门槛更高、用户审美疲劳的自媒体环境下，已不再奏效。所以希望这一章节能帮你建立一个社交媒体平台的全景框架，再反观自己的内容定位，找到既适配全网、可以扩大影响力，又有侧重做出根据地的运营策略。

个人 IP：
用品牌营销理念打造有价值的线上名片

做个人 IP，正在变成自媒体的时髦。

但是很少有人理解个人 IP 的特征，以及打造个人 IP 总共分几步。

实际上，在社交媒体上做成一个个人 IP 就如同建设一个有品牌价值的自媒体账号，最可以借鉴的是品牌营销理念。

品牌营销是成熟学科，它和自媒体运营之间有诸多交叉与可互通转换之处。今天我就抽丝剥茧，梳理两者之间的底层逻辑联系，并将其转换为自媒体的实用方法论，帮你建立真正有品牌价值的个人 IP。

一、什么样的自媒体才称得上 IP？

我们先来了解一下，什么样的自媒体账号才称得上个人 IP。

IP（Intellectual Property）这个词放在社交媒体环境中拆解来

看，可以理解为**有辨识度的内容著作权**，个人 IP 具有三个显著的特征，凡是不具备这些特征的自媒体账号，只能说是做了个号。

1. 具有难忘的记忆点

指的是用户对账号形成印象与记忆，无须思考也可以对账号特征有所辨别，例如账号的 slogan、博主的头像、账号的视觉元素、内容的特殊风格及博主的特殊口音等。

例如美学科普账号"意公子"，它的自媒体视觉元素与博主本人的视觉元素非常统一，均是墨绿色，包括账号 logo、账号简介、内容封面主色调以及博主本人的着装等，这个颜色同时也切合了账号"艺术、美与心灵疗愈"的品牌风格，变成了个人 IP 的记忆点。

如何建设这些记忆点？实际上品牌营销理论中有一套成熟的方法，统称为"品牌元素"，包括品牌名称、品牌箴言、品牌符号、视觉元素、独特的服务与体验等。后面我会结合自媒体的实践展开讲。

2. 具有用户感知

今天自媒体逐渐内卷，要想在海量的内容中真正具有价值，仅仅有难忘的记忆点还不够，**个人 IP 还需要具备第二个特征：用户感知**。

用户感知指的是用户理解了账号内容所提供的价值、感知到了账号在同类内容中的差异性、对账号整体的价值主张有所了解甚至赞同，继而对账号的主理人，也就是博主产生了认同与情感链接。

用户感知与品牌记忆点的差异是着重点不同，这里强调用户从能够辨认账号，到对账号深入了解，最终对账号念念不忘。

例如哲学科普短视频账号"思想史万有引力"。这位博主在抖音平台上的哲学门类里有着非常大的影响力，善于深入浅出地解析哲学概念，并积累了超过 200 万常与博主深度交流的粉丝。"思想史万有引力"已经达成了用户感知，具备品牌价值：用户明确了解了它是个关于哲学特别是西方思想史的科普账号，并且用互动行为给博主投票，这个账号在哲学科普领域具有差异化，产生了头部效应。用户对于博主的思想倾向也很清楚，部分用户表示了认同与喜爱。在博主停更数月回归后，仍旧引发了大量的关注，用户也不吝表达思念之情。

这种用户感知本质上与品牌营销中的"用户心智占领"几乎一致，要达成这样的目标，可以借鉴一系列品牌营销理论与实践，包括定位理论、用户沟通理论等。

3. 生命周期长

有一种普遍的误解，就是粉丝量大的个人账号，就可以叫作个人 IP。这里藏着一种虚荣指标的陷阱，粉丝量大不等于品牌价值高，也不意味着可以穿越周期。

品牌价值主要体现在账号的用户选择关注的决策成本低，也就是俗称粉丝多，涨粉快，粉丝成本低，因此账号持续的时间可能更长久。

自媒体账号的粉丝增长并非线性的，而是通过爆款呈现阶梯式增长，每次上一个新的阶梯，用户增速都会提升，平均用户成本趋向降低。一个具备品牌价值的账号突破了增长瓶颈，粉丝量不断跃升，粉丝增长所需要耗费的时间、内容成本或者投放成本都会逐步降低。

我们看一下"东方甄选"这个账号，虽然这不是一个典型意义上的个人IP，但这是一个已经IP化的企业账号，它的增粉过程也印证了刚才提及的路径：在"东方甄选"直播间变成全民热议的直播间之前，账号已经运营接近一年，粉丝仅有几十万，在直播间成为热议话题之后，账号增粉速度呈指数上升，仅用半年就达到了1300万，后来在一年时间内增长到3000万+。在"东方甄选"直播爆发增长期间，董宇辉和俞敏洪的直播切片和短视频不断释放，主动或被动品牌营销动作推波助澜，继续拉高用户增速，提升了品牌价值。

"东方甄选"就是用品牌效应使得用户决策成本降低、粉丝突破增长瓶颈的一个例子，可以借鉴到的品牌营销理念包括品牌营销动作、用户信任预期管理等。

二、三个品牌营销原理打造个人IP

理解了具备品牌价值的个人IP的特征，本质上可以调用的品牌营销理论与实践就很清晰了，下面我就逐一讲解三个对打造个人IP非常有效的品牌营销原理：品牌定位、用户沟通和品牌元素。

这三个原理也是互相关联的，形成如下关系：品牌定位确立后，以品牌元素为介质，辅助用户沟通技巧，向用户传达品牌理

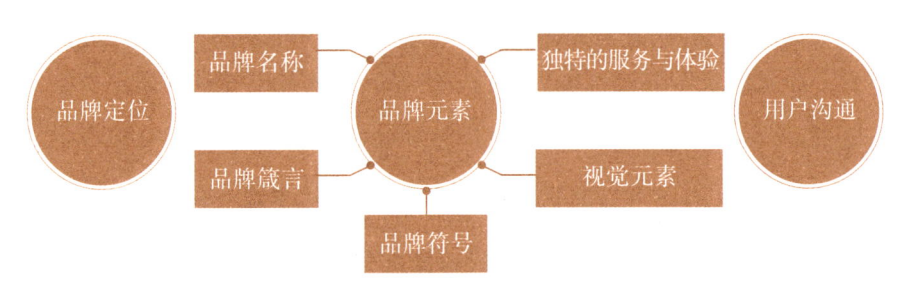

念，形成品牌感知，俗称"用户心智占领"。

品牌营销原理图

1. 品牌定位步骤

我们先来了解一下"品牌定位"以及这一理论如何在自媒体账号上应用。

依据公认的品牌营销学大师菲利普·科特勒的《营销管理》，品牌定位是指设计公司的供应品和形象，以在目标市场的心智中占据独特位置，目的是将品牌植入消费者脑海。有效的定位通过阐明品牌本质、确立帮助消费者实现的目标，并展示实现目标的独特方式，来指导营销战略。它们是有效品牌定位的三个核心要点。

对应到自媒体的设计与运营中，就是账号的人设与价值观、持续的内容服务，以及实现内容的特殊形式。

如何做到有效品牌定位呢？

第一步，通过识别目标市场和相关竞争者来选定一个参照系。

对应到自媒体，就是锁定一个内容方向、服务领域或人设风格。我不太喜欢"赛道"这个说法，它属于创业俗语，主要指的是创业者为了寻找商机选定的方向，赛道先行，产品与服务后行。但自媒体的定位强调人格设计与内容和服务的叠加，选定内容方向时，需要先向内发掘，再向外观望，选定一个内容领域。

目前极少有随心所欲想发什么就发什么的自媒体账号做成个人IP的，特别是在账号运营早期，需要有明确的目标市场，可以是内容类型方面的，比如心理学、美食，也可以是服务领域方向的，比如汽车选购、零食种草，还可以是人设方面的，比如独居女性、数字游民等。

第二步，在该参照系下，确定最优的差异化。

越内卷，越要强化差异，品牌营销与自媒体个人IP都是如此。

如何找到差异化？品牌营销学常用两种手法：

第一，在现有属性上强调差异化特征。例如宝马强调驾驶体验，沃尔沃强调安全性能，劳斯莱斯强调奢华。

我们来看一个美妆穿搭博主如何在竞争如此激烈的领域找到差异化定位。短视频博主"一顿胖丁"发布的内容主要是分享美妆穿搭信息与攻略，但是他强化了"文艺"的人设和风格特征，用文艺化的文案、小清新的画面与剪辑风格，在一众美妆穿搭博主中脱颖而出，甚至这种强化还提升了账号的选题天花板，博主在分享美妆穿搭知识之余，展示个人审美趣味Vlog，也毫不违和。

第二，在原有属性中引入新的属性。如果说前一种手法是强化某个特征，那这种手法就是增加新的属性。例如共享单车品牌Uber的无现金支付，就是在打车服务中添加无感支付体验；苹果早期的塑料外壳彩色蛋形Mac，就是在家用电脑属性中添加特殊颜色与形态，或者说添加玩具属性。

在自媒体中，两种属性叠加非常好用，相当于你掌握了两个筹码。例如各种领域的颜值+博主，"颜值+美食"博主"文森特别饿"，"颜值+剧情"博主"王七叶"，"颜值+读书"博主"这个月"等。很多人认为这是自媒体内卷导致单一定位无法胜出的情况下采取的一种策略，实际上这也暗合了品牌营销中"差异化"定位的方法。

当然这种方式有一个陷阱，需要特别注意：两种属性要有侧重，要牢牢守住原有品类的服务，辅助添加新的属性。自媒体账号也同理。否则，将出现用户感知混乱、目标用户错位、品牌重新定位的问题。

第三步，有效传达品牌信息。

很多自媒体博主确认了品类、差异化之后，缺少将品牌信息明确传递出去的觉知，导致品牌建设缓慢。

需要向用户明确传递的有效品牌信息主要包括如下几点：

第一，要传达明确的利益点，所谓需求。在自媒体中，需要明确且持续地传达出内容为用户提供的实用价值或情绪价值。

第二，与同品类的典型成员比较，具有明显的差异化和优势。这好理解，就是你与其他同类型账号比较，有什么优势，有什么差异。

第三，直面品类冲突，打消用户疑虑。在直面冲突方面，有一个品牌营销的经典案例：优衣库创立之初，面临的挑战是休闲类服装一般品质差。1998年优衣库在东京新宿开设一家旗舰店，以亲民价格销售高质量羊毛衫，改变了用户这一认知，从廉价的品牌联想转向了高性价比的品牌联想。

教授短视频美学的知识博主"亲爱的安先生"在抖音知识付费品类中是商业化比较成功的一位，在他的直播间，他反复直面知识付费这一品类的一个冲突，也就是大量教短视频的博主急功近利，许诺快速获得商业结果，他却反其道而行，从电影美学中提炼短视频美学，教授一种视听技能。这种直面冲突的方法最后被验证获得了成功，也使"亲爱的安先生"成为这个领域辨识度较高的一位。

第四，创造一个用户忠诚的品牌社区。 用户感知到了品牌的服务，产生了对品牌的情感，可以被引导或自发形成一个具有一定黏性和特殊沟通氛围的社区。在中国有一个新消费品牌"三顿半咖啡"，通过开展"咖啡星球"的活动，引导用户喝完咖啡后将包装寄回换取新的咖啡，并推行可持续环保理念，逐步形成了一个"品牌社区"。

在自媒体中，很多博主都附带有"社群运营"，也具有品牌社区的特点。这里我们看一下自发形成的品牌社区：变装短视频博主"垫底辣孩"，曾以农村场景拍摄国际大牌广告大片的系列视频迅速走红，在他持续更新这一系列时，视频中提及的部分品牌来到博主的评论区进行用户抽奖，继而吸引了更多消费品品牌官号前来蹭热度，形成一定规模后，引发用户关注，再吸引更多品牌前往，无形中塑造了一种博主、品牌、用户三赢的社区氛围。

了解了品牌定位的全流程，我们拿一个好用的工具——"品牌靶盘"，来模拟一下一个成功的品牌是如何完成定位的，你也可以将其运用到自媒体中。

这个靶盘是以星巴克品牌为案例的：

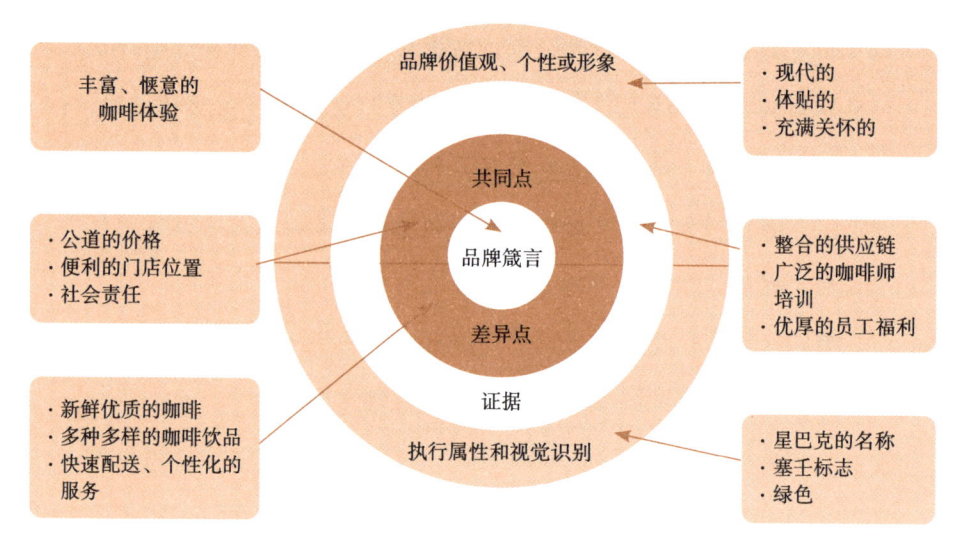

```
                        品牌价值观、个性或形象

   丰富、惬意的                                              · 现代的
   咖啡体验                    共同点                          · 体贴的
                                                              · 充满关怀的
                              品牌箴言

   · 公道的价格                                               · 整合的供应链
   · 便利的门店位置              差异点                          · 广泛的咖啡师
   · 社会责任                                                    培训
                                                              · 优厚的员工福利
                                证据

   · 新鲜优质的咖啡                                            · 星巴克的名称
   · 多种多样的咖啡饮品      执行属性和视觉识别                  · 塞壬标志
   · 快速配送、个性化的                                        · 绿色
     服务
```

星巴克品牌靶盘

品牌定位可以用一个靶盘来形象化理解，而靶盘的中心就是品牌的核心理念或承诺，它就像品牌的"座右铭"，帮助公司内部人员明确品牌的真正价值和目标。以星巴克为例，它的品牌座右铭可以理解为"带来丰富、惬意的咖啡体验"。虽然星巴克扩展了产品线，增加了非咖啡类饮料、零食甚至葡萄酒，但"咖啡"和"喝咖啡的体验"依然是星巴克品牌的核心。这种体验既关乎味觉的满足，也关乎心理上的放松。

围绕品牌座右铭的就是品牌定位中的"共同点"和"差异点"。"共同点"是星巴克和其他品牌（如夫妻咖啡店、麦当劳等）

共同具备的优势，比如合理的价格、便利的门店位置和注重社会责任等。而"差异点"则是星巴克独特的优势，比如提供优质咖啡、多样化的咖啡饮品、快速服务和个性化体验。

再往外一层是消费者信任品牌的理由，也就是星巴克能提供这些共同点和差异点的证据。比如，星巴克有完善的供应链管理体系，员工接受过专业的咖啡师培训，并且有优厚的员工福利。这些都是消费者选择星巴克的理由。

最外一圈涉及品牌的价值观、个性和形象，还有一些具体的执行细节。对于星巴克，人们会认为它是一个现代、贴心并且关怀消费者的品牌。而具体的视觉识别元素则包括星巴克的名字、经典的塞壬标志，以及它的深绿色和白色的配色。这些元素一起塑造了星巴克独特的品牌形象。

2. 用户沟通的六个阶段

了解了打造个人 IP 可以借用的品牌营销理念"品牌定位"后，我们来到另一端，了解一下与用户有关的"用户沟通"策略。

关于自媒体运营与用户的关系，更完整的内容可以参考"用户与增长"那节，那里涵盖了有效用户定位、用户关系、用户成长等实用理论和技巧。

这里，我们仅仅聚焦于用户沟通。要达成良好的用户沟通，需要先了解用户接触品牌信息的心理机制，在品牌营销学上有如下总结，分为六个步骤：

·知晓

要让用户知晓品牌，一些"表面工作"必不可少，例如品牌的标识和记忆点。来到自媒体场景下，需要频繁且一致地传递给用户一种内容风格、一种视觉元素，或一个记忆点。

·了解

用户愿意投入时间和精力去了解品牌所提供的产品与服务。自媒体的相应心理机制，是用户对内容有一定的兴趣并进行了浏览。

·喜欢

用户产生了积极的情绪，但是并未产生倾向性，也就是在同类产品中，不一定会选择目标品牌。自媒体的相应心理机制是用户与内容产生了互动行为，但并没有关注，没有对账号的运营者留下深刻印象。

·偏好

建立偏好指的是让用户产生积极倾向，对于相似产品会做出有偏向的选择。要达成这种偏好，需要给到用户必要的理由，例如差异化的价值、高度的情感链接，或者非常契合的价值观传递。对应到自媒体，用户对内容账号本身产生了认知和积极的倾向，在同类账号中，对账号运营者提供的内容更有浏览与互动的欲望。

·信念

即用户对品牌产生了强烈认同感，赞同品牌传递的价值观，或将品牌当作某种个人意义的展示。例如果粉与苹果的关系。这个部分对应的是用户对自媒体运营者本人传递的价值观产生了强烈共鸣与认同，对人格设计有明晰的感知。

·行动

在品牌营销中，行动多指一次购买或多次购买。而自媒体场景下，依据提供的服务不同，这个用户心理机制一般分为关注与购买两种情况。

理解了用户的心理机制由浅及深的这六个步骤，可以帮助你理解用户是流动的整体，在每一个环节都需要传递出品牌的有效信息。

3. 用户沟通策略

当我们了解了用户针对一个品牌的心理机制后，对应的用户沟通策略就产生了，在品牌营销中有一个术语——"ADPLAN"框架原理，"ADPLAN"代表六个维度：**注意力、区分度、定位、联动、放大和净资产**。

这六个维度是品牌沟通需要包含的要点和传递的信息：

注意力（attention）：是否引发用户兴趣？

区分度（distinction）：是否在主题形式或创意工具上，与竞争对手具有差异化？

定位（positioning）：是否将品牌定位在正确的类别中，提供确定感？

联动（linkage）：在品牌营销中特指品牌广告需要有创意，但也不能光顾着创意而忘记传递品牌价值，需要有充分联动。放在自媒体中，一个典型现象是，即使做出了爆款内容也不涨粉。这大概率是内容本身由于种种原因触发了广泛传播，但在内容中，自媒体的品牌化元素展示较弱，包括但不限于博主的风格，账号持续提供的价值，或者人设价值观强调得不够，导致用户对博主认知不深，因此不去关注。

放大（amplification）：用户对内容的想法是积极的还是消极的？避免消极，放大积极。

净资产（net equity）：指的是品牌传递的价值观和新产品，不影响已有的品牌资产。例如宝马严守驾驶体验的品牌资产，不论发布任何新品或品牌广告，都不影响这一认知。将其放到自媒体环境中，更类似于我们在用户思维中提到的"拉新内容"需要兼顾老用户的体验，也就是与"留存内容"在价值观上是一致的。

希望你可以把用户沟通策略当作一个自查清单，应用于你的每一条内容以及一个周期下的账号整体，看看是否都符合"ADPLAN"的策略要点，避免出现用户品牌感知混乱。

4. 品牌要素

当我们了解了品牌定位的原理和必要组成部分，理解了用户沟通的心理机制和基本策略，这时候就需要介绍将两者串联起来的介质：品牌要素。

在自媒体场景下，所有内容都是品牌价值传递的介质，因而整本书都是围绕这一点进行更多理论和实操的总结。

这里我们讲的是除了内容本体之外，还存在哪些品牌要素。

・账号名称

先说个要点，**自媒体账号的命名对打造个人品牌有一定的影响，但影响不是特别大**。人们关注与否不取决于账号名称。这里仅仅介绍几类比较基础的命名原则。

避免过于强调工具价值而模糊人格设计。这里比较常见的实际上是一些媒体机构，例如"经济观察报"这类名称，人设趋向于无。当然，这类机构本身也在回避个人化，体现团队感，但是个人自媒体需要避免只用功能命名。

以简易好懂的方式命名。用户在浏览自媒体时有一个预设前提，他是在浏览一个人的所思所想或者生活方式，只要合法，不存在名称不能使用的情况，注意避免过于烦琐或无法记住的名称即可，例如一串字符。

推荐使用人名+价值的命名方式，××说××，例如韩秀云讲经济、老肖说财经、卢总讲金融。这是一种常见的命名法，既给出工具价值，也强调了账号主理人的身份，是目前自媒体中比较普遍，但也比较中庸保险的一种命名方式。

・品牌箴言

品牌营销中，品牌箴言是用三到五个词对品牌核心和灵魂的表达，与"品牌精髓"和"核心品牌承诺"等品牌概念相关。它是品牌对外传递的感知，对内执行的标尺，让所有人知道其有所为有所不为。

品牌箴言具有两个重要标准：表达差异化和独特之处，成为标尺；简化品牌的本质，便于用户感知。

品牌箴言俗称品牌的slogan，对应到新媒体，是账号的slogan。

这里最大的误解是：给了金句美文，但是与品牌本身毫无关联。

那如何才能写好品牌箴言呢？这里我们来看品牌营销历史上比较重要的一个案例：耐克。

耐克的品牌箴言实际上有两款。一款品牌箴言是对外的，就是我们耳熟能详的"Just do it"，它直接面向消费者，传递了向运动员致敬的品牌精髓，并引导用户理解品牌正向、积极的价值观；另一款品牌箴言实际上是对内的，也就是规范内部团队和各个产品支线的共识，叫"真正的运动员表现"，这一品牌箴言来自品牌扩张时期，为了帮助内部团队和各个产品支线理解品牌的"有所为有所不为"而设计的，它表达的是，耐克始终围绕运动品类来开发产品，凡与运动无关的产品都谨慎推出，以此来保持品牌的延续性和确定感。

在自媒体中，你可以重视账号的"品牌箴言"，即slogan，将它撰写成一句用户可感知的话放到账号简介中，假如一时没有想法也不必太过在意。你反倒应该格外重视对内的品牌箴言，也就是你账号的潜在的持续性：你账号持续提供的内容风格，你持之以恒的价值观，以及你的有所为与有所不为，这往往更深层地影响一个账号的用户品牌感知。

· **品牌标识**

在品牌营销中俗称品牌icon，也就是一个反复出现的标志性符号。品牌标识有几个要素：令人难忘，富有意义，讨人喜欢，能够在多个场景多个品类间转移，设计者拥有著作权。

这个部分可以简化为自媒体账号的头像，因为应用场景较为单一，降级处理即可。

- **视觉符号**

指的是颜色、字体、特殊标志物等一套品牌VI（视觉识别系统）。

我们知道字体是可以带来相关联想的，例如Helvetica字体之于苹果，带来的是设计简洁的联想。而颜色也具备心理暗示的作用，红色与橙色更适合商品导购类，而绿色或蓝色则更适合知识分享类等。

在新媒体中，品牌化的账号往往都重视VI与定位的一致性，以及VI使用的一致性。例如，此前提到的美学科普账号"意公子"的VI主色为墨绿。很多自媒体账号还善于利用一些小物件，完成用户心理诱导或者营造记忆点。例如"意公子"，暖色灯光作为短视频的标配，与治愈的情绪协调搭配，起到了心理诱导作用；社科科普账号"傻白呀"，博主总是头戴一只鸭子头套面向镜头口播，这也是他的核心记忆点，博主本人测试过，没有头套的短视频流量明显下滑，可见头套的品牌力。

到这里，可用于自媒体的个人IP建设的品牌营销理念与实操总结就介绍完了。实际上它们的重要程度并非平分秋色，其中品牌定位最为关键，用户沟通紧随其后，而作为传播介质的品牌元素，在自媒体建设中反而是一些"表面功夫"，一个自媒体账号是否能成功建设成IP，往往不是品牌元素起决定作用。

一家企业经营一个品牌往往需要一个团队，而今天我们要想打造一个成功的个人IP，本质上要关照的方方面面不比一家企业少，因此要求自媒体的主理人一个人就是一支队伍。

▶ PART 2
第 2 章

自媒体的 16 个底层内容逻辑

2

人物：14 种被反复验证的经典人物原型

自媒体讲求人设，但是人设仅仅是一个向内的工作吗？

我们常常看到社交媒体中，有些账号的人设能够获得广泛关注；有些账号的人设聚焦分众人群，很难破圈；还有些账号虽然足够真实、传递价值取向，但呈现了负面效果，所谓"人设崩塌"。

为什么会出现这些情况？如何在真实做自己并聚焦核心用户的基础上，构建一个更具有正向价值的人设？这个章节我就引入一个经典且实用的人格设计工具——"人物原型"来解决上述问题。

"人物原型"这个概念源自创意写作著作《经典人物原型 45 种》，我也根据中文社交媒体的趋势与特征做了重新解读，帮你建立一个自媒体人设小百科。

《经典人物原型 45 种》一书给"人物原型"下了这么一个定义："某种具有代表性的形象、理想或模板。原型存在于神话、文学和艺术中，大体上是一种超越了文化边界的无意识的形象模式。"

这种说法也源自瑞士心理学家卡尔·荣格，他发现一些古代神话传说中存在的意象会反复出现，不分地域也不分文化，由此提出"集体无意识"概念，这种集体无意识的精神存在具象化就是人物原型。人物原型就像是我们潜意识里的心理指纹，有些精神存在或者人格特质你暂时想不起来，触发的时候却感到熟悉。这种心理学机制，让人物原型可以命中人类最古老的强烈的欲望和需求，经久不衰。

文学与影视作品是较多使用并演变人物原型的内容领域，那些让你记忆犹新、极富魅力的角色，往往都是在数量有限的人物原型基础上，辅以时代特征与各异性格演化而来，例如《教父》中的两代教父角色，都命中了"国王"的人物原型。人物原型给出的是基础的人格特征，不同内容的作品又在此之上自由生发，创作了各式各样的人物角色。

在自媒体领域，人物原型可以作为一个工具，帮你在繁杂的可能性中锚定正向的人设。同时你要谨记，你要根据账号定位与自身情况，添加更多丰满的细节，而非照搬人物原型本身。下面我分女性角色和男性角色两组，分别介绍 14 个适用于自媒体的人物原型。

一、女性人物原型

第一个女性原型叫作**"诱人缪斯"**。她代表了以美丽、性感为主要特征的一类女性。她喜欢成为众人关注的焦点，注重表达自我，富有创造力，但同时也很容易遭到同性的排斥。她还有一些小缺点，比如不太擅长单独做事情，也不太擅长思考、计划未来。她善于调情，有点恋爱脑，也容易移情别恋。

看到这里，你会想到谁？像不像是玛丽莲·梦露？她以性感形象闻名于世，公众形象是"白痴美人"。梦露喜欢成为众人关注的焦点，在表演和社交场合都特别善于表现自己。然而，她在情爱关系上迷迷糊糊，有过三段不成功的婚姻和很多真真假假的情人。

在社交媒体出现的早期，命中"诱人缪斯"原型人物的账号很多，其中一个具有代表性的短视频账号是"痞幼"。博主自 2018 年开始在抖音、快手等平台上发布作品，最初以颜值受到关注，后来结合机车元素获得广泛关注，被网友称为"机车女神"，如今仅在抖音平台粉丝量就达到了 2600 多万。作为一个天花板级别的自媒体大号，时至今日我们其实很难发现"痞幼"除了自我展示之外的其他内容特征。

不论是有意无意，命中"诱人缪斯"人物原型是"痞幼"与社交媒体红利共同融合的结果，这让"痞幼"很难被复制和超越。在使用"诱人缪斯"女性原型的同时，叠加其他的人物原型，我会在后面原型组合方式里详细讲。

第二个女性原型叫作**"亚马逊女子"**。她是一个自立自强的女性主义者，热衷搞事业，勇于接受挑战，爱刺激，不害怕竞争，但害怕失败，尤其是害怕败给男人。天然有些野性，喜欢大自然、小动物。当然也有一些缺点，比如过于固执，目标感太强以至于忽略其他东西，不爱示弱甚至表现得有点咄咄逼人。

在小说《杀死一只知更鸟》中，斯库特符合"亚马逊女子"这个人物原型。她是一个自立自强的女孩，对于小镇上的种族歧视和偏见非常不满，积极地与这些不公行为进行斗争，还会引起争议和热论。然而她在与人交往时，往往又显得冷漠。

在社交媒体上，命中"亚马逊女子"人物原型的账号越来越多，这与中国女性自我意识与个人力量的发展有关。这里选取一个个性非常鲜明的"亚马逊女子"人物原型式账号来当例子，帮你了解这个原型在今日中国社交媒体上的演变：

自媒体博主"姑的 idea"是一个用户评价两极分化的女性成长类账号，她的观点非常激烈，常常引发或强烈认同或极其反感两种对立情绪。例如，她用自嘲甚至带一点自毁的幽默感来表达对女性主义的看法："男女平等的油腻""爱干吗干吗，媚男也可以，媚女也可以"；在评论社会热点事件时，她也常常语出惊人。这让账号整体呈现了极端的"亚马逊女子"人物原型特征，性格刚烈，引人瞩目，同时也因为过于咄咄逼人的态度引发争议。

更多女性自媒体博主有着"亚马逊女子"人物原型的底色，展示女性的生命力与力量，也避免极端和咄咄逼人的姿态，这是目前更主流的"亚马逊女子"人物原型式的应用。

第三个女性原型叫**"父亲的女儿"**。从这名字上你就能感受到，她慕强，站在男人身边，确切地说，她总是跟那些能够帮助她实现目标的男性在一起，聪明、独立、自信，有战略眼光，具有团队精神，不过在别人眼里显得有点紧绷，不够放松。

《傲慢与偏见》中的伊丽莎白·班内特就是一个很典型的"父亲的女儿"。

有一位社交媒体博主也可以叫作"父亲的女儿"，她是李佳琦的助理朱旺旺。她毕业后做过综艺后期的花字剪辑工作，发现这个工作跟她本人性格不合之后，转行成为李佳琦所在公司美腕的一名运营，又靠实力转去做招商，最后成为李佳琦的助理。李佳琦评价她说：旺旺用尽一切手段来我们公司上班，又用尽一切手段坐在我的旁边，然后就不走了。到2014年中，朱旺旺已经成为独当一面的成熟女主播，在小红书平台上积累了近44万粉丝，内容围绕着变美、穿搭、好物、日常vlog等，结合她的个人成长经历来看，这些内容与"父亲的女儿"的特质吻合，她聪明、自信、独立、好强，同时也并不避讳站在有力量的男性一边，让其帮助自己实现目标。

第四个女性原型叫作**"养育者"**。这是一个非常有母性特质的原型，她愿意花很多时间跟孩子、学生或病人等需要她照顾的人相处，有奉献精神，乐于助人，甚至会忽略自己的利益，但也往往因此过于牺牲自己，不懂拒绝别人，过于关注他人。

特蕾莎修女是这个原型特质的代表人物。

社交媒体中，"养育者"原型与一类自媒体账号不谋而合：母婴类自媒体。以母婴短视频博主"王蓉仨娃妈"为例，博主面向近700万粉丝，重复发布一个内容类型：清晨五点钟起床给一家人做早饭vlog，其中一条视频有6500多万次点击量，评论区也非常热闹，有网友认为她是好妈妈的代表，也有网友觉得她付出过多，批评她的生活是一个"恐婚恐育案例"。这就是一个典型的"养育者"原型博主：喜欢照顾别人，乐于奉献，过于牺牲。可以说，很多亲子类尤其是涉及妈妈带娃的内容的账号，多少都具备一些"养育者"的特质。

第五个女性原型叫"**女族长**"。这是在中国很多影视剧里经常出现的一种原型，就是那种当家大奶奶的形象。她维护婚姻，也会全心全意地对待丈夫和家庭，喜欢张罗家里大大小小的事情。她把自己的身份和整个家族捆绑在一起，要求家里的一切都井然有序，在她眼里，家庭最重要，她最不能接受丈夫和其他家人的背叛和抛弃，会自觉或不自觉地争夺家中的控制权。

《红楼梦》中的贾母、《傲慢与偏见》里的班内特太太都符合这个原型人物特质。

短视频博主"杨珈珈"格外具有"女族长"特质。她的账号内容主要围绕情感故事、管理家庭事务的故事、个人生活经验等展开，虽然广泛，但有一个主线：围绕家庭展开。她的视频有如跟邻居街坊唠嗑，价值观也传递了捍卫婚姻的态度。例如一条视频讲婚姻经营之道，总结了"七字箴言"，"抓大放小别较真……大事上他乐意扛让他扛着，小事儿听谁的都一样，你听得了你就听，你听不了，阳奉阴违表面上听，过日子嘛，就是你糊弄我、我糊弄你……"

这种观点只有保卫婚姻的"当家大奶奶"才说得出来，因此博主的男性粉丝居多，大多数传统男性跟她观点一致，且都希望拥有她这样的妻子。当然也有一些用户批评她拿催婚催育当流量密码，"媚男"。

"女族长"身上的权威性、掌控感在很多女性自媒体账号中都有呈现，但针对婚姻的单一偏激姿态往往与今日多元的婚恋价值观不兼容，所以在应用"女族长"这个人物原型的时候，需要慎重把握尺度。

第六个女性原型叫作**"神秘主义者"**。这个原型人物是一个神秘宁静的女人，喜欢独处，经常沉浸在自己的思绪里，精神世界丰富，推崇极简主义，最好能够远离人群、远离竞争，没有过多的物质欲望，过着慢生活，很可能会成为素食主义者、环保主义者，大概率有点陌生人恐惧症，经常活在自己的想象里。

讲到这里你会不会想到一个自媒体博主？没错，就是李子柒。她的短视频在全球范围内广受欢迎，主旨都远离人群，隐居山林，呈现自给自足的生活与安静慢节奏的画面。李子柒的视频内容具有影响力的原因，除了东方文化、亲手劳作带来的惊奇感，还有内容制作精良，更隐秘的是命中了"神秘主义者"人物原型，激起无国界受众对诗与远方的向往。

今天在自媒体中，"神秘主义者"会演化为多种形态：你会看到在内容中并非一定呈现宁静致远的氛围，甚至可能充满生命力、在城市中游走，但在精神内核上，他们厌倦集体，追求自我满足和自我价值实现，例如近年来流行的数字游民类自媒体账号。

第七个女性原型叫作**"少女"**。既然叫少女，那么"快乐"就是关键词，无论多大年龄，都保持着纯真，充满青春活力，拥有一颗长不大的心，婚姻、责任、孩子在她心里都不是第一位的，非常爱玩，爱笑，兴趣广泛，但只有三分钟热度，很容易对人对事失去兴趣。

《卧虎藏龙》里的玉娇龙是一个代表人物。

在自媒体中，我拿短视频博主"房琪kiki"作为"少女"原型的例子。这位博主看似是一个旅行博主，但她的个人经历与人设内核非常"少女"。她广为人知，是因为在综艺节目《为歌而赞》里评价被质疑的张含韵："比起女王，我更喜欢清风。他强任他强，清风拂山岗。你依然是最好的年纪，这是上天对勇敢的女孩最好的奖励。"她的短视频文案也都是这种温柔而有力量并且很文艺的语言，搭配色彩鲜明的视频，展露着少女心。

到这里，自媒体中比较容易为大众接受且相对正面的女性原型就介绍完了。

但人物原型永远是一个基调，与社会风尚的变迁紧密相关，来到女性的公共形象中，往往也与女性主义思潮交织。以电影《芭比》为例，这个全球瞩目的女性IP，人物原型的底色从"诱人缪斯"转变为了"亚马逊女子"。这里给你两个女性原型自媒体应用的小建议：首先，避免强化女性单一的刻板印象，在应用女性原型时，叠加多种原型，呈现女性丰富立体的面貌；其次，当下的社交媒体用户，尤其是年轻用户，对工作伦理的反思较多，反感说教，所以女性人设要避免高高在上、咄咄逼人的姿态。

二、男性人物原型

接下来再给大家介绍7个适用于自媒体的男性原型。

第一个男性原型叫**"商人"**。看名字就很好理解，这个原型人物是那种忙忙碌碌的商界人士，关心自己的事业与商业版图，善于规划，是个战略高手。他在性格上自尊自信，逻辑性强，可能会显得有些势利，不怎么热爱生活。

《傲慢与偏见》中的达西就符合这个人物原型。达西是一个非常成功的绅士，拥有大量的地产和财富，经常忙于管理自己的产业和处理家族事务，工作勤奋，致力于维护家族的声誉和利益。他自尊自信，有着清晰的逻辑思维，对社交活动缺乏兴趣，小说里他的举止可能会让人觉得有些势利和傲慢。

360集团创始人周鸿祎在抖音经营的账号"红衣大叔周鸿祎"，在基调上命中了"商人"的人物原型：除了身份是商人外，内容全部围绕人工智能、造车产业等商业领域动态展开，同时因为他的身份在社交媒体上容易给人高高在上的疏离感，所以他常常宣扬自己的自媒体价值观为"不装，不端，有点二"，并在视频中加入大量日常场景，分享诸如攀岩、听睡前音乐等日常生活，营造平易近人的社交媒体人设。

这也是"商人"原型在今天社交媒体上的一个应用趋势：避免炫耀财富、成功方法论或社会地位，使用多种技巧拉近与用户的距离。

第二个男性原型叫**"保护者"**。简而言之，这种人对于保护自己的朋友、家人责无旁贷，往往为人热情，喜欢唱歌、跳舞等，总之是善于运用肢体语言，正义感很强。

这个原型，在周星驰的电影《长江七号》中，投射到"老爸"这个角色上：他一生的目标是维护家庭，让儿子快乐，他虽然经历挫折，但始终坚持普通人朴素的人生观——做一个对社会有用的人。

在社交媒体中，自媒体账号博主"国际宫 and 乡土莉"命中这个原型。他的短视频内容集中在家庭中夫妻、亲子相处的搞笑日常，"保护者"基调非常明显：家庭始终是这个账号的背景，无论是陪儿子学英语，还是夫妻间讲八卦，他的视频都有意无意传递了"保护者"的价值选择：一切为了关系，特别是家庭关系。这种内在驱动力，让这个账号的普适性放大了，它命中了人们对于家庭的守望和底层情感，与通俗的搞笑视频叠加，使这个账号拥有了400多万粉丝。

第三个男性原型叫"**隐士**"。他内心世界丰富，有创造精神，喜欢独处，会花很多时间在自己的爱好上，往往重视家庭，是一个相当忠实可靠的伴侣。但他因为过于陷入自我世界而表现得拘谨，社交能力差，不愿意冒险。

《美女与野兽》里的野兽是一个"隐士"角色：外表粗犷凶恶，但内心却充满了丰富的情感和情绪，他会花很多时间在自己的藏书室里阅读书籍，对仆人们也非常关怀和照顾，但他不愿意冒险去与外界的人交往，甘愿享受自己的孤独时光。

学者或知识分子的社交媒体账号，常常呈现"隐士"的特征。以华东师范大学教授刘擎为例，他在B站的哲学科普短视频账号"刘擎教授"，虽然较少展示生活，但是他的哲思、儒雅的气质、不疾不徐的表达，都透露出"隐士"的特质。

比如他跟清华大学社会学系副教授严飞关于"文科之困"的对谈，两人在讨论人文教育有什么用的时候，刘擎教授说，每个人都需要一种实用性，在今天的社会需要某种专业技能来维持自己的基本生存。资本主义消费主义逻辑越来越激发人作为动物生活的欲望，这个激发是强烈的，有时会让人发现自己被淹没在消费主义逻辑的洪流中，而越来越疏远了自己作为精神的情感的存在。人文主义是保留人作为精神存在的最后力量，如果它不在大学里，不通过教育传承这个事情，我们在精神意义上会变成越来越简化的低等的动物。

第四个男性原型叫"**彼得·潘**"。这种人就是长不大的小男孩，回避承诺和情感纠缠，不愿意做承诺，崇尚自由、来去如风，喜欢挑战、恶作剧，他很迷人、很有意思，想象力丰富，但是也冲动鲁莽，不喜欢负责任。

看这个原型名字就知道它的出处，就是《彼得·潘》里的彼得·潘。《堂吉诃德》里的堂吉诃德也符合这一原型特质。

不是所有男性都愿意直白地展示自己男孩的一面，因为孩童感缺乏力量，也意味着责任感的缺乏。但仍有社交媒体账号无意中迎合了这种原型，也在一定范围内让人印象深刻。例如视频账号"邹男小叔叔"，他就愿意坚持"彼得·潘"这种人设，几乎所有内容都在强化一种花心浪子的氛围。但是因为内容缺乏持续性和多样感，自我重复过高，所以该账号的影响力仅停留在小范围内。

第五个男性原型叫"**妇女之友**"。顾名思义，这个原型人物是站在女性身边的忠诚伙伴，往往非常健谈，能说会道，他奉行性别平等，看不得女性朋友受伤害。

电影《泰坦尼克号》里的杰克可谓"妇女之友"，这指的不是他在爱情故事中的情侣身份，而是他在电影的历史背景下具有性别平等的潜意识，尊重与爱护女性，愿意倾听罗斯的想法和感受，不愿意看到罗斯受到任何伤害，在泰坦尼克号沉没时，不顾一切保护罗斯，让她安全获救。

B站的视频博主"炽焰男孩"就以"妇女之友"作为账号人设的核心定位，他的早期内容贯穿一个主线：站在男性视角解读情感话题，为女性提供建议，例如"为什么正常男的这么少""女性会自我矮化，都不用打压"等主题。这种对女性友好的账号定位迎合了社交媒体上日渐兴盛的女性觉醒趋势，使这位博主较快破圈。

第六个男性原型叫**"艺术家"**。这个原型的特质是敏感、情绪化、以自我为中心，但喜欢创造，尤其能够即兴创作，他直觉敏锐，情感充盈，但表达方式可能笨拙糟糕，往往有虚无感较重、安全感较差等缺点。

艺术家凡·高完美命中了"艺术家"这一人物原型。

短视频博主"亲爱的安先生"是在抖音平台中不多见的具有广泛影响力的呈现"艺术家"原型特质的账号。账号早期内容多是关于美学观念、生活哲思的分享，注重画面的光影美感，强调语言的节奏，唤起用户情绪，他本人长发文艺青年的形象也符合通常关于艺术家的印象。同时"亲爱的安先生"也以短视频知识付费作为商业模式，直播也很频繁，在知识付费领域取得了商业成功，他身上表现出商人的一面，但在直播时仍旧透露艺术家的底色，不断表达短视频的本质是自我审美表达。这种艺术家原型的内核，让他变得独特，区别于其他的知识付费博主。

最后一个男性原型叫**"国王"**。这个角色原型需要一个家庭、团队或公司等来让他管理，他非常喜欢自己的力量感，也享受别人的崇拜、尊敬，对于朋友和家人相当慷慨，善于结交盟友，为人果断自信，缺点是控制欲太强，不善于表达情感，也不喜欢寻求帮助，容易变成独裁者。

《巴顿将军》里的乔治·巴顿就很像"国王"，他充分享受着自己的权威和力量感。

社交媒体上的现象级自媒体博主"辛巴"就命中了"国王"人物原型。辛巴在快手开始直播带货，是直播电商红利的首批获利者，一度以"把价格打下来"作为口头禅而广为人知，他曾利用明星助阵等方式不断破圈，之后建立了"818家族"，开启了团队带货模式，团队成员或称辛巴的徒弟，都是各个领域的网红，分别负责彩妆、服装等不同的商品线。辛巴既像是"慈父"，又像是"严师"，几次在直播间教育徒弟，让整个家族的凝聚力增强，辛巴也在其中享受权威与力量感。辛巴的影响力让快手警觉，平台与辛巴多年来拉扯，出现了售卖假货、情绪失控大骂平台被封禁等风波，快手平台一直希望"去辛巴化"，降低平台对他的依赖。

在"辛巴"带货的过程中，我们看到几个关键词：家族、集团、师徒，辛巴一直努力在团队前展现力量与凝聚力，享受徒弟们的崇拜，俨然一个"国王"型人物。而今天的社交媒体环境，不论是平台还是用户，都对控制性强、具有压迫感的账号比较抵触，"国王"这个原型在社交媒体上不是不存在，而是不再成为主流。

三、人物原型的应用

听完自媒体可以应用的 14 种人物原型，你会发现"原型"这个概念的应用，在自媒体、文学、电影中有一个相似之处：描述的是一个人物的内在驱动力、最显著特征与人格设计的底色，但并非人物的全部。

原型作为一个内核，在不同时代、不同社会风潮中，可以添加更多细节和更立体的个性。

人物原型也不是孤立存在的，可以生长、并行或者共生。接下来我总结一些人物原型在自媒体应用中的组合方式。

首先，原型可以成长。

以 B 站视频账号"达达达布溜"为例，在账号早期，这位博主十分符合"少女"原型的形象，发布的内容范围非常广泛，但整体风格是充满青春活力，元气满满，很多粉丝关注她也是因为她的耿直、想说就说的豪爽。但随着博主步入新的人生阶段：恋爱、结婚、生子，这些变化也体现在她的自媒体内容中，她开始以幽默诙谐的方式记录自己作为新手妈妈带娃的日常，同时保持了自己一贯的直率和风趣的表达方式。在变化刚刚发生的时候，也有用户提出反对的声音，觉得博主变了，但更多用户持续喜爱她，因为在从"少女"到"养育者"的人设原型成长转变过程中，她的内容风格不变。

其次，你可以引入一个或多个其他原型，作为配角。

博主"姜思达"曾因为参加《奇葩说》而具有广泛的粉丝基础，2024 年，这位博主在小红书发布 700 条内容后，开始了一种独特的内容创作方式，在每条内容中他本人扮演一个角色，这些角色又串联成一个家庭的成员。在这组被叫作"婆家军连续剧"的系列内容中，出现的角色包括命中了"女族长"人物原型的婆婆、命中了"诱人缪斯"人物原型的儿媳、命中了"彼得·潘"人物原型的儿子，以及命中了"艺术家"人物原型的孙子。他不是局限于单一角色的刻画，而是通过多角度、多层次的叙述，赋予每个家庭成员鲜明的个性和独特的故事。"姜思达"被用户戏称为"拥有强大的人物小传库"，用户也被他带入这个家庭，津津乐道于每个家庭成员的性格和故事，这种互动和讨论，不仅加深了用户对内容的理解和认同，也体现了"姜思达"在人物塑造上的功力。

最后，你可以混合应用人物原型。 也就是说，自媒体账号同时具备两个或者两个以上的原型特质，但前提是不能互相冲突，给人物造成撕裂感。例如上文提到的短视频博主"亲爱的安先生"，在开始做知识付费课程之后，既保持着"艺术家"的原型，也增加了"商人"原型的逻辑性与追求结果的一面。

人物原型这个古老的概念在内容创作领域被反复应用，至今仍然在社交媒体中焕发生机。因为共性，人物原型唤起了普遍情感，因此能够穿越时空，也可以突破圈层；因为创作者们在原型之上不断丰富人物个性，反复进行改造，人物原型也释放了我们的想象力，呈现人类的多样性。

但归根结底，人物原型仍旧是一个"外部工具"，请不要脱离自身硬套原型，否则将会使你的自媒体账号缺乏生命力。当你开启一个自媒体账号，思考人设这个问题时，做自己永远是初心、原点。

选题：从"纺锤结构"中获得源源不断的选题

自媒体的起点往往是博主表达与分享的冲动，自媒体要持续下去必定需要建立"选题库"。

这一节我来讲解一下自媒体选题方法论，它来源于三个原点，这三个原点组成了一个"纺锤结构"，希望可以帮你获得源源不断的选题，避免陷入选题枯竭的困境。

这个方法论我借用了传统媒体的"选题会"框架。在传统媒体兴盛的时代，我为《三联生活周刊》《智族GQ》两个杂志工作多年，每天和每周都会组织并参与编辑部的选题会，根据媒体的板块、内容形态是长特稿还是短专栏等，来建立选题框架，编辑、记者则将行业新闻、个人表达的冲动融入这个框架中，最终碰撞出一本杂志的选题，时常还会遗留一些值得长期关注的话题，等待更合适的时机再操作。这种方法具有内容生产工业化的特点，同时又在选题库的范围内，释放媒体的责任感与编辑记者的个人灵感。

一、自媒体内容产品必须具备的三个特征

今天自媒体的选题库建设，在大方向上与媒体流传百年的选题方法相似，但因为自媒体与传统媒体有所不同，所以在讨论自媒体的关键选题之前，我们先了解一下自媒体内容产品的显著特征，这些特征将其选题与其他如小说、论文等传统写作形式的"灵感"区分开来，也与传统媒体的选题有所差异。

首先，自媒体内容产品的首要特征是强烈的用户需求。

这种用户导向的创作方式，使自媒体内容需要具备利他属性，也就是通过有价值、有深度的信息或服务，为用户带来实际的价值和满足。

其次，可持续性是自媒体内容产品的另一个特征。

从用户增长和留存的角度来看，一个充满活力、持续更新的自媒体账号能够吸引并留住更多的用户。

随着平台分发机制的演变，单条内容的权重日益提升，而关注分发的作用则逐渐减弱。如果一味追求复制同一类爆款、缺乏内容多样性，不仅会使用户的增长陷入停滞，也会导致用户流失。

最后，内容产品与人设紧密相连，是自媒体内容产品的第三个特征。

在"定位与人设"那一节中，我详细阐述了人设如何通过内容向用户传递，而保持内容与人设的一致性，则是增强用户确定感、促进用户增长的关键因素。

一个鲜明、独特的人设能够使账号在众多自媒体账号中脱颖而

出，形成独特的吸引力。

自媒体内容产品的这三个核心特点决定了其选题库的"纺锤结构"。

在这个结构中，左边是应用户需求而生成的内容，它以满足用户需求为出发点，通过提供有价值的信息或观点来吸引用户；右边是与博主自身人格设计相匹配的内容，它体现了账号的独特性；中间是可持续的结构化内容，它保证了账号的持续更新和内容的多样性。

因此，你可以清晰地了解到，自媒体内容的选题来源就是这三个途径：从用户中来，从自我中来，从结构化中来。下面我来一一讲解。

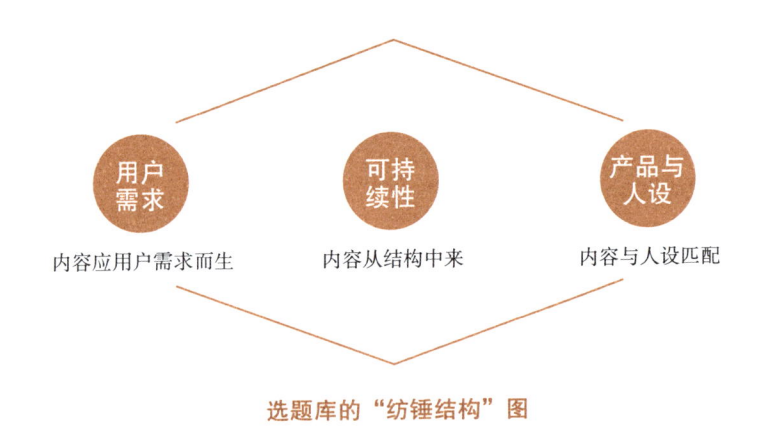

用户需求　　　可持续性　　　产品与人设
内容应用户需求而生　内容从结构中来　内容与人设匹配

选题库的"纺锤结构"图

二、自媒体选题的三个来源

1. 选题从用户需求中来

先来看一下选题应需求而生，是怎么从用户中来的。

深入洞察并精准把握用户需求，把它们转化为富有创意的选题，是自媒体运营至关重要的一环。

这个过程中，有几个核心要素值得你特别关注与考量。

第一个核心要素是用户画像。社交媒体上的用户画像不仅包括读者的**年龄**、**性别**、**职业**、**居住城市**、**使用设备的类型**等基本信息，还有**浏览习惯**、**兴趣偏好**等更深层次的数据。

借助专业的数据分析工具（如新抖、巨量等），你可以对用户画像中的关键词进行小规模或大规模的调研。但在整体画像之下，你需要关注以下三个更本质的用户"心理画像"。

欲望：用户对哪些内容或服务有需求，会因此产生内容消费行动？

用户对于内容或服务的欲望，往往源于对知识的渴望、对情感的共鸣或是对八卦的好奇。这种解决问题式的正向力量，会驱使他们持续点开你的内容，继而对你产生信赖，成为忠诚的粉丝或付费用户。根据你的目标用户，发现他们的欲望，总结出持续的关键线索并展开选题是一种常见的做法。

障碍：用户在追求自己想要的生活的过程中，正在面临哪些主要的挑战？

他们可能因为家庭的束缚，没办法实现自己的梦想；也可能觉得时间不够用，导致无法平衡工作和生活；又或是想要提升某个技能，但缺乏有效的学习途径。

当用户遇到障碍时，他们会更加投入地去寻找解决方案，这种投入感会让他们更加深入地消费内容。同时，自媒体内容中设置的障碍被一一破解后，用户也能从中获得满足感，从而进一步加深对内容的兴趣和对自媒体博主的信赖。

恐惧：用户目前担忧和焦虑的事情是什么？

美国作家威廉·福克纳曾说过："恐惧是艺术家的好仆人，也是好导师。"

恐惧往往比障碍更深层和抽象，自媒体的内容或许无法为消除恐惧提供解决方案，但洞察恐惧并提供情绪慰藉，也可以诞生深入人心的选题。

为了更好地理解以上三个概念，我以职场教育自媒体账号"崔璀优势星球"来举例说明。

"崔璀优势星球"是一个融合了图文和短视频的职场教育账号，通过对用户画像的分析，账号目标用户是25+的职场白领，男女性别分布平均，他们关注职场生存与晋升技能，他们的主要欲望是升职加薪求突破，障碍是能力不足，恐惧是被裁员或淘汰。基于这些信息，结合博主本人的专业技能，崔璀开发了一系列选题。

比如一条名为"如何用AI提高生产力"的视频：视频的开篇，通过标题"如何用AI提高生产力，看这条视频就够了"引起目标受众注意，并暗示视频内容将提供关于AI提升生产力的指导，对应用户的欲望——通过学习和使用AI工具来增强自己的职场竞争力。接着，视频提到了当前AI技术大火，许多人担心自己的工作会被AI取代的恐惧。以这种恐惧作为情感切入点，拉近了与用户的距离，引导用户继续观看以寻找解决方案。在这里，博主还设置了一个隐藏障碍：市面上的AI工具太多了，想学习却不知道工具的获取路径，也不知道怎么学习。针对障碍，视频紧接着给出了解决方案，即要学会使用AI，让AI为自己打工，又详细介绍了各类AI工具。视频末尾，他邀请用户在评论区分享好用的AI工具，增强了观众的参与感和黏性。

"崔璀优势星球"的选题几乎全部围绕用户的欲望、障碍与恐惧展开，这是一段时间内相对稳定的用户特征，支撑账号可以展开持续的与用户切身相关的选题。

第二个核心要素是描画人物小传。这种方法被许多小说家和电影人使用，也就是为主角或配角描画一幅画像，不但包括我们刚才提及的人物画像要素，而且延展开来，甚至包括了所处的时代背景、面对时代重大事件时的本能反应。即使人物小传很可能并未直接体现在内容作品中，但构成人物行动的内部、外部动因足够丰富，可以驱使人物在叙事中自行前进。

这种方法也可以应用在自媒体运营中，特别是在建立选题库时，你可以为目标用户描画小传，它并非静止不动，而是随着时代变迁与社交媒体趋势不断变化，它指的并非是一个宽泛的群体，而是一个个具体的人，我们能够更加精确地捕捉其独特的经历、情感与需求，从而返回到选题与内容，使你的账号更能让用户产生共鸣。

那么，如何获取这样的人物小传呢？

你可以从身边的人开始，观察他们的生活、倾听他们的故事。这些人可能是你的亲朋好友，也可能是你工作、生活中偶然遇到的有趣个体。

你还可以将目光投向目标用户聚集的行业集会或沙龙，通过参与这些活动，你有机会接触到更多具有代表性的用户，了解他们的需求和痛点。

当然，你还可以通过启动用户的小规模访谈来收集信息，这种方法能够让你更直接地与用户交流，获取一手的、真实的用户反馈。

这个人物小传甚至可以是你本人的小传。当然，这仅适用于那些目标用户定位与博主本人重合的情况。

这里以职场短视频博主"丑穷女孩陈浪浪"为例，她的目标用户画像主要是年龄20+的职场人，他们出身普通，学历不高，但怀揣梦想，关注职场与自我成长，相信通过选择、努力与正确的方法可以完成自我实现。

我与博主陈浪浪认识多年，她与用户合二为一，在她运营这个自媒体账号的过程中，一本隐形的不断生长的自我传记，始终是陈浪浪选题的来源，包括她普通院校毕业后如何被互联网大厂录用，在大厂打工时的职场感悟，相貌普通的女孩是否应该整容，亲密关系起起落落的故事等。这个账号并非个人生活Vlog，而是落脚到问题的解决方案与知识分享上，这些选题触角非常敏锐，源自陈浪浪对自我的观察与抽象总结。

第三个核心要素是拉一下对标账号。简而言之，就是在特定领域或行业中选取具有一定影响力和成功经验的账号，通过周期性地收集和整理这些账号的选题，你能够快速了解当前热门话题和受众喜好，从而为自己的内容创作提供方向和灵感。

模仿是学习的第一步，但创新才是成功的关键，这是各个领域内容创作者普遍的共识。拉对标账号是用于收集选题，汲取灵感，绝非抄袭或搬运。

适当的做法是，从对标账号的选题中汲取灵感，结合自己的独特视角和知识领域，进行二次创作。在进行同题二次创作时，你可以运用本书中学到的诸多内容原理与技巧。

比如说重新设置开头，以吸引用户的注意力；调整视频的结构，使其更符合新媒体的传播特点；预埋互动点，鼓励用户参与讨论和分享；转换视角，从独特的角度切入话题，为用户带来新鲜感。

第四个核心要素是专业知识。在内容创作过程中，一旦你确定了目标用户和领域，行业知识和动态就可以成为选题的来源。行业知识可帮你圈定用户注意力的范围；同时，通过引入具有信息增量、差异化的行业动态信息，还能显著提升内容的竞争力。

应用这个要素时，你需要保持敏锐的洞察力，及时捕捉行业内的最新动态和趋势。

比如说影视公众号"陀螺说电影"，在电影《瞬息全宇宙》获得奥斯卡全像奖后，并非只对电影本身进行表面的解读，而是洞察到电影的制作方、来自纽约的独立电影制作与发行公司A24的故事，它创立仅仅十年，出品了大量先锋电影与剧集作品，《瞬息全宇宙》是创作者厚积薄发后的代表作，这些内容在中文社交媒体很少被提到。"陀螺说电影"详细介绍了A24的创立故事与出品精神，给出了补充式和解读式的行业新知，做出了差异化的爆款内容。

第五个核心要素是善于利用热点或特殊消息。

一个公共热点往往意味着强烈的用户关注度，因此很多自媒体运营者都把"蹭热点"视为流量密码，但往往有两个误区：一个是简单复述热点事件，因为自媒体缺乏专业媒体的资质与事实核查能力，复述热点提高了误传和谣言传播的概率，建议避免；另一个是进行与账号定位及目标用户需求毫无关联的观点解读。

有效的"蹭热点"是将热点内容巧妙地转化为目标用户关注的知识补充、观点传达或者情绪疏解。当某个热点事件发生时，你应该迅速思考这个事件与自己的目标用户有何关联，可以从哪些角度进行解读，以及如何将自己的观点和见解融入内容中。

以一个持续分享艺术科普知识的短视频账号"杨藩讲艺术"为例，这位博主非常擅长"蹭热点"，甚至在抖音号的主页中建立了一个热点合集，视频播放量都非常高。但看完这些视频，你会发现热点是他借助热度的引子，借题发挥展开的往往是热点背后的艺术知识。

"杨藩讲艺术"的热点合集中，既包括与社会热点相关的冬奥会中的艺术、唐山打人事件延展出女性在绘画中针对暴力的反击，也包括一些艺术行业热点，例如借《蒙娜丽莎》被泼颜料解读环保人士为什么总是对名画下手，由毕加索画作最新拍卖价格约 10 亿元，引出再次解读毕加索的艺术成就等。

这种操作既在热点发生时利用了用户注意力的爬升趋势，也落脚到目标用户的核心需求与内容定位，获得了持续的热度和用户喜爱。

2. 选题从自我中来

介绍完自媒体选题从用户中来后，我们来到"纺锤结构"的另外一头，看看选题如何从"自我"，也就是人设中来。

自我分析是找到可持续或希望探索的内容方向的另一个关键步骤。在这里，你可以再次使用**人格分析自查清单**，发现选题线索：

第一个清单，**过去**。当然，不是简单地回顾生活的点点滴滴，而是要聚焦那些带给你深刻人生改变或强烈情感刺激的重要选择。这些经历可以成为自媒体选题库中最重要的一个来源。

比如自媒体上曾经流行的"十年体"短视频，这类视频不是简单地回忆博主过去十年的经历，而是聚焦人生中的重大改变瞬间，快节奏展现个体的发展和社会的变迁，让观众从中获取有价值的信息或情绪价值，甚至留出想象空间，让观众联想到自己，引发广泛的共鸣。

第二个清单，**名声与印象**。这个清单包括博主的性格、为人处世的风格和职业名声。如果你在某个领域有一定积累，需要注意观察和回忆他人的评价；如果你现在是"小白"，也可以从社交账号、亲朋好友处获得他人对你的评价。这些评价，将成为你内容创作的有力支撑。

第三个清单：**关系网**。你所处的行业、常常交往的圈子，比如说创投圈、文艺圈，或者大厂打工人圈都有可能成为你的内容来源。

实际上从关系网中产生系列选题，是访谈类自媒体的主要做法。例如商业访谈自媒体"程前朋友圈"，博主程前做自媒体前就从事创投行业，企业主圈是他广泛的人脉圈；职场访谈博主"姜 Dora 在此"也是由关系网拓展选题，她本身从事人力资源的工作，早期短视频中有大量各个公司 HR 的访谈内容。

第四个清单：**天赋与能力**。可以是已经被证明的天赋与能力，例如出书、获奖等职业成就或者唱歌等；也可以是未被证明但你希望挑战的一种能力，比如说跳舞、减脂等。这里藏着你账号人设可以衍生的内容产品。

自 2023 年起，社交媒体上的"开启一个行为"类内容越发普及。一般都是博主计划用一段时间完成一个任务，并在自媒体上记录这一过程，比如读书、装修房子、回到家乡生活、成为数字游民；或者是一个特殊的计划，比如与 100 个人聊天、探访 100 家咖啡馆，甚至是开一家馒头店。

这种记录已经成为广受欢迎的自媒体内容类型。它通常有一个明确的开始，可能是你想要克服某个困难、完成某个挑战，或者是做一件长期而又有意义的事情。随着时间的推移，你持续地分享这个过程中的点点滴滴，观众便会对你的结果产生好奇心，所以他们会一直关注你的更新，看看最后会发生什么。这样的话，大家便会跟你一起，期待最后的结果。

比如现象级短视频账号"池早是我"，博主池早学的是编导专业，失业后开始做自己的自媒体账号，她给自己设定了一个目标——"挑战辞职后体验 100 种职业"，也就是说，在不考虑薪资，不给自己设限的情况下，她要去尝试体验 100 种职业。这个系列内容在网络上爆火，目前抖音粉丝超过 300 万，这是 2023 年现象级自媒体账号，甚至开启了一种"挑战体"内容形式。自她之后，很多博主开始做"挑战类"内容，比如"挑战用一幅画换小吃"等。

第五个清单：**品位与偏好**。你的兴趣爱好、喜好和拒绝的事物都可能成为自媒体账号的记忆点或长期的内容产品。当你分享自己的品位和偏好时，就是在与用户建立深厚的情感连接。

第六个清单：**习惯与规律**。你的日常习惯、行为规律甚至是一些小癖好都有可能成为记忆点。通过记录这些细节，能够让用户更加了解你，增强内容的真实性和可信度。

在自我分析和记录中，**不能忽视物品的重要价值**：它们标记了你的生活，附着了故事与记忆，是自媒体选题的重要来源之一。

小说家契诃夫有句话："如果在故事的第一幕有一把枪，那么在最后一幕，这把枪一定要射出子弹。"在创作过程中，物品不仅可以作为情节发展的推动器，还可以作为故事的核心元素，甚至其本身就是故事的一部分。

例如，在《闪灵》中，存在故障的火炉不仅是情节发展的转折点，也象征着主人公内心的恐惧和不安；在《飞越疯人院》中，印第安人总也举不动的洗手台则是他追求自由和尊严的象征。这些物品在故事中的反复出现和象征意义，加深了观众对故事的理解和印象。

自媒体偶尔发布以物品串联作为选题定位的内容，往往效果不错。例如短视频博主"北鱼手作"，从账号名中可知账号原本的定位是分享并售卖手工艺品，但是博主偶然发布了一条"媳妇买的奇葩物品"短视频，播放量过千万，之后持续了这个系列，发布了近500条"媳妇买的奇葩物品"分享短视频，包括各种陶艺或手工编织物品等，具有观赏性。同时，博主的吐槽也顺势透露了夫妻二人的相识与手作创业经历。这个偶然之举就是将物品的串联意义体现在了自媒体中。

最后，从"自我"而来的选题，要**适当进行选题的自我重复**。

内容创作的道路上，自我重复并非禁忌。

当你此前的某个内容或选题成为爆款，吸引了大量用户的关注时，适当复制这种成功的经验是有益的。但这里的"自我重复"并不意味着简单地复制粘贴，而是指在同一主题或选题下，运用不同的手法和角度进行二次创作。

你可以在保持选题一致性的基础上，通过调整内容结构、引入新的观点、运用不同的叙事手法等方式，使内容呈现出新的面貌。这样做的好处在于，可以利用已有的成功经验快速吸引用户的注意，并引导他们进一步探索你的内容。

当发现用户对某个或某类内容特别感兴趣时，你可以考虑适当增加这类内容的产出，以满足用户的需求。这是因为过往的经历已经证明，这类内容具有较高的成功概率，且容易被用户接受。

不过，过度重复也可能导致用户的厌倦和流失。因此，在自我重复的过程中，还需要不断引入新的元素和创意，以保持内容的新鲜感和吸引力。

3. 选题从内容结构中来

现在，你已经构建了两个选题库，一个基于用户需求，另一个基于你的个人能力和人设。这时，你会逐渐发现选题已经形成一定的规模，并且展现出清晰的结构。

这个结构，**一种是线性的，它像是一条主线，贯穿整个账号的内容**。比如，短视频账号"都靓读书"的大部分内容都和读书相关，整个账号都是围绕这个行为来展开的，读书体的容量足够大，几乎可以容纳世间所有议题。

另一种结构是树状的，从一个中心主题或者目标用户的多种需求出发，衍生出多个分支。比如短视频账号"丑穷女孩陈浪浪"，她的账号内容既有职场主题，也有女性成长、变美、情感等主题，围绕目标用户的多种需求延伸出多个内容系列。

当然，**内容的衍生结构不仅仅局限于一种形式，还可以根据内容的正反方向、形态、层次或系列进行多种划分**。比如说以内容的正反方向衍生结构为例，健康领域的账号可以同时提供建议类和警示类的内容。一方面，通过分享健康饮食、锻炼习惯等正面建议，引导用户形成健康的生活方式；另一方面，通过揭示常见的健康误区、不良习惯等负面内容，警示用户避免陷入健康陷阱。

你也可以将内容按照一定的逻辑关系进行组织，形成一个内容层级。还是以"健康"为例子，健康的主题内容体系可以包括"健康饮食""健身锻炼""心理健康"等一级栏目，每个一级栏目下又可以设置多个二级栏目，如"健康饮食"下的"营养搭配""减肥食谱"等。

结构化内容的好处是，它可以让你的内容更加有层次和深度，同时也可以为你提供更多可持续操作的选题。当你开始有意识地构建内容结构时，你会发现自己的内容无形中拓展到了更深的层次。

除了自然形成的内容结构外，你还可以借助**"营销日历"**工具来进一步结构化你的内容。营销日历可以帮助你预测热点，利用特定的日期来规划内容。像春节、情人节、中秋节等节日，或者是你所在领域内具有特殊含义的日期，都是很好的内容规划时机。

到这里，你的自媒体选题库就建设完成了。自媒体内容产品的三个特点决定了它的选题从用户、自我与内容结构中来，通过这个纺锤形的选题结构，你可以组织形成你的选题库。

其实，自媒体因为与个人表达密切相关，其发展往往依赖博主丰富的个人生活、强烈的表达冲动和旺盛的生命力，这是自媒体魅力的来源。今天介绍的选题方法论，仅仅是一种内容生产工具。归根结底，倘若你遇到选题的瓶颈，要思考的并非这些工具本身，而是要重新去构建和过出有"内容"的生活。

故事原理：真人秀时代对生活的极致比喻

讲故事是人类最基本的传播方式。

从原始时代人类编织神话到发明图画、文字来描述事件、传递信息，人类的叙事活动从古延续至今。

传统的叙事型故事更多出现在文学与电影中，而在自媒体快速发展的今天，"人人都是创作者"的真人秀交流环境中，故事已成为吸引观众、推动冲突、刺激互动与传播的基点。

甚至可以说，任何类型和任何目的的自媒体内容，都需要故事来推动。故事原理有如内容创作的基石，在今天生长出更多样的形态，诞生了一些以叙事为核心的自媒体内容类型，例如剧情类、Vlog等。故事原理甚至可以对非叙事类型的自媒体内容进行改造，例如应用于口播知识科普、好物评测等内容中。

这一节我就介绍通用的故事原理，包括故事的七个要素、三种主控思想和八个母题，帮助你建立一个故事工具箱，应用到各种自媒体内容中去。

一、故事的七个要素

首先，我们先来了解一下故事的**核心要素**。

故事来自生活的方方面面，但故事也并非涵盖生活里的所有，往往只是挑选了其中的重要时刻或某些细节，透过故事，我们可以感知到这个完整的世界。那么这些重要时刻或细节，挑选的标准是什么呢？了解了故事的核心要素，你就大致心中有数了。

这里讲到的故事的核心要素，参考了世界公认的故事大王罗伯特·麦基写成的《故事》一书。这本书自1997年出版以来，一直是全球电影创作者的必读经典，该书汇集了麦基30年授课的经验，通过对《教父》《阿甘正传》《星球大战》等经典影片的详细分析，清晰阐述了故事创作的核心原理。而这些原理在自媒体中往往以变种的方式反复出现。

在《故事》一书中，一个完整的故事通常包含结构、事件、场景、节拍、序列、幕、高潮这七个重要的元素。这里先简述一下这些要素的所指，之后我会用自媒体内容来拆解说明。

"结构"，指故事讲述者在一系列事件中进行挑选并作出的排序。构建结构就如为房屋建筑框架，以特定事件为基础选定故事的基础骨架，并通过排序和组装，来引导具体情感的发生，让故事传递讲述者想要传递的价值观。

也就是说，**构建结构的关键在于对事件的选择**。如果一个故事包含了太多让受众无法做出推断的信息，那么人们会认为这个故事的有趣程度很低。通过选择讲什么或者不讲什么，来为故事确立一个好的结构。

"事件"，即发生变化的事物。例如寒流袭来，河面从流动变为冰封；又如杯子落地，变为碎片。这些都可以理解为一个事件。

"事件"作为故事要素之一，核心关键词就是"变化"。这种变化具有二元对立特征，如生与死、爱与恨、勇敢与懦弱等。不能表现这种变化的则不能称之为"事件"。

故事的另一要素"场景"是构成故事情节发展过程的基本单位，承载着故事发生的具体环境，它同时又包含七个要素，即时间、地点与环境、人物关系、用户关系、氛围与调性、服化道设计、动作设计。

一个场景至少要有两个必要条件，其一是至少包含一个动作，其二是场景要有转换，可以是场景七个要素中任意两个要素的转换。

故事之所以能从头到尾都有趣，吸引用户的注意力，依靠的正是**场景的转换，这个拐点，可以叫作"节拍"**。

节拍通过排列组合串联着转换的场景，它们的排列顺序叫"序列"。一般情况下，序列由两个以上场景构成，并按照场景冲击力递增的趋势去排列，以推动故事情节达到顶峰。

一系列序列的组合则为"幕"，幕常会伴随故事的重大转折，这种转折的冲击力是强于前置的场景和序列的。而**一系列"幕"再经过排序，会达成故事"高潮"，将故事引导到不可逆转的变化。**

上述七要素往往完整出现在传统的文学和电影中。在自媒体中我们常常见到一些短小内容，特别是视频内容，仅仅截取了"故事"的某一要素，例如一个场景，或者一个强调转场和变化的节拍，它们对喜爱短小内容的自媒体用户来说，也可以构成一种内容，但不在今天的故事原理范畴之内，我会在"场景"等章节中专门帮你分析。

自媒体中的长图文往往会完整使用故事的七个要素，帮助文章起承转合，给用户层层推进的感觉，使其在阅读过程中不转移注意力。

比如财经公众号"晚点 LatePost"，在非虚构故事《一家明星公司燃料耗尽时》中，讲述了资本繁荣时期明星公司虎头局的困境。

它在结构上选择虎头局这家公司处于艰难时刻的部分事件，而不是详细回顾这家公司的所有经历。事件则是虎头局由资本宠儿到泡沫破裂濒临倒闭的转变，体现了变化这个特征。在讲述"此刻的困境"这段故事时，可以看到明显的三幕转折：困境的开始——即虎头局创始人接受采访时的状态，困境显著的表现——某个黑色星期五，困境的高潮部分——创始人面对员工集体维权的经过。

我们还可以更全面地看到"此刻的困境"三幕中的几个场景。

场景一："即便到了最危急的时刻——公司欠款超过 1 亿元，虎头局创始人胡亭依然表现出乐观、镇定的态度，至少看上去如此。她对员工说，和供应商会谈拢的，她还说，有 3 位产业老板主动询问是否需要帮助，这些支持让她仍抱有希望。她在努力避免自己创立 4 年的公司滑向被清算的结局。"

场景二："在虎头局上海几近搬空的办公室里，胡亭坐在办公椅子上，轻声细语地和包围她的几十位员工交谈。除了几次哽咽带来的表达中断，大部分时间，她试图保持微笑，说服这些前来讨薪的员工，'再给我一点时间'。"

场景三："虎头局的一名渠道员工李舒心（化名）决定不再去上班了。第二天是公司承诺发薪的日子，但钱再一次没有到账。90多名讨薪员工组成的维权微信群在这一天决定集体提请劳动仲裁。周四晚上，信息化产品总监 Jason 在小红书发了一段视频，称'虎头局倒闭，创始人疑似跑路'。"

场景四："这一天，被欠款的供应商来到虎头局上海办公室，试图挽回一些损失。他们拿走充电插排、冰箱里的可乐，最后干脆搬走了冰箱。"

场景五："被欠薪4个月的员工发现多位高管从3月中旬开始陆续离职，为他们最晚了解局面而气愤。胡亭请求在场的员工再给她两三周的时间，'不知道大家愿不愿意'。'不愿意。'一个女声回应，其余的人则保持沉默。"

这些场景串联了创始人乐观、员工猜疑、供应商追讨、员工绝望这样的变化，场景之间的转折由节拍组成，经过序列的安排，渐次推进到故事的高潮：公司已无可挽回。

当然，以上故事的七个要素更想给你提供一个故事原理的基础认知，希望你可以洞悉内容的重要组成部分和节点，带着一种"透视感"审视或者创作你的内容。

究竟如何在自媒体实践中应用故事原理，灵活组合和调用这些要素呢？下面我来讲讲在自媒体中比较好用的几种故事原理应用方式。

二、故事的内在规律

如果说故事要素是故事外在的组成部分，故事原理则是故事内在的运行规则和构成规律。

在自媒体内容中，我建议你从以下三个不同维度去应用"故事原理"。

1. 故事的三幕推进法

你可以从故事的主要组成部分和骨架入手，重点关注故事的"幕"。

经典的故事模板，主要组成部分一般分为三幕。首先，出现一个不确定事件，打破主角原本的生活轨迹，迫使人物做出选择。其次，主角通过不断努力，想要回到原有状态，但总有意外发生。最后，不管主角是否成功，都需要给用户一个关于结局的交代。

在自媒体中，特别是叙事型短视频中，三幕推进法被大量自媒体博主反复印证，也得到了用户的接受和传播，因为这种三幕结构是最稳固、叙事效率最高、能带给用户很强满足感和确定性的内容叙事方法。很多剧情类账号都在使用这个方法讲故事，这里就不再举例说明了。

2. 故事的三种主控思想

在自媒体中应用故事原理，你还可以按照价值转向的维度来重新编排故事，这就是叙事的主要基调，这涉及三种主控思想。

所谓主控思想，也来自《故事》一书，**指隐藏在故事情节背后的价值和原因**。很多引人关切的故事，没有试图向用户传达解释性的话语，但用户通过故事情节完全可以理解它要传达的价值观。故事能达成这种效果，正是受到了主控思想的指导。

主控思想可视作故事的"灵魂"，你首先感受到故事的主要氛围是喜悦浪漫，还是悲怆阴郁，或者是冷静克制；同时主控思想也传递了一种世人容易理解的价值观，例如《罗密欧与朱丽叶》这个故事的主控思想是"爱情战胜一切，甚至是死亡"，那么它所有的情节和表述都围绕这一点来进行。

自媒体故事中，主控思想的作用也是如此，它主要分为三种。

第一种是理想主义的主控思想。在这种主控思想的引领下，故事一般会向外传递正面观点，如乐观主义、希望、梦想等，结局一般也会"上扬"，从而构建人类希望的生活图景。一般这类叙事也都传递诸如"小人物也可以逆袭""生活不只眼前的苟且，也有诗与远方"等正向价值观。

拿一个生活方式视频博主"小鹿LULU"为例，她的短视频主要以城市女孩返回家乡为主要叙事框架，所有内容背景都是内蒙古的牧场生活，辽阔自由，返璞归真，整个账号呈现出理想主义的基调。在具体的内容中，她回顾了以前在繁华都市时逼仄、紧张的生活，虽然回归牧场也时常感到孤独，但她在自然中感受到草与牛羊这些具体的生物，结合《假如给我三天光明》主人公海伦·凯勒想要三天光明就能感知幸福的故事，得出"生活中的幸福要自己去感知"这个结论，向用户传递正面的价值观。

大多数人刷社交媒体，往往是在任意时间、任意地点用碎片时间浏览，心境也是放松的，甚至有时是为了找点乐子。这种随意场景与娱乐化的社交媒体使用预期，让理想主义主控思想的自媒体内容成为主流：有直接传递正向价值观的，也有用搞笑、治愈的风格间接传递的。

但这并不意味着悲观主义主控思想的故事在社交媒体消失了。**所谓悲观主义主控思想，即情感与基调更负面，常常表达人世的无常、人性的阴暗或某个时代的堕落**，例如我们熟悉的莎士比亚的经典悲剧作品，基调悲怆，并常以情怀作为基底来承载这种强烈情感。

自媒体是我们日常生活的浓缩，痛彻心扉的古典悲剧式故事并不经常发生，但悲观主义主控思想的叙事会转换成一种更具有当代特征的情绪表现出来，并形成一种普遍的社交媒体趋势。例如青年人对工作伦理、内卷的反思，对亲密关系和原生家庭的困惑，用影像或小故事来表达"精神状态超前"的癫狂状态，甚至将故事投射到吗喽（猴子）、水豚等动物形象以表达自嘲与反讽。这些都是悲观主义主控思想在当今社交媒体中的应用，它们因为命中了时代情绪，即使受众感到悲伤或郁闷，也仍旧能够唤起广泛共鸣。

第三种主控思想比较复杂，是反讽主义的主控思想。**相比理想主义和悲观主义，具有反讽意味的故事表达的观点既非否定也非肯定，而是一种接近客观的描述**。运用反讽主义主控思想的故事，会同时具有正面和负面的视觉感受，揭示生存状况的复杂性和两面性，以展现完整和现实的生活。这类作品的基调和结局，往往是上扬和低落相互交织。

社交媒体并非不能容纳复杂的故事，而是需要改变表现方式。这里带你来认识一个主要发布精美中长视频的博主"草匠匠匠匠"，她的作品因复杂的剪辑、精美的镜头语言与画面以及反讽主义主控思想而具有辨识度。以她在抖音平台发布的"不可说的事"短片为例，主题是讲述女性在成长过程中面临的性凝视与性羞耻，画面与叙述都既非否定也非肯定，在 5 分钟短片中呈现了悲观与乐观交织的故事，展示了女性面临性命题的困惑。这种复杂故事在抖音娱乐化、短小化的平台氛围中，仍然可以变成播放量过亿的爆款短视频。

反讽主义与自媒体内容并不相斥，反而更接近真实。内容的实现方式辅助节奏、口音、冲突悬念等技巧，仍然可以唤起用户的广泛共鸣与传播，这些技巧我将在其他章节展开介绍。

3. 故事的八个母题

故事原理在自媒体应用中的第三个维度是，关注故事的主题。

这里我借鉴好莱坞编剧经典作品《救猫咪》来展开。电影编剧导师布莱克·斯奈德曾根据他几十年的从业经验，从成功的电影类型中总结出故事的八个母题，即八类"故事原型"，写成《救猫咪》一书。这些母题既富有艺术性，也接受过商业检验，应用在自媒体故事创作中更是"降维打击"。当然，故事母题不等于世间故事的全部，这里介绍的八个母题可以帮你建立一个对照资料库，但不要妨碍你的想象力。

第一类故事母题叫作**"金羊毛"**。这本质上是一个"寻找自我"的故事原型，是指人们为了寻找某样东西而踏上旅途，并在过程中找到自己，或促使自己成为想要成为的人。

例如护肤短视频账号"《为了玲飞》护肤行业纪录片"的博主四火，他为整个自媒体账号做了一个故事化设计：他曾任浙江横店影视职业学院、西华师范大学导演专业教师，在受托为妈妈买护肤品时，发现护肤品行业存在很多骗局，之后辞掉大学教师的工作，创建账号，带着对妈妈负责的心态拍摄揭露护肤品行业各种骗局的纪录片。这个"金羊毛"主题使博主的内容突破了护肤内容本身的局限，整体呈现出故事感，这也是账号获得用户支持的核心原因之一。

第二类故事母题叫作**"愿望成真"**。这类母题基于人类想要完成自己愿望的心理需求，再叠加"平凡普通的主人公"，往往给用户带来满足感和愉悦感。

如短视频博主"米娅有点甜"将帮助普通人实现梦想作为账号的整体形式，每期记录一个愿望成真的过程，比如"拆盲盒""体验收废品"等人生体验，甚至后来引发效仿，帮人实现梦想成为一种短视频类型。

第三类故事母题叫作**"陷入困境"**。这个类型的故事在自媒体中常表现为"逆袭"，即一个普通人发现自己陷入了一个困境，为了战胜困境，他先战胜自我，最终收获好的结局，从而释放一种正面暗示。当前社交媒体上的逆袭主题一浪高过一浪，经久不衰，包括"历经波折最终创业成功""二本进大厂"等，它们背后都是"陷入困境"这种经典母题。

第四类故事母题叫作"**人生变迁**"。"人生变迁"类故事主要描述成长阵痛，引起人们的共鸣。与"陷入困境"类母题的故事强调结果不同，"人生变迁"类母题的故事主题词不是"改变"，而是"过程"。比如在青春期、中年时期等这些特定阶段，经历了富有冲击力的境遇。曾经在社交媒体上一度非常流行的"十年体"就命中了这个母题，用户用视频片段或者照片连播，配上描述十年关键经历的字幕或者画外音，引起人们对于人生变迁的感慨和相似经历的共鸣，"一个普通女孩的十年"甚至成为抖音短视频的热门标签，在平台一共获得 30 亿次播放量。

第五类故事母题叫作"**伙伴情谊**"。它一般会讲述"我和我最好朋友的故事"，在自媒体应用中，闺蜜、兄弟，甚至类似朋友的母女故事广泛存在，这些故事本身具有浓厚的人情味，容易触发情感，诞生出现象级账号。

例如短视频账号"疯产姐妹"以讲述闺蜜情的内容为主，积累了 3000 多万粉丝；生活 Vlog 账号"氛围帅哥杰西卡"以讲述情侣故事为主要内容，也在城市青年圈层获得超过 300 万粉丝；短视频博主"三石的一家老小"主要呈现家庭故事，粉丝量也过千万。

第六类故事母题叫作"**傻瓜获胜**"。这类故事母题中的主人公在社会一般意义上被认定为"不太可能成功的人"，但经历一番努力，主人公抵达了目标，使人感到震惊或赞叹。"傻瓜获胜"与"陷入困境"母题看似相仿，但前者更强调主人公的前后反差与对比。

短视频博主陆仙人身在乡村，但从未放弃超模梦想。他在"陆仙人"账号中发布的第一条视频，身披乡村风红色毛毯，在村落小路赤脚走秀。反差引来了关注，起初其中不乏嘲讽，但随着他的同类视频越发越多，他的独特和他对梦想的不懈追求也广为流传，陆仙人逐渐被称为"乡村超模"，获得很多人的认可，并受邀在巴黎时装周走秀，"陆仙人"账号内容也加入了他成为专业时装模特的故事。这个账号的故事母题与人物的人生故事叠加，是一个典型的"傻瓜获胜"故事母题。

第七类故事母题叫作**"超级英雄"**。与"陷入困境"类正好相反，它一般是指一个超乎寻常的人发现自己身处一个非常普通的世界，通过一系列挫折或努力，找到超能力的价值，把自己塑造成"超级英雄"。很多精英人士、企业家的自媒体账号，往往都在应用"超级英雄"母题，但如同我们观看超级英雄大片电影时的心态一样：我们之所以对超乎寻常的人物产生好感，并不是因为他的超能力，而是因为他在拥有令人羡慕的超能力的同时也历经挣扎与挫折。精英人士的自媒体账号并非禁区，俯瞰众生、高高在上的完美姿态才是禁区。

第八类故事母题叫作**"推理调查"**。它的重点往往不在于发现一桩复杂事件的过程，而是通过呈现过程，让用户感受与了解百态人生。这类故事母题因为重点在过程，铺陈较多，故多应用于调查或寻访一个事件的长图文或者长视频。

以上八个故事母题，如同《救猫咪》中总结的，无法涵盖人类在演绎和讲述故事方面的参差多态，却是工业化水平最高的电影行业验证过的母题。自媒体作为次一级的内容产品，也未能超出这个范围。

那么，故事要素与故事原理又是如何应用到那些不以叙事为主要目标的自媒体中，起到点石成金的效果的？

这里我举三个例子，它们都经历过应用故事原理和没有应用故事原理的转变，在内容的传播度上前后变化巨大。

一个是艺术科普账号"何老师在发呆"，他将艺术史上的经典作品或风格，以故事演绎和场景还原的方式呈现，成为2024年现象级的艺术账号。例如博主扮演成杜尚，还原作画过程，让用户明确看到画家是如何将女人下楼梯这一动作的每一个时间定格画面记录在一幅画之中。用户在评论中纷纷感慨通俗易懂。"何老师在发呆"主要使用了故事要素和三幕结构。博主在使用故事原理之前，也制作过十几条口播类艺术科普视频，播放量与粉丝数都不到故事化演绎的1/100。故事，成为这个账号点石成金的秘密。

而在以颜值或穿搭为主要内容的自媒体账号中，创作者常常停留在满足用户的猎奇心理与审美需求上，假如植入故事，往往效果惊人。

服饰穿搭短视频博主"茶小鹿149"，原本以分享小个子穿搭为主要内容，短视频平均点赞量多在1万以下。2023年3月，账号发布的一条视频里，在原本只展示服装穿搭的一个场景下，加入了与路过的大叔双双对视的故事情节，短短一瞬营造了似乎有美好的事情发生但又擦肩而过的反讽主义主控思想，这条视频获得了 500 多万点赞。此后博主也发现了故事的力量，常常复制同类场景。

好物分享与导购类自媒体，也可以通过故事赋予商品新的属性。

农产品推介短视频账号"我是拉不拉金"原本是一个售卖橙子的自媒体账号，但博主偶然发现家中的金毛狗与橙子的互动获得较好的用户反馈，就通过故事设计，将金毛狗作为主角，在作品中加入"金毛摘橙子"的场景，从而创造出一个具有故事感的品牌属性。同时"毛毛摘的橙子"也成为一个新的子品类，广受用户欢迎，很多收到橙子的消费者非常愿意晒出这种具有故事感的产品。故事原理在这里既宣传了品牌，还扩充出一种新产品。

听故事是人类最原始的欲望之一。故事思维在自媒体中仍旧是最经典也最有效的思维，所有自媒体内容都应当具备这种思维。当你对故事要素和故事原理有了充分了解后，就拥有了一个讲故事的工具箱，这里面的组件与模块，可以应用于各种类型的自媒体内容。

结构：架构内容的骨架与节点

结构在内容创作中起着"支架"的作用，如同枝干之于树木，架构之于建筑。

在自媒体中，结构的作用更加举足轻重。面对用户，为了内容不被关闭或划走，结构除了具有支撑内容元素的作用外，还要持续抓住用户的注意力，成为推动用户看完内容的动力节点。

这一节我们一起来了解一下结构在自媒体中的应用。我会为你总结六种经典结构类型，并针对自媒体环境下内容作品的特点，讲解该如何设计结构，以适应用户对自媒体内容阅读和观看的新要求。

这里需要说明一点：这一节中总结的结构，仅仅是辅助内容表达的工具，有的来自文学电影反复验证的经典结构，有的是社交媒体原生的流行结构，但结构不是僵化的，它们是"大概率好用"的，你并非只能使用这些结构。

下面我们来一一了解一下吧。

第一种是清单结构。

清单结构的基本形式是信息以相似的密度并行排列，不强调起承转合，只注重信息的区隔。**清单结构的模板是"目标（问题、痛点）+信息要点罗列"。**

清单结构是一种传统的经典内容结构，也是自媒体中最普遍也最好用的结构之一。因为这种结构信息明确，满足了自媒体用户寻求获得感的要求；切碎了信息，符合用户注意力呈现碎片化的浏览特点；往往借用数字营造确定感，迎合了用户一边无法集中注意力，一边寻求确定性的矛盾心理。

在使用清单结构时，要求每一次罗列的，均是"有用户价值的信息"，可以是实用信息，也可以是提供情绪价值的内容。

清单结构适用于几乎所有的自媒体类型，如知识分享类、种草类，甚至是剧情类。

例如在小红书的知识分享大门类纪录片推荐中，随处可见各种清单结构的纪录片介绍："日本设计师纪录片合集""N 部灭门惨案纪录片分享"等。

种草类账号也是使用清单结构的大户。

比如美食公众号"企鹅吃喝指南",《花了 7 年，才敢掏出这份不踩雷广东吃喝指南》一文使用清单结构罗列了广东的美食推荐地，阅读量 10 万 +。

清单结构也可以是**纯视觉**的。

抖音平台一度流行的"三种对异性丧失兴趣的生活方式"短视

频模板，就使用了视觉化清单结构，便于用户将关于兴趣爱好的图片或视频添加进模板，辅以明确且区分结构的卡点剪辑，使用户获得明确的获得感和节奏感。

有人还用清单结构来**讲故事**。

剧情短视频账号"潇潇学姐"拍过一条老师批改假期作业的视频，博主扮演多个角色，罗列展现语文、英语、数学老师批改假期作业的差异场景，戏剧化冲突在这种一一罗列的形式中更加密集。

第二种是日记结构。

日记体的一般结构要点，往往从一个抽象的观念开始，可以是吐槽，也可以是热点评论或一种顿悟，之后开始展开故事，最后以抽象的情感表达收尾。**这种结构模板可以总结为：观点+故事+情感。**

自媒体中最适合使用日记结构的类型是 Vlog，它符合一般生活记录的习惯和用户的心理预期。

小红书上一位很有知名度的博主"Olga 姐姐"，其内容主要围绕 50 岁+女性的职场与生活感悟分享展开，在博主不多的几条生活 Vlog 中，她反复在使用这种经典的日记结构，例如一条讲在清迈旅游的 Vlog，开头提出一个感悟："除了在餐厅，我几乎不想买任何东西，我是疯了吗？"之后罗列在餐厅、花店或者市场的旅行经历，最后借用同伴的话表达"人越成熟购物越理性"的顿悟。这种结构可帮助貌似很散的生活 Vlog 找到贯穿始终的主题，吸引用户注意力，并在结尾为用户提供获得感。

理解日记结构，可以快速帮你编排 Vlog，整理那些散乱的生活素材，将其拼接成一个可能的自媒体爆款。

第三种是三幕剧结构，也是经典的戏剧结构。

三幕剧，顾名思义，一共有三个部分，也是**结构的模板：触发（起因）+ 冲突（经过）+ 解决（结果）**。"触发"的作用是交代事情的起因、背景、时间、情境或一个待解决的问题；"冲突"是把用户关心的矛盾对立双方表现出来，或是把主人公面对的障碍、挑战、对手展示出来；"解决"则是把结局展现出来，问题要么最终得到了解决，要么根本解决不了，以此挑起用户情绪或调动用户思考。

三幕剧结构作为最经典也最简单的戏剧结构，最适合剧情类或故事讲述类自媒体内容。

例如说书视频博主"小玄夜说书"，在推荐各种书籍时常采用三幕剧结构。在推荐《不可以》这本书的一个视频中，触发是博主描述了这本书吸引他的一瞬间，"看到第一章的最后一句时头皮发麻"，诱导用户跟着他进入下一环节；冲突环节，是博主叙述每一章时都有极限反转，把阅读这本书时的挑战或乐趣展现出来；最后给出结论，指出这本书最吸引他的地方在于"罪犯普通"，故事中那些犯罪分子起初不过是普通人，如慈爱的父亲，或负责任的老师，引发用户深思。

三幕剧结构可以帮助你在叙事类自媒体中对照查看内容的完整度：很多叙事内容因为没有"触发"而让人摸不着头脑，或者缺乏冲突而显得平淡，或者缺少解决方案让用户感到不满足。

第四种是"3W结构"。

"3W"是"What、Why、How"的简称,也就是"是什么""为什么""怎么办",这3个W可以自由组合,以应对不同的场景。

其实,3W结构本身属于三幕剧结构,但两者又有所区别。三幕剧结构使用在故事情节的推进上,而3W结构更广泛用于逻辑推理结构的内容中。

其中,**What即对事物的定义,讲的是特点。Why是指为什么要做这个事情,这是目标、使命、理念或愿景。How则是指要怎么做这个事情,指方法和路径。**

自媒体环境下,三者的顺序不同,会组合出适用于不同场景的内容。

3W结构按"是什么、为什么、怎么办"的顺序组合,适用于**问题解析、名词解释、热点解读或科普等**。

比如复旦大学社会学系副教授沈奕斐的自媒体账号"沈奕斐"中,发布过"社会学爱情思维课"系列视频,其中一条讲"为什么脱单这么难",开头先摆明问题——现在年轻人很多都脱单困难,这是表明视频主要内容"是什么";接着给出分析,脱单难的主要原因是把对方当作完成理想爱情的工具人,并详细分析其中的社会学原理,即"为什么";最后贴心地给出怎么脱单的实用指南,即"怎么办"。按照"是什么、为什么、怎么办"的顺序来进行问题解析,往往清晰明确,用户获得感强。

3W结构按"为什么、怎么办、是什么"的顺序组合,则**情感**

浓度高，特别强调共鸣。

这种高情绪结构，被很多科技公司创始人发现，例如乔布斯、扎克伯格等，他们在演讲时都用到过这种结构，一般先用讲故事的方式表达自己为什么干这件事，他们的目标和使命是什么，然后告诉大家中间他们做了什么努力，方法和路径是什么，最后告诉大家这是一个改变世界的伟大产品，以此来唤起共鸣。

自媒体中，这种顺序组合也常常被用于情感浓度很高的内容。

财经作家叶檀的自媒体账号"叶檀财经"长期发布冷静的宏观经济观察与解读，但是在2023年，她做了一条截然不同的高情感浓度视频。视频开头先讲"为什么"：为什么自己九个月没有拍视频，因为患上了乳腺癌；接着讲述"怎么办"，讲述求医问药的过程，以及内心从茫然到接纳的转变；最后给出"是什么"："叶檀财经"将恢复更新，但转变为"檀姐姐暖财经"的新定位，重新出发。这种为什么、怎么办、是什么的3W结构顺序，在结尾将情感浓度提升到最高点，既交代了账号转型的缘由，也激发了用户情感共鸣，一举两得。

第五种是LOCK结构。

如果说前面几种结构侧重叙事，那么LOCK结构则适合用于以人物为主要描述对象的自媒体内容。

L、O、C、K四个字母都有特定的含义：L即Lead，代表主人公的特征；O即Objective，代表一个目标，这个目标可以是实现一种愿望，也可以是摆脱某种困境；C即Confrontation，代表对抗，也就是反面势力与主人公的对抗；K即Knockout，代表结局，也就是给出一个让用户心满意足的结果。所以 LOCK 结构的模板是：人物＋目标＋对抗＋结局。

因为聚焦于人，在自媒体中，LOCK 结构最适合于人物小传和人物访谈类的内容。

财经人物访谈短视频账号"程前朋友圈"的访谈类视频，全部使用了 LOCK 结构。访谈开篇一般都用大字表明主人公的身份与创业成就，内容的前半部分会围绕创业目标展开，继而不间断地交织各种曲折坎坷，最后给出上扬的结局，以主人公实现了目标结尾。这种结构对于塑造人物性格、推进故事、吸引用户持续关注非常有效，这也是"程前朋友圈"能够在访谈类短视频账号中脱颖而出的原因之一。

第六种是神话结构。

这可以看作是人物塑造类结构的复杂版。

这是电影《星球大战》火爆以后带动的一种讲故事的结构，结构模板如下：

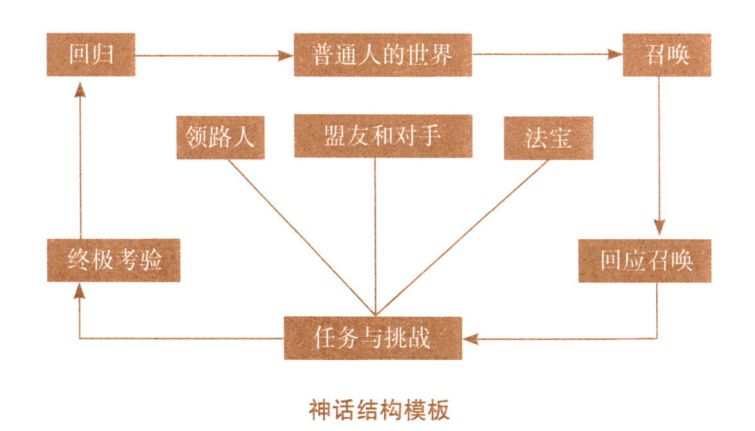

神话结构模板

这个结构一般是指现实世界里的普通人，受到某种"召唤"后，感知到使命并做出选择，离开平凡普通的生活，接受一系列"任务与挑战"。在这个过程中，会有他的"领路人""盟友和对手"以及赋予他力量的"法宝"，然后遇到他的"终极考验"，结束决定胜负的战斗后，主人公带着好消息回归到普通人的世界。

但这种传统的神话结构对自媒体来说，比较复杂，需要时间去推进，因而适合长图文、中长视频，如传奇人物故事、电影解说，或者是人物传记类内容。

历史科普短视频账号"温伯陵"主要分享历史故事读书笔记，在解读历史人物的视频中，几乎都采用神话结构。例如一条讲述朱德早期经历的视频，先是朱德作为普通人受到革命感召进入讲武堂学习，之后在蔡锷的引领下参加"重九起义"，后又被派往四川继续作战，去迎接一次终极考验。这种神话结构将主人公拉进现实，贴近用户可感知的景况，用感召赋予人物行动的驱动力，用挑战、领路人或者对手塑造冲突，最后用终极挑战将人物的历程推向高潮。

到这里，我们了解了内容创作中六种非常经典的结构，以及它们在自媒体中的应用。但因为自媒体内容的碎片化特点，以及用户跳跃的浏览习惯，经典结构在自媒体内容中呈现出以下两种变形。

第一种是顺序任意变化。结构在自媒体中并非稳固不变的，一个结构的组成部分或者一个节点，往往因为特别具有视听或信息的冲突感而被提前到开头，这种顺序被打乱后的结构，并无损于信息的传达。

第二种是自媒体内容格外强调结构节点的强化。

结构节点犹如竹节，为加强内容的整体观感，自媒体内容的"竹节"，可以通过调用表情包、画面、音效或者BGM卡点等多种要素来展现。强化结构节点可以形成内容的节奏感甚至悬念感，推动内容向前发展，当用户进入停顿或者倦怠状态时，结构节点的切分可以重新抓获用户注意力。

知识科普短视频账号"亲爱的安先生"，有一条讲述爆款短视频模型的视频，这条视频的结构就很清晰：总体是"是什么、为什么、怎么办"的3W结构，在"怎么办"环节，又插入了清单结构，罗列了数种操作爆款短视频的技巧。博主在大结构和小结构的交界处，采用全屏画面、花字特效、BGM卡点的方式来强化结构，以减轻用户的倦怠感。

所以，结构对于自媒体来说不仅起到搭建骨架的作用，而且其本身就是驱动内容前进的动力。

冲突与悬念：内容的引擎与动力

"唯恐天下不乱，乃作家职责所系，责无旁贷。"

这是美国小说家雷蒙德·钱德勒一句打趣的话，讲的正是内容创作者的一种基本责任：摄住受众的心神，让他们沉醉在故事世界中，跟随形形色色的人物和情节一同起伏，直至完结。

能帮助内容实现这种效果的，最关键的内容原理正是冲突和悬念。

在一个好的叙事中，冲突好比引擎发动机，悬念犹如变速器，它们动静相制，带领用户游走在跌宕起伏的故事线中，使之沉醉不知归路。

这个逻辑适用于几乎所有面向用户的内容产品，比如小说、戏剧、电影，自媒体更是如此。

自媒体内容的传播特点让吸引用户的注意力变得更加紧迫。用户可能在任意时间任意地点浏览内容，没有既设目标，注意力容易涣散，关闭内容的成本极低；而社交媒体平台中可消费的内容体量大，细分品类多，容易导致内容溢出，算法机制又让推送给具体用户的内容趋同，容易使用户产生审美疲劳。能否从头至尾牢牢牵引用户的注意力，几乎是关乎自媒体账号生死存亡的问题。

因此，设置冲突和悬念是自媒体人必须掌握的两个基本功。

这一节，我将结合自媒体的特点，讲解该如何更好地让冲突和悬念为你所用。

一、冲突

我们先来理解"冲突"。

简单说来，**冲突是指两种或两种以上的对立力量产生矛盾并发生冲撞**。

在自媒体内容中，为了便于理解与操作，我将冲突的对立力量分为三类，分别是情感冲突、戏剧性冲突和节奏性冲突。下面我们来一个一个了解。

1. 情感冲突

所谓情感冲突，是指通过激发用户两种对立的情感，起伏交错推进内容的方式。例如欢乐与悲伤，平静与紧张，确定感十足与悬疑感拉满等。回想你看过的经典电影，它们都善于用故事情节与人物塑造铺垫情感，将两种对立的情感交织编排，让你的情绪起起落落，欲罢不能。

由于内容的日常化，自媒体很难用极端事件或情节来营造对立的情感，但日常也可以有饱满的情感，有意强化两种对立的情感，就可形成冲突。

这里以金句类短视频账号"邱奇遇"为例。博主擅长文案写作，以治愈性的金句作为内容标志，一度广受欢迎。很多人浅层地理解"邱奇遇"的制胜关键是文案本身，特别是押韵金句，但仅仅复制金句的自媒体账号都没有复制"邱奇遇"的传播广度。实际上金句仅仅是他做短视频的手段，背后是用金句撬动了对立的情感，并不断推进、唤起深度共鸣。

例如"邱奇遇"发布过一条短视频，假如只是复述这条视频的主要内容，大概是这么一个事儿：他带父母自驾游黄河峡谷，父母因为能出远门游玩很高兴，"邱奇遇"也一直夸赞黄河峡谷好美，大家都来玩吧。

但博主在视频中转述妈妈的话："我没想到50岁了，还能看外面的世界。两天时间，从杭州江畔到大雪封山，从柴米油盐到山地平原。"通过场景对比，勾画出一生围着生活琐碎打转，晚年时得以远游并开心不已的父母形象，唤起普遍存在的爱的情感；在描述黄河美景时，视频旁白说："别做静止的水滴，去写流动的传奇。我指的是黄河，指的是峡谷，也是你。"把流动与静止、历史与现在，拉到了日常旅游的场景中，还不忘召唤用户，唤起他们的向往。视频中父母朴实的形象，叠加感情浓度不断升高的金句，营造了日常生活与超凡情感，平常小事与爱的浓度，外出自驾游与心向远方之间的情感冲突。

其实，"邱奇遇"采用的这种情感冲突技巧可以叫作**"浪漫传奇"推进法**，也就是通过美文、金句的使用，名言警句的罗列，气氛的营造等，将情感浓度聚焦于超乎日常的陌生化信息，从情感上给用户带去冲击，契合他们心中的某种情怀，让他们感受到在日常生活中不能体会到的新奇体验。

但情感的唤起并非只能通过文案或者视觉达成，娓娓道来与涓涓细流，也可以营造情感冲突。我把它称作**"客观主义"推进法**，也就是用一种近乎工笔白描的写实方法传递信息、营造氛围，把好的、不好的都呈现给用户，层层递进到一定程度，会引发特定用户的共鸣。

以视频博主"都市好人林聪明"为例。这位博主的视频以女性成长、情感为主题，表面克制，实则情感充沛。在一条名为"原相机自拍一年"的视频中，运用白描的客观主义推进法创作内容，展示了一个女孩由容貌焦虑到自我接纳的过程。视频整体节奏舒缓平和，在它流动的画面中，充满了一个女孩对自己容貌的碎碎念，层层推进后，用户又在不知不觉间跟着她思考的步伐，完成了一次自我认知的提升和逐渐升温的情感认同。

2. 戏剧性冲突

在自媒体中，比较好用的另一种冲突类型是**戏剧性冲突**，指在叙事过程中，人物之间、事物之间或人与事物之间的对立。

戏剧性冲突在文学、戏剧或电影中普遍存在，用于塑造人物、推进情节。而在自媒体中，戏剧性冲突更像一个小插件，使用方法更轻便灵活，你可采用下述方法，在内容中加入戏剧性冲突元素。

首先是创造或呈现矛盾对立。无论是在知识科普、观点类口播，还是在剧情类自媒体内容中，都可以找到主题矛盾对立的两方力量，强调对立之处，之后回归到你所支持赞同的一方。当然，这种矛盾对立并不是非此即彼的，更加忌讳为了冲突而故意挑起矛盾，造成舆论反噬，应充分考虑对立两者的立场并加以阐释，可以参考的是综艺节目《奇葩说》的议题设置，例如"没钱要不要生孩子""博物馆发生火灾时先救画还是先救猫"等，双方的观点都可成立，但又戏剧性冲突十足。

我们来看哲学科普博主"丁远"是怎么在口播科普视频内容中插入戏剧冲突、增强内容的传播性的。在一条科普鲁迅的《药》中哲思的视频中，博主一人分饰两角，在开头戴墨镜扮演一个矛盾对立方，提出"都什么年代了，鲁迅早就过时啦"，继而回归到本身，阐明主旨，鲁迅并未过时，"五四"读鲁迅恰逢其时。用矛盾对立的双方营造了具有戏剧性冲突的小桥段，调节了这个比较生僻的哲学科普口播视频的节奏，抓住了用户的注意力。

也可以通过"不断否定"的方式，持续制造对立，推进内容。
广告文案知识短视频博主"叫我舒老师"在抖音平台开创了一种"不断否定"式的视频模式，每期内容都围绕一个广告文案的相关主题，罗列错误做法，制造矛盾对立，逐渐推进，最后博主甩出个人经验与见解。例如在"讲小话的公司更可爱"这条内容中，先呈现一系列错误的广告文案，如"来自第五届大米行业峰会荣获专家特别奖的好米""棉韧8D立体奢享的餐巾纸"等，博主认为生活中不会有人这般说话，提出相比这种"讲大话"的方式，"讲小话"的广告文案更可爱，更能受到用户欢迎。这种不断否定的方式持续制造戏剧性冲突，调动用户情绪。

3. 节奏性冲突

自媒体中常用的另一种冲突类型是节奏性冲突。**节奏性冲突指的是文本叙述或视听语言制造的节奏，前后对比强烈，引发用户强烈感知，形成注意力中心。**

节奏性冲突可以通过文本表现，例如在图文自媒体中通过语言风格的前后对比营造冲突。当然，更直观的节奏性冲突可以通过场景转换、剪辑节奏、音效等来表现。

本书中有一个章节专门讲节奏的内容原理与方法，创造节奏，实际上是为了营造冲突。这里就不再展开了。

二、悬念

接下来我们来了解一下"悬念"。

冲突强调矛盾对立的两方，如同内容的引擎；而悬念，就是冲突点的排列技巧，有如引擎生发的动力，带着用户持续向前。简单来说，**悬念能牢牢抓住用户、让人无法释怀。悬念的核心是冲突的排列技巧与顺序。**

在自媒体内容中，你可通过以下三种方法制造悬念。

1. 用情节驱动制造悬念

第一种方法是情节驱动。在小说写作中有这样一个经典案例，即把"国王死了,后来王后也死了"这个句子改为"国王死了,王后死于心碎",这样就会使原来平平无奇的句子呈现出有悬念的情节感。

同理,自媒体在描述内容时,摒弃平铺直叙的方式,让叙述暗含一些引人查探的情节,也会带来耐人寻味的悬念感。

情感视频账号"啊Sai在纽约",主要讲述一个在纽约教学的中国姑娘的生活状态。她在一条有140万赞的视频中这样描述:"我给暗恋3年的人写了一封情书,被他妈妈看见了,这个妈妈还私信了我……"短短一句话就制造了三个悬念——写情书,被暗恋者妈妈看到,暗恋者妈妈回私信,让用户产生往下看的强烈意愿,这就是情节驱动的悬念制造方法。

更简易的情节驱动,是使用结论先行或结局先行的方式,引发用户看下去的冲动。

我们再来看生活Vlog博主"小鹿LULU"的一条口播视频,讲述的是一次情感经历,但是视频开头是博主本人身穿蒙古族服饰在辽阔草原上的场景,她雀跃着愉快地说:"我谈了一次短暂的恋爱。"这就是结局先行。博主即将分享的恋爱经历是"短暂"的,意味着以分手结束,但与博主的愉快状态形成了冲突,这种设置方式就巧妙地带来了悬念感。

2. 用信息堆叠制造悬念,即"兴趣逻辑"推进法

另外一种制造悬念的方式更像是信息堆叠,也就是用密集的内容信息点,或者转场快速的场景与画面,持续调动用户注意力。我

叫它**"兴趣逻辑"推进法**，也就是将自媒体语言里一切非理性的东西都纳入兴趣点体系，让用户不必思考就能收紧情绪，继续往下看。这些兴趣点包括但不限于笑点、爱好、心理活动、对话语言、场景。

时尚博主"垫底辣孩"2022年因为一系列变装视频走红，还被聘为地方旅游形象大使。他的"如何成为一个国际超模"系列视频，正是利用"兴趣逻辑"推进法制造悬念：视频开头场景往往是乡村环境，形象普通的博主以平和的口气对着镜头说"如何成为一个国际超模"，形成乡野与都市、普通人与超模的冲突感，继而用快速转换场景的方式呈现博主的动作，用卫生纸做装饰，将垃圾袋剪裁为裙装等，继续堆砌让人感觉违和的画面，持续制造悬念，最终用时尚大片来做结尾，给悬念画上一个句号，满足用户的确定感。

"垫底辣孩"式的制造冲突与悬念的技巧，很快被很多变装类自媒体博主效仿，衍生了一种"兴趣逻辑"推进式的变装短视频类型，原因正是以悬念对抗了用户的审美疲劳，让内容可以获得持续的关注和传播。

3. 用推理与递进制造悬念，即"理性逻辑"推进法

当然，制造悬念也可以用推理与递进，也就是**"理性逻辑"推进法**。

你可以通过理性分析，层层递进地拆解主题，呈现反转，得到结论。这个过程中的每一次推理或举证，就是在制造悬念。

历史文化科普短视频博主"安森垚（yáo）"的视频，以讲述历史文化故事为主，在多条内容中使用层层推进的方式制造悬念。如"几分钟梳理下英国历史"这条内容，开头就提出了疑问："英国国王咋是个女的呢？"在做出"乔治六世没有儿子，只能女儿继承王位"这个回答后，接着抛出问题："以中国的习惯，皇上没儿子可以让兄弟、亲王继承王位，他们为什么不这样？"在列举了女性掌权在当时英国具有社会条件后，继续提出新的问题，就这样通过不断提问，层层作答，让用户情不自禁看完了视频。

"理性逻辑"推进法的另一种类型是结尾反转。反转就是指事情发展完全出乎意料，是理性推理的反向表达。自媒体内容中，经常会以反转的形式呈现内容，这其实就是在利用"理性逻辑"推理法制造悬念。

这个技巧在文学中叫"欧·亨利"式结尾，也就是说，这种反转的呈现方式类似于短篇小说家欧·亨利最善于利用的反转式结尾。

演员李雪琴最早也是在自媒体平台抖音上为人所熟知的，她在早期的短视频内容中，频繁使用反转式结尾，发布了很多机灵的有着反转结局的小段子，例如李雪琴面向镜头说："离俺家2.5公里'满50减20'的黄焖鸡米饭的老板你好，我是李雪琴，我不用四双筷子。"短短一句话，营造了人物、故事与场景，并给出反转结局，悬念感十足。

这种反转式结尾比较考验内容创作者在前期铺陈的能力，自媒体中偶发的一些爆款内容有时会使用这种方法，但是像李雪琴这样大量使用并逐渐做出自己风格的比较少见。

这一节中,我把内容创作中的重要概念"冲突"与"悬念"放到一起讲解,因为它们互相依存,交织并行,是自媒体内容抓住用户注意力、调动用户好奇心,最终推动用户不知不觉看完内容的最关键的两个内容原理。

场景：爆款内容的最小单元

场景已经成为自媒体爆款内容的最小单元。

这里的"场景"，有别于城市规划中对地理位置等的指代，也并非互联网行业中应用场景的指代，而是内容创作中的场景。

好莱坞编剧大师罗伯特·麦基曾在《故事》一书中，给内容创作场景下过一个定义，是指在某一相对连续的时空中，通过冲突表现出来的一个事件以不可逆转的方式改变了人物的生活。

小说、戏剧或者电影，都是在这种场景的定义下完成创作的。

但是在社交媒体上，你会发现很多非常规的现象，例如一个内容切片，前后语境缺失，却可以成为爆款；有一些所谓的爆款模板，反复套用不同主题，也各有各的生命周期。

所以这一节我来讲讲场景，我既会向传统追溯，因为场景的基础定义与组合方式是自媒体爆款内容的本质；同时，我也会结合当前的自媒体传播趋势，介绍几种场景组合，帮你挑出所谓的"爆款模板"，让你理解场景组合的基本原理，产出属于自己的源源不断的爆款。

一、场景七要素

首先我们还是先来看看"场景"这个词到底是什么意思吧。

拆开来看,"场"和"景"分别指代场域和情景,"场"包含了时间和空间,"景"包含了人物以及你设置的用户舒适物、你营造的氛围,还有你跟用户的互动方式等。

简单来讲,**内容创作的场景就是指你在什么时间、什么地方给用户营造了什么样的内容氛围,有哪些细节表现**。

场景是构建内容的基本单位,它一般包含七个要素:

第一个要素是**时间**,即在文本或画面中,通过点明时间、放置时钟、展示光线等方式,表明场景的时间。

第二个要素是**地点与环境**,即通过点明地点与环境、展示周边物品等方式,表明地点与场景所处的环境。

第三个要素是**人物关系**。部分具备人物元素的场景,需要在其中展现出内容中人物之间的关系。

第四个要素是**用户关系**。如果说人物关系指的是场景内部人物元素之间的关系,那么用户关系指的则是内容的叙述者与用户之间的关系。

第五个要素是**动作**。有人物元素的场景,往往也需要设置人物动作。例如人物走到窗边,或摘下眼镜揉眼睛,或静止不动等。这些都是关于人物动作的设计。

一个有信息量的场景中，人物的动作有时或许会定格于此刻，或者在场景中只展示了某些不连贯的部分，但必定来自人物的欲望、目标和冲突。在文学和电影创作中，动作往往是为内容服务的，不存在"没有意义"的动作。

第六个要素是**服装、化妆与道具**，这常存在于有人物元素的场景中，因为场景中的人物往往会涉及服装、化妆、道具（简称服化道），以此作为人物身份或氛围调性塑造的工具。

比如女性旅行博主的漂亮裙子，职场导师的衬衫、西装等，都是为了表现人物身份。很多知识类博主还会准备白板和笔，边讲边写，这些道具设计也是为了体现专业性人设和营造严肃的知识讲述氛围。

第七个要素是**氛围调性**。一个多元素的场景，往往会形成一种氛围。这种氛围或以文本辅助描写的形式出现，或以光线、特效等形式在视觉画面中呈现，成为场景的氛围调性，有欢快的、治愈的、肃穆的、悲痛的等。

在传统文学和影视创作中，对场景七要素要求比较正统，往往需要要素齐备、互为关联、协调一致，共同为故事的整体服务。

例如电影《色·戒》中有个女主角雨中打伞的场景，虽然非常短小，但要素齐全。昏黄的光线表示时间为黄昏，而地点在男主角家的院子里，男女主角分别着西装和旗袍，女主角在雨中紧拖着被风吹翻的伞，男主角急切上前为其打伞，加上两人间的微表情互动，整体呈现出浪漫暧昧的氛围调性。这种拍摄视角使观众与内容建立了一种隐秘的偷窥关系。该片段也成为影片中令用户印象深刻的一幕。

社交媒体上，经常出现场景七要素都强化到位的内容，它们变成爆款的概率大大提升。

例如知识科普短视频博主"范大山"，他曾经以一条"回村三天，二舅治好了我的精神内耗"长视频成为现象级自媒体内容创作者，2024年他又开创了新的视频系列"夫妻夜话"，将文史科普口播的基本形态放置在场景七要素齐全的场景中。一般一期"夫妻夜话"包含如下场景要素：通过灯光、床以及对话时慵懒的语气等，展示出时间是晚上，人物关系是夫妻，地点是卧室，在讲述过程中，博主语气轻柔、动作和缓，身着简单的家居服，制造出一种温馨平和的调性，并以"夫妻夜话"的视角让用户产生一种窥探感，拉近了与用户的关系。这位博主通过叠加场景要素，将单一的文史科普丰富化和立体化，增加了内容成为爆款的筹码。

场景七要素齐备可以打造爆款内容，某个场景的单一要素也可以打造爆款内容。

抖音账号"三融在东帝汶"是一个粉丝量600多万的旅行博主，这个账号的一条十几秒短视频保持着抖音点赞量TOP的纪录，视频中博主以主观视角坐在海边悬崖的草丛中，点赞量高达1300多万。这个视频可以成为爆款有多重因素，其中场景起到了至关重要的作用。这个视频只强化了"地点与环境"这一个场景要素，但其现实感极强，使人感到身临其境，也提升了人们对东帝汶这个陌生地点的猎奇心理。

因此，在自媒体中，场景作为一个内容插件，即便要素缺失也没关系。但想要用场景引爆内容，就涉及场景的选择和设置技巧了。

社交媒体的用户精神涣散、耐心不足是一个普遍现象，这会让人产生一个误解：用户所能接收的信息很少，用户对信息密度的要求很低。但实际上，社交媒体的浏览习惯造就了一种更加极端的需求：**对单位时间的信息密度要求更高，需要让人瞬间印象深刻**。

这是场景要素缺失仍旧可以出现爆款内容的背景，虽然要素缺失了，但是信息总量并没有变化，甚至某些场景要素还加强了，即所谓提高了单位时间的信息密度。

二、3种场景组合方式

那么，场景是如何帮助我们提高内容的瞬间信息密度的呢？场景一般有三种组合方式。

1. 行动场景

第一种场景组合方式我叫它"**行动场景**"。顾名思义，这类场景是一个用**行动驱动的多场景组合**，强化的是人物的行动这个要素。

行动场景往往还要时间、地点、氛围、服化道、人物关系、用户关系等其他场景要素，但是它的主线是行动。

行动场景在自媒体中的强化有两类。第一类是比较传统的用法。在传统文学或者影视创作中，可把人物的行动场景组合放置在故事线索中，如人物为了达成某个目标，为了解决某个问题，或为了战胜某种障碍所产生的行动。也就是说，这些场景需要表达清楚，是什么动力促使谁产生行动，发生了什么事。

剧情类的短视频多采用这种方式，例如"过期罐头"，在一条获赞上百万的短视频中设置了几个行动场景组合：男主角捶击一个垃圾桶中的玩偶，并大骂"爱情"，之后跟进了男主角骑电动车飞驰，玩偶坐在后座的场景，配合《后来》这首BGM的歌词，串联出故事主线：爱情让人失望，但也让人成长。这个短视频全部由行动串联。

行动场景的第二类用法是将行动作为切片，追求瞬间效应，用户搞不清楚事情的来龙去脉，但是动作作为插件放置在内容中，往往能起到抓住用户注意力，甚至自带悬念的作用。

这种行动场景插件法，适用于几乎所有内容类型的自媒体短视频。

例如生活Vlog博主"罗大雄"在一系列记录新加坡旅居的短视频中，密集切换吃早餐、跑步、洗衣服、上学等多个瞬间行动场景，这些短视频成为她这个账号的爆款，甚至还衍生为一段时间的生活Vlog模板。

而变装类短视频中，行动场景也往往作为切片贯穿内容。

这类做法的代表人物就是变装短视频博主"垫底辣孩"，他在凭借"超级大片"变装视频出圈之前，实际上已经发布了几十条变装类视频。但仅仅通过变装前后的反差并未让他在同类内容中脱颖而出，他后期的系列作品全部都在内容中贯穿"行动场景"切片，并开创了一种以行动场景来推进变装，不间断营造冲突的独特风格，引众人模仿。他展现了用塑料人体模特、尺子、电线等粗陋的道具做礼服的行动场景组合，并通过这些出其不意的行动引发用户的好奇心，让他们想要去了解最终的礼服成品。后期出现的变装博主"氧化菊"等，也都采用同类模式。

此外，行动场景作为激发观看动力的秘诀，也被应用到两种非常缺乏行动要素的内容类型，一种是口播，一种是好物种草。你会发现，众多口播博主会在开场做出激烈的行动，比如踢门、以水浇透全身等，以此来引起用户注意；还有卖货视频的开头拼贴猎奇感十足但毫不相关的行动切片。这些做法虽然很容易被复制，长期价值不高，但具有短期效应，可以瞬时提高内容的浏览量，也侧面印证了行动场景的威力。

2. 反应场景

第二个在自媒体中非常适合使用的场景是"**反应场景**"。**它指的是人物对于事件或其他对象做出何种反应，表达了什么情感，或输出了什么观点。反应，通常包含情感、分析或决定。**

例如通过强调人物关系，用人物之间的相互反应作为内容主体的短视频类型。短视频账号"疯产姐妹"可以看作这个类型的代表账号，目前这个账号有超过 3000 万的粉丝，是抓住了短视频红利的大 V 了。在 2020 年账号开始发布短视频时，很少有自媒体创作者意识到"反应场景"在内容中的作用，这个账号或许是偶然命中了反应场景内容原理：几乎所有视频都在强化姐妹二人的闺蜜关系，并通过对话、故事与冲突、出镜博主的表现力等，增强内容的观赏性，在当时独树一帜。随着自媒体内容不断丰富，直至今天的饱和，这种靠人物关系来驱动的短视频已经变成了一种类型，包括大量的情侣账号、家庭账号等。

应用反应场景，如果强化第三方对于主体内容的反应，会增强用户对内容的**猎奇感和窥探感**，这种强化每隔一段时间都会出现一种类型的爆款内容，所谓"人生没有观众，但是网友有很多监控"。例如2024年春节期间一度流行的"东北大花"走向世界系列短视频，内容中除了本身的中式元素具备观赏性，很大部分是世界各地街头围观群众的惊讶反应；还有层出不穷的"偷拍式"爆款短视频，展示了人们在菜市场吵架、在西藏雪山上跳街舞等瞬时场景。这种强调"偷拍感"的视频受欢迎程度往往超过了被拍摄者本体的内容。其中共同的秘密是反应场景的强化。

反应场景的优势是**有利于情绪传递，可以增强用户的代入感，增强内容的猎奇感**。

单纯呈现反应场景的视频被广泛应用，形成一种独立的内容类型，我把它叫做"**反应视频**"。也就是博主针对某本书、某部影片、某个热点事件等进行解读，重点表现的并非被解读对象，而是"反应"。生物科普博主"无穷小亮的科普日常"开始更新"鉴定互联网热门生物"系列视频，相当于开创了一种"鉴定/赏析互联网热门××"的热潮，这种内容类型将博主本人的知识、观点与情绪作为强化对象，将被赏析的互联网热门事物作为对象，充分利用了反应场景的优势。

反应场景在自媒体环境下可以说是异军突起。这与自媒体强调用户关系、重视与用户互动的特点有关，反应场景在某种程度上也是用户的"嘴替"，因而更容易获得用户的喜爱。

3. 铺陈场景

接下来我来讲讲最后一个场景组合方式，**铺陈场景，也就是强化服装、化妆、道具的场景组合**。

在文学或电影创作中，铺陈场景往往是辅助要素，是为了表现和强化故事主线或体现人物特征而存在的。

但在自媒体中，铺陈场景常常独立存在，既可以铺陈人物，也可以铺陈环境，甚至可以铺陈服装、化妆、道具，或者铺陈信息与资讯。

一些带货、图书影音推荐博主或者美妆、好物推荐博主，在做产品展示和盘点类视频时，常使用铺陈场景。比如读书博主的"书单推荐"，带货博主的"好物集合"，风景类视频的美景图片或视频叠加呈现，影视混剪类视频对影视片段的罗列、拼贴、展示等内容，都是利用密集的资讯进行场景铺陈。在铺陈场景的过程中，因为具有"兴趣推进"的悬念感，更容易获得收藏等互动行为。

把服装、化妆、道具的强化放置在一些静态内容中，甚至可以起到"尽在不言中"的效果。

例如在 2024 年，教授如何开实体店的自媒体内容呈现白热化竞争状态之时，短视频博主"浪里游"无意中另辟蹊径，通过强化服装、化妆、道具在这一领域迅速出圈，博主的内容本体是通过打电话咨询的方式了解各种加盟店的条件，但是所有场景都是博主身着花衬衫、戴着金链子坐在一个掉漆的圆木桌前打电话，桌上摆放着带盖的搪瓷茶缸、健力宝，以及老式自行车等带有县城或农村元素的物品，诸多环境元素的铺陈和他的"电话咨询"一起模拟出想要通过加盟方式创业的小镇青年的生活场景，增强了用户的代入感。

这一节我带你了解了场景这个内容原理，同时拆解了场景这一古老的技巧在自媒体中的全新变化与应用。虽然说场景七要素有规律可循，几种强化方式也是爆款内容的可能模式，但是自媒体爆款内容本身具有强烈的偶然性，见多识广的用户也会对雷同的模式感到厌倦。理解场景原理，并非让你照搬模板，而是希望可以将你从爆款模板中解放出来，获得透视感，掌握内容原理本身，这样你就可以结合自己的内容定位与特长，灵活组合场景要素，不断开创属于自己的爆款内容了。

视角：调整与用户远近亲疏的无形力量

当一个叙述者决定从迥异的角度去描述生活，就注定了倾听者会有不同的体验。造成这种差异的，就是叙述视角的不同。

叙述视角是指在文本写作或者短视频拍摄时，叙述者与用户交流时的角度。

在内容创作中，这种叙述角度的差异决定了内容呈现的广度、深度，以及叙述者与用户之间关系的远近亲疏。

在自媒体中，视角这个工具的作用更显著：可以通过视角匹配不同类型的内容，增添内容的爆款筹码；也可以通过视角与用户建立更亲密的关系，增加账号的品牌价值；还可以通过视角的转换，进行同题选题的再创作。

所以这一节我们来聊聊视角。我会分别解读文本叙述视角和视频拍摄视角两种类型，并阐明它们在自媒体中的具体应用，帮你在自媒体中更好地使用视角这个工具。

一、文本叙述视角

我们先来了解一下**文本叙述视角**。它是指在写作中，**事件叙述者进行观察和叙述的角度：作者安排谁、用什么角度去叙述**。

文本的叙述视角主要有第一人称视角、第二人称视角、第三人称视角和全知视角之分。

1. 第一人称视角

第一人称视角就是故事里的主角以第一人称"我"来叙述故事、讲述道理，"我"讲的都是"我"知道的、"我"理解的或者"我"感兴趣的内容，甚至就是"我"在讲"我自己的故事"。

通过这种视角，可以使用户尽可能与故事主人公建立密切联系，体会主人公的思想和感情。

比如小说《简·爱》里有："我倒是很高兴，我素来不爱远距离的散步，特别是在寒冷的下午。"这就是第一人称叙述者从自己当前的角度去讲故事。

在自媒体文本写作中，使用第一人称叙述也司空见惯，但是其中是有规律的。

我们先来看几个例子。

新西兰网友在《震惊的一天》中，以第一人称视角披露了他认识的华人 kiwi 就是顾城儿子的消息：

"我的 leader 是一位华人 kiwi，我刚去时就曾跟他闲聊过，那时发现他作为一个华人居然一句中国话都不会说，也听不懂。我问他你爸妈在家不说中文的吗？他说他爸妈在他很小的时候就去世了，我听到这儿觉得他身世好可怜，赶紧换了话题。今天中午我和他，还有一位俄罗斯大哥一起吃饭，又聊起这个话题，他突然说他爸爸是个诗人，我可能听过他的名字，我好奇地问叫啥，他说顾城。"

公众号"GQ报道"常通过独特的视角深入挖掘时尚、文化和社会现象，在它发布的《黄渤：电影没上映的时候，我在做什么》这条内容中，以黄渤自述的形式讲述了他疫情空档时间里的生活状态：

"从事演员职业，除了睡觉，几乎一直处于热闹的氛围里……只有做泥塑的时候，我终于有了一个和自己聊天的过程。"

公众号"正面连接"善于解读各种社会问题。在解读公众关切的话题"女性主义者生子"时，它采用女性主义者刘亦瓦直述的方式，在《成为女性主义者，有什么用？》一文中这样讲述：

"……这一切有时候会让我产生一种荒谬感。学性别研究的女性在理论层面批判父权社会，但是在生活里她们是什么样的呢？学过女性主义之后，女儿、妻子、母亲这些身份会变得不一样吗？难道女性主义者就必须要拒绝这些身份吗？"

在以上例子中，使用第一人称视角的讲述方式让人感受到离叙述者更近，甚至满足了某种"窥探欲"，也会让作者强烈的自我情绪得以传递到位，让读者感同身受。

与此同时，使用第一人称视角描述的范围相对较窄，只聚焦在叙述者"我"看到和感受到的世界，是主观的、有限的，因此存在一些劣势。

因为上述优缺点，第一人称视角主要适用于以下几种情况：

传递一个独家信息，满足用户对世间百态的猎奇心。比如《震惊的一天》中博主偶遇顾城儿子的内容，采用了第一人称叙述视角，展示叙述者是第一手信息源头，且由于他披露的是众人关注的独家信息，因而获得了广泛关注。而其要点在于内容中包含一手、独家或差异化的信息。

讲述名人逸事，满足用户对名人的窥探欲或亲近欲。比如《黄渤：电影没上映的时候，我在做什么》这条内容，首先建立在用户对演员黄渤足够关注的基础上，同时又传递了一个差异化信息——黄渤竟然做泥塑。同时，内容采用第一人称视角叙述，使用户建立了"亲近名人"的感觉。

以强烈共鸣式叙述，唤起共情。比如《成为女性主义者，有什么用？》一文同样是采用第一人称视角叙述，将"女性主义者"这个热门但抽象的概念，具象为一个女性的个人选择和个人纠结，情绪传递直接。

所以，如果你的自媒体内容符合以上三点，使用第一人称叙述视角是一个较好的选择。

2. 第二人称视角

第二人称视角是指创作者使用"你"称呼用户，把用户拉进整个叙述中，使观者成为一个角色。

这个时候"我"这个讲述者就不重要了，重点是"你"有没有理解这个故事，有没有产生情感共鸣，有没有被激发作一些思考。

简言之，第二人称视角具有非常强的双向交流的对话感。

比如茨威格的小说《一个陌生女人的来信》，茨威格巧妙地用女人的书信展开整个故事，第二人称视角下的"你"贯穿始终，把一个爱情故事展现给读者。

如果说第一人称视角让用户好像隔着一堵玻璃墙围观叙述者，那么第二人称视角就完完全全把用户拉上了舞台，让用户有一种近距离观看、面对面交流的感觉。

第二人称视角也是距离用户最近的视角。它在自媒体中的应用场景也很多，如下文本类型应用第二人称视角，往往会收获不错的效果。

第一种是能给出用户确有需求的建议、忠告与知识的自媒体文本。

例如创建于2019年的自媒体账号"打工仔小张"，前期发布生活类视频，用3年时间仅积累了10多万粉丝。2023年该账号开始分享"如何如何"系列生活常识类视频，不到2个月，该账号在各大社交媒体平台粉丝量增长到近500万。"如何如何"系列，就是分享看似普通人都应该知道的生活类常识，如"如何去医院看病""如何坐地铁""如何去朋友家玩""如何坐网约车""如何去星巴克买咖啡"等，几乎所有视频都采用了让用户更有代入感的第二人称视角。

比如"如何去医院看病"的视频，"打工仔小张"的文本是这样的："你完全不用担心自己挂什么科，你进了医院之后一般会看到一个台子，里面坐着几个护士姐姐，你只需要告诉她你哪儿不舒服，她就会给一个小本本（病例本），告诉你该挂什么号……"文本中另有如何用机器挂号、缴费、拿药等这些司空见惯的生活常识的普及。而该内容收到用户点赞42万多，评论区一条"为什么这种学校不教，全都不会"的评论有2.7万赞，还有人对去医院做手术、如何用医保卡这类问题发出提问，更多人对小张的分享表示感谢。

我们以为的"日常"，可能是另一些人还未经历的生活。生活中不乏从没有坐过地铁、没去过海底捞的人，在科技快速发展的时代，能帮助用户缩小信息差的知识类视频有很广的受众基础。这类视频文本采用第二人称视角叙述，除了有助于知识和信息的传递，还能让用户感受到正在面对面接受帮助，从而拉近与用户的距离，强化需求的相关性。

第二种很适合使用第二人称视角的文本，是能给出用户具有强烈代入感的场景或情节的自媒体文本。这种叙述方式在新媒体中并不是特别常见，但是若运营得当，很容易引发强烈共鸣。

比如情感类视频账号"汤媛儿姐姐"在一条短视频中这般描述："无论你是女孩还是男孩，你肯定经历过：在学校谈过恋爱；被不喜欢的人表白过；和闺蜜一起逃过课；考过全班第一名；请家长；不是每一次都有结果，但每一次都有意义……"

这就是采用第二人称视角，列举青春时期大概率会发生的事，替用户描画曾经想过或经历过的事，替受众群体做出他们想要的表达。这条视频内容的评论区中也不乏诸多对青春期进行追忆的讨论。

但使用第二人称视角描述的前提是，需要有较强的抓住时代情绪的能力，否则用户会认为自己被强加了某些观点，反而会由此引发负向情绪。

除此之外，**采用书信体、对话体，面向一个具体对象讲话，也适合用第二人称叙述视角**。这种叙述视角在传递信息之余会形成一种新的内容消费场景，使用户产生双重身份：一种仿佛是与视频中人对话的对象，形成一种代入感；另一种是好似旁观者，在观看两个人的交流，形成一种围观感和窥探感。

2024年社交媒体上开始流行一种内容类型，俗称"报备体"，指的是视频的创作者以向男友或女友"报备"的视角，来分享日常生活。本质上这是一种生活Vlog，但是因为视频作者往往采用"你"这个第二人称，并在内容中明示、暗示"男女朋友"的关系，一下子调动起用户的代入感与窥探感。这种报备体后来又延伸到了"子女关系""闺蜜关系""老板与员工关系"等，出现了一大堆互联网兄弟姐妹、父亲母亲。这种内容类型流行的关键，恰恰是第二人称视角的使用。

需要注意的是，自媒体环境下，面向具体对象对话的叙述视角，会面临"需求感"的考验。也就是说，如果对话话题过于私人化或无信息量，没有一定的话题性，第二人称视角叙述不会带来很好的效果。

3. 第三人称视角

第三人称视角是以第三人称代词"他、她、他们"以及人物的名字指代进行叙述的视角，同第一、第二人称视角一样具有局限性。

我们先来看下面这个例子。

那天下午，海滨酒店里来了一群旅行家，其中一个女人在望着海水的时候，从一堆空啤酒罐和死了的小梭鱼中间看见了一根又粗又长的雪白的脊骨，最后面有一条庞大无比的尾巴，当东风把港口码头外面的海水不住地掀得波涛汹涌的时候，那条尾巴随着潮水一上一下地晃来晃去。

"那是什么？"她指着那条大鱼的长脊骨问一个侍役，"我还不知道鲨鱼有样子这么好看的尾巴呢。"

"我也不知道。"她的男朋友说。

这是海明威的小说《老人与海》中的一段，以第三人称"女人"的视角进行叙述，所以我们随着她的目光看到了"一根又粗又长的雪白的脊骨"和"一条庞大无比的尾巴"，看到那条尾巴跟着潮水晃来晃去，知道了那条尾巴看上去很漂亮，并"听到"了他男朋友对她的回答。

所以，第三人称视角中的叙述者更像一个转述者、记录者，只客观描述主要角色的行为、对话、想法，轻易不妄加评论，也不无端猜测这个事件里其他人物的想法，不描述目光不及的行为，即文本的内容完全跟着叙述者的眼睛来讲述这件事，不说叙述者看不见的事。

相比第一人称视角和第二人称视角，第三人称视角叙述的范围更广。这种视角不仅仅局限在"我"的故事或者"你"的故事，任何人的故事都可以拿来叙述。叙述者作为"中立角色"会显得更客观、更直白、更真实，更有说服力。

然而，一旦作为"中立角色"的叙述者在立场上偏心一方，叙述中偏向某一方，内容的可信度就会大大降低。

第三人称叙述视角最佳应用为人物特写。这是非虚构写作中一种独立的类型，往往是以一个人物为核心描述对象，展示围绕人物的事件、冲突或情感。常见的人物传记可视作人物特写的加长版，也多采用第三人称视角完成。

同理，在自媒体中第三人称视角叙述也常应用于**"人物小传"**。例如公众号"GQ报道"中的《导演程耳：罗曼蒂克消亡之后》一文，用第三人称"他"的叙述方式，指出拍摄过《罗曼蒂克消亡史》的导演程耳喜欢安静、守秩序、对电影态度认真、喜欢读书等多个特点，从而向用户勾画出程耳的整体个性和对生活的态度。这种叙述视角有助于用户对程耳有尽可能全面的直观感受，一条"看完以后终于知道为什么大家对他这么respect了"的评论赢得了用户高赞。

但需要注意的是，第三人称视角是受限的，且叙述者与用户关系较远，只有针对"主角"的强化足够有力，才能调动用户对被描述对象的感知。换言之，这种叙述视角要求被描述的对象足够有冲突感、有传奇性。

4. 全知视角

"全知视角"有一个别称叫"上帝视角",指的是叙述者通常不在故事里,却能全知全能,了解每个人、每件事,能进入不同人物的思想和感受,还可以自由跨越时空。也就是说,全知视角当中的叙述者视野是不受限的。叙述者对事情发展变化的了解程度是他人无可比拟的,就如上帝俯瞰芸芸众生。

但它的叙述目的是再造一个世界,将叙述者的声音不露痕迹地移植到作品里的人物活动中以及观众身上,让故事如同自动呈现一般,由观众在各自的意识里自行建构,故事的真实感也由此体现。

全知视角是古典小说中最常用的观察方式,中国的四大名著等很多古典文学作品,都是全知视角作品。

另外,福楼拜的小说《包法利夫人》虽使用了第一人称写作,但这部作品的叙述者自称是查尔斯·包法利的昔日同窗,却好像能够进入查尔斯和爱玛的头脑中,把他们的想法都告诉我们。这部作品也是全知视角应用的典范。

所以,**全知视角的重点不在于叙述人称,而在于叙述者的全知全能。**

在文本叙事中,全知视角通常以第三人称的方式体现。全知视角可以更全面、更客观、更准确地展现一件事的全貌,可以从各个角色的角度去理解一件事情。

从描述事件的效率来看,全知视角叙述范围最广、效率最高,最便利。也因为其客观和便利性,它在讲述过程中,跟用户的交流较少，是所有视角中离用户距离最远的。

自媒体中，一些对内容广度要求较高的作品，常采用全知视角，如影视解说类短视频。传统纪录片中，"画面+解说"的格里尔逊模式是全知视角的典型应用，影视解说类自媒体常常沿用这种传统的模式。

阅读分享与图书解读类自媒体文本，也常常使用全知视角，同样会加入强烈的主观性叙述，往往夹叙夹议，在表现自我与隐藏自我之间来回切换，类似于中国古代的说书人，常以鲜明的在场性强调叙事的主观性和意识形态。

全知视角还常应用于热点事件的解读。当涉及到社会、财经、科技等领域的重大热点事件时，想要去还原整件事情的来龙去脉，全知视角较其他视角内容覆盖面更广，可以达到兼听则明的效果。

总之，全知视角能够体现叙述者的全知全能，适合于在用户中建立权威感，完整传递信息；但同时也因为与用户的交流几乎为零，有其局限性。在社交媒体讲求互动的传播环境下，想运用全知视角达到较好的效果，对选题和解读的信息密度要求更高。

二、拍摄视角

除了文本叙述视角，自媒体视频作品中，还存在不同于文本叙述视角的拍摄视角。想要做出一个好的自媒体视频，需要在掌握文本叙述视角的同时，也能对拍摄视角及其应用做到游刃有余。

所谓拍摄视角，即视频内容中在镜头表现上的叙述视角。在自媒体应用中，常用的拍摄视角有主观视角、第二视角、客观视角。

1. 主观视角

主观视角是指叙述者在画面之外，但用户看到的画面永远跟着叙述者的行动路径进行游移，从而让用户产生通过叙述者的眼睛看世界的感觉。 以主观视角进行拍摄的作品，叙述者、事件经历者、观众近乎三位一体，因而适合体现窥探感。

主观拍摄视角在自媒体中有以下几种常见的应用。

探店类视频。这类视频中，镜头就如同博主的眼睛，向观众展示他看到的店中全景，以及他看到的美食、好物等，让人体验他当时的感受，从而激发用户想去尝试和实践的热情，或引发用户吐槽的欲望。

街访类视频。这类视频多通过向受访者询问一些大众比较关心的话题来满足用户的好奇心，而采用主观视角拍摄，制造出用户正与被访者对话的感觉，更容易拉近与用户之间的距离。

装修、居家好物类视频。这类视频多介绍、分享博主装修以及使用某物的体验，比如装修类视频常会带着用户观看房子从毛坯到装修好的过程。主观视角拍摄使用户身临其境，也更容易带来黏性强的粉丝。

日常生活类视频。这类视频多记录博主的日常生活，采用主观视角会让视频更加直观。

脱口秀演员李诞在社交媒体上也十分活跃，他的视频作品也常以主观视角拍摄，用幽默方式分享看展、探店、日常。他曾在一条去腾讯会场看演出的视频中，先摇晃镜头，拍摄参展人群全景，之后伴随着李诞"……站着喝酒，谁也不认识，举目无亲，唉……"的自述，镜头拍到了他的熟人主持人华少。而用户则跟随他的镜头，也如突然遇到了华少一样，从他的视角感受到了当时的状况。这一切便是基于主观视角带来的真实氛围感。同时，李诞作为一个名人，用户从他的主观视角去看这个视频，满足了用户亲近名人的欲望，也因此收获了较多关注。

2. 第二视角

拍摄的"第二视角"是一个笼统的说法，即叙述者出现在画面里，时常直面镜头，像是面对面地对着用户讲话。第二视角的拍摄会让观众感受到叙述者的所思所想，甚至参与诱导了一部分事件的发生，用户多会跟随叙述者的情绪而关注叙事。

电影《安妮·霍尔》开篇便是主角辛格对着镜头说话。影片中，辛格会直接对屏幕前的观众说："你瞧，我对生活的看法基本上也是如此。"在电影中，这种主角忽然与观众交流的方式被叫作**"打破第四堵墙"**。这种手法常在电影中用来调动观众的情绪，但在短视频世界，这种表现手法已经占据了主流。

比如口播类视频就是第二视角在自媒体中最简易的应用。这类作品中，博主一般面向镜头，以与用户对话的方式叙事，向用户传递信息或观点。

在数量众多的口播博主中，我们拿短视频博主"花大钱"作为例子来解读一下。这位博主的几乎所有视频都是直视镜头的口播，内容主要关于认知、女性成长、两性情感类话题，在一条关于恋爱观的视频中，她在开头直面镜头与用户对话："这条视频将用最直接简明的方式，讲清楚男人、恋爱、两性关系的残酷真相，希望大家能摁住内心的震惊和恐惧看下去……"这也是"花大钱"视频的主要模式：以第二视角交流，同时站在用户立场以需求和故事作为开头，引导用户继续看下去。

3. 客观视角

拍摄中的**客观视角**，是指画面用一种旁观者的视角拍摄，**让用户看清整个内容的走向，画面信息很多，细节能够被观察到位，但是画面中的人物与用户无任何直接交流**。这与文本叙述的全知视角比较类似，但由于镜头表现力的原因，适合的类型实际上更广泛。自媒体中，客观视角拍摄方式主要应用于剧情类、访谈类、街头表演类、风景类等视频拍摄。

像大部分影视作品那般，自媒体中诸多剧情类短视频都以客观视角通过多角度拍摄剧中人物来演绎剧情。

而访谈类视频中，采用客观视角拍摄也是纪录片在自媒体中的变种，也更有利于从多角度呈现内容。

街头表演类视频也常以旁观者的客观视角拍摄，记录表演者的表演以及路人的反应。

比如经常分享在法国街头弹奏古筝的短视频博主"碰碰彭碰

彭"的许多作品，都是以客观视角的方式拍摄。一边展现博主弹奏古筝时的造型、指法，一边拍摄周围观众为之陶醉、鼓掌等各种反应，全方位还原当时的情景，带给用户丰富的观感。

风景展示类视频采用客观拍摄视角，便于快速堆叠大量美景。

但在自媒体中，这种视角本身的局限性会拉高用户对内容的期待，从而对信息的独特性、唯美度、剧情的冲突感要求更高。

这一节我们讲述了视角。自媒体中，叙述视角一般分为文本叙述视角和视频拍摄视角。文本的四种叙述视角当中，最容易拉近与用户的距离、产生交流感的视角是第二人称视角，其次是第一人称视角，再次是第三人称视角，最后是全知视角。

视频拍摄视角当中，主观视角强调窥探感，第二视角强调互动感，客观视角强调旁观者角度，近似文本叙述视角里的全知视角。

而文本的叙述视角与视频的拍摄视角，两者可以叠加，不追求一致，且很少有视频脚本二者完全一致。

理解了视角原理，你将会比其他自媒体创作者多出两个优势：

其一，带着视角的觉知进行内容创作，你可以有意识地调整与用户之间远近亲疏的关系，而非仅仅出自本能。

其二，同一主题，不同视角，完全可以是两个不同的内容。这样那些爆款选题你几乎全部都可以重做一遍。

节奏：为内容增添"音乐性"

开始这一章节之前，我邀请你再来读一下小说《洛丽塔》的开头：

"洛丽塔：我的灵魂之光，我的欲望之火，我的原罪，我的灵魂。洛—丽—塔：舌尖向上，分三步，从上颚往下轻轻落在牙齿上。洛—丽—塔。"

你是不是仿佛听到了文字的节拍？

这就是阅读时，文字与段落通过排列组合，形成一种感知刺激带来的"节奏"。

在视觉影像作品中，节奏更是风格的组成部分，优秀创作者往往操控叙事节奏、辅助音效等工具，带领受众享受节奏特有的感官快感。

在社交媒体中，节奏不仅体现风格，甚至关乎内容生死。因为社交媒体的内容具有碎片化的特征，用户对节奏的需求阈值提高，节奏在溢出和竞争激烈的内容中具有体现差异化的功效，某种程度上决定了用户是否会继续阅读或观看。

这一节，我将为你讲解节奏在内容传播中对用户的刺激原理，并分文本和视频两个部分，总结在自媒体内容中实现节奏感的一些实用技巧。

一、为什么需要节奏

我们为什么能感知到节奏呢？

在学习如何在内容中实现节奏感之前，我们先了解一点脑科学原理，以明了用户为什么会对内容的韵律有感知。

通常情况下，我们在进行阅读时会有两个通路——朗读通路和默读通路，但不论哪一种，我们都可以感受到声音。这个声音是谁的呢？怎么发出的？

这是因为人类大脑中存在一个布罗卡区，即运动性语言中枢。它是大脑皮层的一个重要语言区域，有着控制语言表达的机能。同时，当我们的身体做动作时，大脑不但会给肌肉发送一个神经信号，还会做成"副本信号"发送给相应的脑区。因此当我们默读时，虽然嘴巴没动，但"副本信号"已经把阅读的动作发送到布罗卡区，所以大脑也能感知到语言，这正是默读时你脑内声音的来源。

这种脑科学原理解释了为什么当你阅读文字时，即使两段内容表达的意思相似，信息密度差异也不大，但更有节奏感的表述更容易让人印象深刻。

自媒体的特征之一是用户在浏览内容时往往精神涣散，这就让节奏更有用武之地。

行为经济学创始人、诺贝尔奖得主丹尼尔·卡尼曼在《思考，快与慢》中，提及了大脑思考时运行的两套系统：快思考系统和慢思考系统。

快思考系统的运行就好像自动驾驶，是无意识的、快速的。在快思考启动时，人往往不怎么费脑力，处于一种下意识的状态。

慢思考则具备推理能力，非常谨慎。当它运行的时候，人会集中注意力。

人处于快思考模式时，状态松弛，韵律与节奏格外能够刺激感知。这种原理被许多广告创意人发现，所以你会在脑中反复循环那些押韵、简单重复旋律的广告词，如"恒源祥，羊羊羊"，还有蜜雪冰城的广告语"你爱我，我爱你，蜜雪冰城甜蜜蜜"。

自媒体用户大多数也都处于"快思考"模式，这也解释了为何很多强化音效、注重节奏甚至专注于节奏的短视频可以成为爆款。所以，节奏原本在内容创作中属于风格要素，但在自媒体中，却变成了必备技巧。

二、如何提高文本内容节奏

那么如何实现节奏感呢？我们先来看看文本类内容怎样做。

在自媒体文本内容中，例如公众号长图文、短图文，或者短视频的脚本，想要实现节奏感，以下四种方法比较好用。

1. 押韵法

在中文中，"押韵"作为韵律的来源之一，能直接"攻击"我们的"朗读通道",让我们产生非常直观的韵律感。比如李清照《声声慢》中的"寻寻觅觅,冷冷清清,凄凄惨惨戚戚",14个叠字,充分利用双声叠韵,形成沉重抑郁的节奏,从而影响我们对作品的感知。

社交媒体上也诞生了一代又一代的"民间押韵大师"。

比如抖音粉丝量超过700万的短视频博主"邱奇遇",尤其擅长在文案中加韵脚。在一条题为"我带外婆坐飞机"的视频中,他使用了这样的文本:"我说要带78岁的外婆去坐飞机,她好像缺了点勇气,我一路陪着给她打气,她被温柔地从人群中捧起,很少麻烦别人的她眼睛里充满歉意。"这种句句押韵的方式制造节奏的效果卓越,但是也有一个度,如果过度使用也有油腻之感,还需要讲究平衡。

2. 平仄法

"平仄"是中文形成韵律感的另一个技巧,也就是利用汉字单音节、有声调的特点取得的音乐性,让内容具备节奏感。

平指平直,仄指曲折。在现代汉语里,一声、二声是平声,三声、四声是仄声。中国古诗词尤其讲求平仄,如"国破山河在,城春草木深",就声调而言,呈现了"仄仄平平仄,平平仄仄平"的韵律感。而一个句子里平仄交替出现,就使句子出现有规律的起伏,文本内容也会因此更加灵巧、不呆板。

在自媒体文本中,很多让用户感到愉悦且传播很广的文本,往往是有意或无意间嵌入了平仄的元素。

同样定位为"金句"账号的短视频博主"达达还不困"也善用平仄制造韵律感，如："25 岁之前，能轻易地喜欢，但不能果断地放弃；30 岁之后，能果断地放弃，却不能轻易地喜欢。但是不巧，我们卡在了 25—30 岁之间，既不能轻易地喜欢，也不能果断地放弃。"这个文案不仅抓住了用户的普遍情绪，还用平仄使文本朗朗上口。

3. 长短句组合法

研究语法风格的作家弗吉尼亚·塔夫特说："越是优秀的作家，就越倾向于让他的句子长度变化多端。"在写作时，将简单句、复杂句混用，是保持写作节奏流畅的一个技巧。

中国的宋词也是通过长短句的错综变化来实现节奏感的。因为词一般都有乐谱，作者会按律填词，所以由长短句组合而形成的韵律感和节奏感很强烈。如果说诗的节奏美是一种整齐、对称的建筑美，那么词的节奏美就是圆转、流动、参差的音乐美。

在自媒体文本中，通过不断变换长短句组合，形成一种音乐感，也能更好地实现文本的节奏感。

知识科普短视频博主"亲爱的安先生"，账号中有很多内容讲述的是审美与哲思，大多数文案都调用了长短句结合的方式，以此来强化韵律。例如一条讲陌生事物罗列展示会带来超凡的美学体验的短视频，视频的旁白有意识地错落停顿："美，宛如一台缝纫机和一把雨伞，在解剖台上不期而遇。事物之间，越是陌生，碰撞出来的光芒，越是神奇。"

4. 运用文本结构与形式表现法

"形式是更大规模的节奏。"这是普遍公认的创作规范。这种"更大规模"的节奏感常常需要整部作品的结构来呈现。

自媒体中，反复被验证的一种具有节奏感的结构，是清单结构。无论是图文还是视频内容，都用相似的段落或者场景，切分信息的要点，依次排列。清单结构本身有一种规整的节奏感，有如唐诗的建筑美一样，呈现出统一的整齐风格。这种结构在社交媒体广泛流传，也与用户精神涣散的浏览状态有关，这种整齐划一的风格具有确定性，也通过整齐切分吸引用户碎片化的注意力。

你或许还注意到，在图文或者短视频中，不断穿插表情包成为一种流行的做法，本质上这些表情包也起到调节节奏的作用，同时表情包也可代入用户想要表达的情绪，好像插入一个个用户的"嘴替"，继续调动用户情绪，形成一种自媒体内容特有的情绪节奏。

三、短视频内容节奏元素

相比自媒体文本内容，短视频节奏感的表现手法更加多元。

除了可以使用前面的文本技巧外，**可以调用的节奏元素还包括对白、画外音、音效和音乐。**

1. 对白

短视频中的对白，往往服务于故事。通常来讲，故事的外在和社会冲突越多，对白越少；故事的个人和私密冲突越多，对白就越多。除去完全由对白组成的短视频，其他所有类型的短视频都可以插入对白，起到调节视频节奏的作用。

短视频博主"在下辉子"以"把高中同学做成盲盒一个一个去拜访"系列短视频快速被人熟知，在他爆火的一条拜访高中同学李雪琴的视频中，主要内容由辉子的叙述者旁白以及辉子和李雪琴之间的对白共同组成。你不会听到大段旁白，也没有大段的对白，二者交织出现，以调动用户的观看热情，持续推进寻访的过程，整个视频6分多钟，却让人觉得转瞬即逝。

2. 画外音

画外音是指角色或者物体在画面之外发出的声音，它能给画面带来一定的空间感。

剧情类视频账号"对话中的暂停"，主要内容都是比较古典的叙事类短视频，每期都用演绎的方式讲述一个女孩关注的话题。在一个关于家务的视频中，整个视频都以妈妈作为视觉中心和叙述主线，但不断穿插女儿的画外音，既增加了内容的角色丰富度，也改变了画面的单一感，形成一种错落有致的节奏感。

3. 音效

音效，也就是音响效果声。这个效果声可以很突出，也可以很细微。

在短视频中，几乎所有创作者都对音效的魔力有感知和应用，主要用到的音效有两种。

一种是**场景内音效**，又叫**现实音效**，也就是拍摄场景中自带的声音，例如风声、鸟鸣或者汽车喇叭声。保留现实音效，会给视频带来**增强现实**的效果。

抖音账号"三融在东帝汶"有一个爆款视频点赞量高达1330多万。这个视频可以成为爆款有多重元素，除前面介绍的场景元素，它还保留了风声，进一步增强人们身临其境的感受。

另一种常用的音效叫场景外音效，又叫超现实音效，常用于帮助外化人物内心的思想、噩梦、幻觉、梦境或愿望。这种音效能够给场景带来**超现实感**。比如当角色想到童年的时候，可以采用场景外的童年欢笑声来表现内容。如人物在战场上，而音效是教堂钟声，用户会通过音效猜测人物或将走向死亡。

在许多短视频中，场景外音效往往被简化为无意义的罐头音效，用于强化内容或影像的效果，人为进行节奏的控制和调整。但假若在内容创作阶段就考虑音效这个元素，把音效作为道具或者一个情节点，使音效真正为故事、人物的内心或情绪的传达服务，往往会使内容更浑然一体，成为一种爆款筹码。

4. 音乐

视频里的音乐，也就是我们常说的BGM。很多自媒体人会随意使用BGM，或者简单粗暴地使用网络热曲。实际上BGM作为最重要的短视频视听元素，可以有更"聪明"的用法。

例如用**BGM中的歌词参与叙述**，将歌词作为场景中人物的声音，或者作为场景外叙述者的声音，通过音乐歌词展现人物和主题，把控节奏，甚至推进叙事本身。大量经典电影都使用这招，如电影《断背山》和好莱坞电影配乐大师汉斯·季默的许多作品。

在自媒体中，也有优秀的博主善于使用这种技巧。如音乐账号"俞彬"，博主是歌手、音乐人，在"别让遇见变成错过"这条短剧视频中，男女主角相遇的那一刻，搭配的是歌曲《遇见》的歌词："听见，冬天的离开，我在某年某月，醒过来。"在男主角想与女主角偶遇时又搭配了歌词："我想，我等，我期待，未来却不能因此安排。"而整个过程中，《遇见》的歌词贯穿始终，替男女主角说出心中所想，让音乐参与了叙述。

更容易操作的一种方式是**将音乐作为视频内容情绪的助推器**。正向助推，几乎已经变成了短视频创作者们的本能，也就是BGM的选择与内容风格和情绪相协调，搞笑视频用诙谐的BGM，生活Vlog多采用节奏舒缓的音乐等。其实，还有一种逆向操作，即使用与内容调性反差感大的音乐，增加视频的节奏张力。

一位主要分享哲学科普的短视频博主"大面包哲学考研"，BGM风格多种多样，常常与严肃、哲思的内容调性并不一致。在一条"什么民族，既有理性，又有人性"的内容中，画面展示德国诸位哲学家的同时，搭配了摇滚风格BGM，节奏充满张力，给用户带去新鲜感。

无论是正向助推还是逆向操作，音乐从来都不是割裂存在的，它是自媒体人内容工具箱中的重要组成部分。

意义：击中人心的破圈密码

意义是一种审美情感，是高度提炼的信息的叠加，是唤起情绪的情感融合的瞬间感受。

意义投射在内容创作中，则成为语言与视觉符号和现实世界的连接，承载着文化和社会价值，且是所有内容产品能够流传和获得共鸣的"黄金"。

例如小说《傲慢与偏见》，看似讲的是关于婚恋嫁娶、社会等级与性别差异的观点，内在却是对"爱"在特殊时代的探索；电影《哈利·波特》讲的是魔法故事，诠释的却是自我牺牲与宽容，还有成长。故事变化多端，在表面上引人入胜，但激发共鸣、穿越时空的，是意义。

意义在自媒体中也反复出现，它甚至成为很多自媒体内容引燃流量的爆点和突破圈层的密码。

这一节，我会详细解读意义在自媒体中的应用，帮你从"意义"这个词的虚头巴脑的旋涡中走出来，学会寻找意义、设计意义，创作出穿透力更强、传播更广的作品。

一、意义是什么

首先，我们来了解一下意义在内容创作中到底指的是什么。

我们常用"需求"这个词来指代自媒体内容对用户的价值。自媒体内容对用户的价值一般分为两种，一种**强调"工具价值"**，即作品为特定人群提供信息、解决方案或服务；另一种**强调"情绪价值"**，即满足特定人群的娱乐、猎奇、审美等需求。

单一价值会很快遇到瓶颈。只有"工具价值"的自媒体内容，只传递信息，常常会沦为工具账号，难以获得用户持久关注和认同，甚至会被搜索引擎或人工智能替代；只有"情绪价值"的自媒体内容，因为缺乏基础的信息量，即便出现了单点爆款作品，也会因持续性差，容易陷入自我重复，造成用户审美疲劳，账号也会随之衰竭。

意义可以将"工具价值"与"情绪价值"融合串联，形成一种既传递信息也引发情感的内容形态或账号定位。

意义有两个主要特点。

意义必须是一种审美情感，是高度提炼的信息的叠加，是唤起情绪的情感融合的瞬间。它的核心是"融合"，既包含了信息的浓缩整合，也包含了情感的体验。

意义还必须是一种人类共同的价值和情感教化，属于人类的"母题"。也正因为这种人类共同性，意义增强了自媒体内容的穿透力，为作品抵达更多用户增加了筹码。

二、六种意义

在自媒体应用中，有以下六种意义，它们都是一体两面的，分别指向了正向的欲望和负向的阻碍。这里我一一介绍一下，当它们持续得当地应用于自媒体中时，传播范围往往都超出了账号初始定位人群，有的甚至成为国民级账号。

第一种意义是"成长"。

正向展现成长意义的账号，往往会引导用户追求自我提升；而负向展现成长意义的自媒体作品，多通过悲伤、控诉来表述对失败或挫折的挣扎和反抗。

短视频博主"都市好人林聪明"，内容多关于都市女孩成长，多种多样，账号整体呈现出在困惑中不断校正自我定位的女孩形象。例如在"60分女孩"这个系列视频中，有一个"长相普通的女孩从小到大会经历什么"的视频，接连提出"我们该接受的教育是如何喜欢自己而不是如何变漂亮""长得好看和被喜欢并没有明显的因果关系""不要让'长得普通'成为我们身上的第一标签"等成长观点。正向成长与负向成长，交织出现在账号内容中，但正是成长的意义贯穿始终，让这个账号形散但神不散。

第二种意义是"寻找"。

正向的寻找呈现出虽有曲折但不断探索世界的辽阔感和愉悦感。比如旅行账号"房琪kiki"，她的旅行短视频整体都画面优美、文案抒情，伴随房琪本人少女式的灵动形象，你会感到与《绿野仙踪》这一寻找类电影不谋而合。

负向的寻找往往展示的是主人公偏居一隅却仍不忘广阔世界。

2021年抖音平台红极一时的短视频博主"张同学"，所有内容中都隐藏着这种负向寻找的意义：博主是一个出身辽宁农村的80后，曾离开家乡做短视频编导，回乡后带着编导视角与技术，将镜头聚焦于农村原生态的生活场景中。你会注意到，他所有的短视频都搭配了讲述游历世界的经典德文歌曲作为BGM，这或许是个巧合，但是透露出与世界的关联，也形成反差。张同学的爆红是多种要素的叠加，其中主要因素包括：抖音平台主推三农类内容，短视频的技法成熟，以及乡村场景既使人怀旧也勾起了离开家乡外出工作的广大年轻人对"寻找"的感知。

第三种意义是"孤独"。

孤独这种情感，使独居生活Vlog成为一种流行的自媒体类型，女性、男性、中老年人，各种独居生活账号无不在内容中突出"独自一人"，有人展示独自一人但并不孤独的充实感，有人展示孤独的落寞之情，但都是因为"孤独"这个意义的力量驱使用户观看下去。

负向体现孤独的作品，则会讲述为了对抗孤独而不断进行冒险的故事，或者想办法进行自我消解。

短视频博主"达达还不困"，内容以金句见长，文案全部指向对孤独的消解，连绿色漫画头像展示出来的气质也暗示都市青年的孤独感。在一条"这世上满是迈不出第一步的孤独之人"的视频里，有这样的文案："一个随时都可能搬走的房子，一个离了你谁都可以代替的工作，一群只要分开就不再联系的朋友，我们就像是一个个零件……"该视频获赞 130 多万，评论区的回复评论都是关于"孤独"的回应。

第四种意义是"爱"。

"爱"在自媒体中的呈现非常广泛，衍生了几种主流自媒体类型：家庭关系型，例如短视频账号"国际宫 and 乡土莉"；情侣型，例如情侣短视频账号"氛围帅哥杰西卡"；友谊型，比如短视频账号"疯产姐妹"……爱确实是人类最具有普遍共鸣的母题。

爱的负向展示，例如爱而不得，如何处理亲密关系中的障碍等，催生了一种独立的流行自媒体门类：情感解读与亲密关系心理学知识科普。这类账号随处可见，只要用心制作，往往都是一定圈层内的流行账号，这里仅以心理学视频"人类观察所"举例。这是一个涉及主题很广的泛心理学账号，其中直接指向"爱"的缺失的话题，例如"情感创伤""缺爱矛盾体""假象亲密"等话题，均是爱的负向展示，这些主题的平均播放与互动数据也普遍较高。

第五种意义是"力量"。

直接正向展示"力量"的自媒体账号并不多见，因为隐含的压迫感会驱使用户划走，但是隐形展示在社会规则之上的力量，往往让一个垂直类账号有了破圈的能力。

例如财经访谈视频账号"程前朋友圈"，常发布一些对创业者的采访内容，采访内容涉及电商、女装批发、珠宝配饰等多个行业，但所有内容都有一个主线：围绕"获得金钱"这一潜行的成功学进行。这是对金钱的力量的展现，也是在许多财经类访谈内容中，"程前朋友圈"能够获得广泛受众的核心原因之一。但是随着多元价值观兴起，以金钱作为衡量标准的单一成功学正在失去青年人的拥护，"程前朋友圈"也在探索增加新的意义，例如"寻找"或"成长"。

力量的缺乏，例如胆怯与恐惧，也会催生一些令人印象深刻的作品。在自媒体中，有的账号就是通过强调"羸弱感"来示弱，获得用户的喜爱。

第六种意义是"审美"。

迎合人类对美好的向往，直接展示美的自媒体类型，你首先想到的或许是颜值类，但颜值类自媒体的生命周期非常短暂，因为缺乏持续的信息量和对生活的浓缩概括，高度依赖用户的审美敏感度，用户一旦审美疲劳，账号就会陷入困境。

将审美意义融入自媒体定位，推动账号不断突破圈层的，典型例子是艺术科普短视频账号"意公子"，她的破圈转折点正是由单纯的艺术科普转向了将审美情感与知识结合。

"意公子"创建于2013年，博主吴敏婕曾在厦门卫视、厦门旅游广播电台当过主持人，在创办大众艺术科普品牌"意外艺术"后，推出了"意公子"账号。起初，她的内容只是单纯的艺术科普，作品蕴含的意义和情感体验比较弱。2021年后，逐渐强化艺术内容中的"审美情感"，例如"意公子讲苏东坡""意公子讲庄子""意公子讲竹林七贤""意公子讲李白"等人文专题，都指向了静心、出世或入世等美学价值观。这使账号在此之后发展迅速，成为艺术领域的现象级账号。

审美的对立面，常常被误认为是"审丑"，我们也会见到很多出丑搞怪的自媒体账号红极一时。会审丑本身虽然迎合人性，但并非一种好的情感体验。

审美的深层表达，往往表现为"反讽"，如同那些经典流传的喜剧电影，虽然有逗人发笑的浅层表现，其实藏着更深刻的表达，例如小人物对抗渺小与孤独，或嘲讽世间荒唐等，这是其真正的击中人心的意义。

喜剧演员大锁也运营了自己的同名自媒体账号，在不太出圈的众多视频中，"大锁有约"系列伪访谈短视频是显眼的爆款系列，每一条都广受欢迎。这个系列用表演访谈的形式调侃热点事件主角或热梗，例如访谈"饺子"（演员扮演的"饺子"接受采访）呼应"模式化的春晚"；访谈杭帮菜大师回应西湖醋鱼难吃梗；访谈可可西里网红狼，在插科打诨中，反讽世间荒唐。这一系列是审美负向意义在自媒体中的一个代表。

以上六种意义，再拆分出正向展示与负向展示，几乎囊括了所有你见到的出圈的自媒体账号，它们或许有意为之或许无意中发现，但意义才是它们击中人心的破圈密码。

理解了意义是什么，那自媒体内容的意义具体该如何设计，才能抵达更多用户，是我们接下来要解决的问题。

三、设计意义

这里我帮你总结了三种通用且可以反复使用的方法。

第一个方法是从人格中找代表意义的关键词。

"人物角色先于意义"是小说和电影创作的普遍共识,也同样适用于自媒体内容的生产。自媒体中,当设计出符合经典人物原型的人格设定,意义的线索往往水落石出。

所以,锚定自己的自媒体人格,从人格中找出与六种意义相契合的关键词,并贯穿于自媒体内容中,是快速为自媒体找到意义的一个有效方法。

第二个方法是设置一个障碍、做出一个选择。

法国存在主义哲学家让-保罗·萨特曾说过:"现实的精华就是匮乏,一种永恒而普遍的欠缺。"这句话套用在六种人类普遍的情感和意义上,体现的正好是它们正负方向的交界点和障碍,如爱不够、力量不够、美不够。所以,在内容中设置一个匮乏的障碍,讲述或展示为了突破障碍你所做的选择和行动,很可能意义藏在其中。

使用这种技巧需要注意的是,一定要做出选择。若只展示障碍,不做出选择,则容易造成用户的"确定感"和"满足感"不足。而你因为选择而产生的情感波动、选择的过程、选择的决定和行动,正是最打动人的意义所在。

以知识科普短视频账号"亲爱的安先生"为例,博主在一条短视频中将障碍聚焦于"躺平":"我从不'躺平',我想从颓废转向自律；我从不'躺平'，我卡点生活，计算卡路里，记录举铁的重量……""躺平"与不"躺平"的正负对抗贯穿始终，博主也反复重申他的不"躺平"选择，让这个我们司空见惯的话题呈现出"成长"与"力量"的意义。

第三个方法是用直接说出顿悟的方式表达意义。

所谓顿悟，是心灵所思所想的体现。 在小说写作中，心灵顿悟是一个被专门研究的课题。英国小说家、文学评论家戴维·洛奇在他的非小说类畅销书《小说的艺术》中这样定义顿悟：

"当外界现实对观察者而言具有某种超验式的意义便会产生心灵顿悟。在现代小说里，心灵顿悟为故事提供了高潮或消解了冲突，顿悟式的描绘也会因修辞丰富、别具韵味使平淡无奇的事件或想法转化成某种亘古的美。"

从这个定义中可以看出，顿悟本身就是意义的直接表达。在自媒体中，可以体现在文案中、人物的对白或旁白中，甚至账号的简介里。

我们常常将用词讲究或机灵俏皮的话称为金句，但金句不等于顿悟，要使用户产生审美与情感体验，顿悟所描述的主题必然是六种意义，是不是一句漂亮话反倒是其次。

这一节，我将"意义"这个人人了解却未见得理解的概念，拆解为自媒体的内容方法论，包括六种意义以及它们的正负相关，也介绍了自媒体内容创作中三种通用的意义设计方法。希望可以帮你理解意义这个内容创作领域的"黄金"，增添你的内容在自媒体世界持续穿透人群的筹码。

口音：从平庸的罐头内容中脱颖而出

"所有你要做的，就是写出一句真话。"

这是海明威在《流动的盛宴》中的一句著名的引言，它被奉为写作箴言，出现在几乎所有的大学创意写作课堂上。"真话"在这里的意思是：找到那种发自本我的声音。

这种发自本我的声音，就是口音，是本节要讨论的主题。

一、什么是口音

"创作者的口音，即是你的所思、所想、所疑、所谋、所厌——同时也决定着诸如节奏以及何时写何事等因素。"这是美国传记作家玛丽·卡尔在创意写作书《自我与面具》中对"口音"的定义。

据此可知，口音明确了创作者的特征，也是作品被辨别和流传的标识。所以当我们提到一些耳熟能详的文学大师时，往往可以立刻对他们的口音有所反应，例如海明威的极简、普鲁斯特的繁复、村上春树的音乐感等。

在社交媒体上，口音除了延续传统创作理论中的"特征确立、推动走向和风格标识"的作用之外，还会成为作品脱颖而出、深入人心的核心要素。

因为口音可以让你被快速识别并记住。你刷社交媒体时间长了，一定会出现一种审美疲劳，特别是那些千篇一律按照固定模板产出的内容，你一般会划走，或者即使看了一眼也不会留下什么印象。而不论何时，有着独特口音的创作者总会让你停下来。今天的社交媒体处于"内容溢出"的状态，创作者和内容的增速已经超过了浏览者的增速，机构化作业的MCN也不断炮制"做号党"，甚至用AI生成内容，让社交媒体充斥着比以往任何一个时代都多的"罐头内容"，即看上去千篇一律，感观没有"人味"的内容。从竞争策略来看，如果你的作品与他们的形成明显差异，就具有了辨识性。而口音就是差异的核心。

换句话说，海明威所说的"写出一句真话"，在今天仍旧具有箴言的意义。

但具体到自媒体内容创作中，口音往往包含着过于复杂的要素，风格也是一种感性与理性结合的感知，往往"只可言传，不可意会"，创作者能获知的规律和技巧有限。

本节内容，我们还是关注实操，我将介绍口音的几个来源，帮你总结出几种在自媒体创作时找到自己口音的方法。

二、口音的来源

1. 来自"你"本身

让我们先来思考一下，口音究竟从何而来？

如前文所述，口音是你的所思、所想、所疑、所谋、所厌，因此口音的第一个起源是"你"。

口音首先在于你的思维方式，且与你的过往经历及传递的价值观相关。

在自媒体内容中，文本中的遣词造句、视频中的剪辑风格都能体现你的口音。但这些仅仅是口音带来的结果，而非口音本身。口音源自你的内在风格，既包含了你的过往，也反映了你在创作当下的情绪；既分拆了正向的情绪，即你的目标和愿望，也暗含了负向的情绪，即你反对什么。

凡是给我们留下深刻印象的自媒体创作者，都在思维与价值观上传递清晰，他们一张嘴我们就可以辨认。

我们拿两个女性博主比对来看。

旅行视频自媒体账号"房琪kiki"，主要内容是她的旅行经历和攻略，但口音非常明确：她的形象、语气与画风，即便是说着悲欢离合，依旧充满希望，她的口音便是世界充满希望的"乐观者"。

观点类自媒体账号"姑的idea"多发布一些与两性、社会议题相关的内容，博主的形象塑造、语言方式以及视频风格，持之以恒地透露着愤怒与讥讽，她的口音更像是对世界敏感多疑的"批判者"。

两位博主都做过有关"爱情观"的视频，因为博主本人的过往经历与价值观截然相反，两个视频内容也呈现迥异的风格："房琪kiki"的视频中，男女主在婚礼现场回顾曲折的经历，内心激动，互相表白，对未来充满憧憬，对爱情满是赞美和歌颂；"姑的idea"的视频中，博主表达了女性主义者反对父权，向往爱情，表达了对爱情的踟蹰。

形成这种迥然有别的口音的核心原因，就是双方的成长背景、过往经历以及价值观的不同，至于短视频的风格与氛围，只是附着其上。

这时候我们可以回顾本书"人格设计"那节课，抽丝剥茧的自我挖掘、清晰的人格设计、持续一致的价值观，是运营一个自媒体账号的原点事件，也是口音最重要的来源。

2. 来自目标用户

口音，也可以从你的目标用户中来。

本质上，自媒体的口音就是用户怎么说话，你就怎么说话，或者，用户希望你怎么同他说话，你就如他所愿。

所以我们可以发现在某个圈层被津津乐道的博主，都带着目标用户的口音。博主"建筑师马尧"在分享建筑师眼中的设计知识的同时，也表现了恰到好处、不招人讨厌的精英知识分子的骄傲；聚焦东北乡村生活的"八零徐姥姥"，短视频中经常出现东北乡村土话与"土地为大"的淳朴表达，与核心目标用户的语言习惯契合；

讲审美也教拍短视频的"亲爱的安先生"有明显的"文艺口音"，与其他教授短视频的区隔明显，受众也多是创意工作者……

总之，今天的社交媒体忌讳"没有口音"，或者为了讨好所有用户试图迎合每一种圈层的语言习惯。

而任何一种口音，只要对应的用户没有错位，就不是"坏口音"。"错位的口音"带来的危害仅次于"没有口音"。所谓错位的口音，就是表达时语言和方式并非目标用户熟悉、感兴趣、有需求且有共鸣的那种。

这时候你会发现，**用户思维贯穿整个自媒体的内容创作与运营**，它是你的定位和人设的来源，组成了你的选题主体，还暗藏着你的独特口音。

3. 来自对话视角

口音还可以是一种对话视角。

在"视角"那一节，我们了解了视角的不同决定了你和用户之间不同的远近亲疏关系。这种亲疏关系，也塑造了口音。

第一人称视角，也就是用"我"来叙述，情绪饱满，你可以利用第一人称视角营造私密与亲切的口音；第二人称视角，也就是用"你"来叙述，用户交互感强，距离用户最近，可以帮你塑造一种给人推心置腹感觉的口音；第三人称视角则更客观，当你希望营造一种冷静客观的口音时，可以使用第三人称视角；全知视角全知全能，可以进入任何一个角色的内心，当你想营造一种权威感，以说书人或者故事讲述者的面貌出现时，可以使用这种视角调节你的口音。

因为视角的差异，所以你可以感受到有人能做到"你中有我，我中有你"；有人略带压迫；有人让你如沐春风，好像被"向下兼容"了，这种感受也是口音的威力。

4. 来自情绪

如果说上述口音的来源都更加本质，更加复杂，那么还有一种口音塑造的"取巧"方法，就是借助情绪传递口音。一个让人印象深刻的内容创作者，往往不吝啬在内容中传递情绪，这会给内容带来口音上的微妙变化。

情绪是对一系列主观认知经验的通称。它不是由于人类进化而来的，而是我们的大脑构建出来的体验，是心理活动中带有色彩的知觉，它包括愉快、惊喜、开心等积极的情绪体验和愤怒、焦虑、郁闷等消极的情绪体验。

在自媒体的实际应用中，有以下七种常见且能引发用户行动的情绪，可以和口音结合使用。

第一种是钦佩之情。一般情况下，博主会讲述个体的优秀，如令人向往的职业成就或者人生经历、生活方式，来引发用户的钦佩之情。这种钦佩的情绪叠加在知识科普平和叙述的口音中，会产生让用户信服的效果。

以华东师范大学教授刘擎老师为例，他在B站的哲学科普短视频账号"刘擎教授"，较少展示生活或个人成就，但他丰富的哲思，通俗易懂、不疾不徐的表达与儒雅的气质，都透露了他让人钦佩的口音。

从这个例子你可以发现，引人钦佩的情绪要作为一种持之以恒的风格特色，并非通过夸夸其谈或炫耀履历，而是要渗透到内容本身中。

第二种是羡慕。这是用户看到他人的好处、长处，心存向往。它和钦佩是两种不同的情绪，钦佩是一种力量的展示，让人发自内心地尊重；羡慕仅仅是想要某样东西或某长处，是一种更轻的情绪。

自媒体中，唤起用户的羡慕情绪的作品很普遍。但羡慕情绪也具备一种"反噬性"，即由于太过炫耀而引发用户反感甚至走向妒忌。因而，调动羡慕情绪与口音叠加，需要特别关注一种"以不引人注意的方式炫耀"的微妙做法。

生活分享短视频博主"凯尔特柚"，标签包括牛津博士、中韩婚姻等，分享的内容也多是留学牛津的日常，辅以人文社科的知识分享。博主的定位和生活状态，迎合了社交媒体上的"学历慕强"，引发用户的羡慕情绪，但博主又有意无意地把姿态放得很低，风格温和，降低侵略性。例如她因为男友求婚上了热搜，在回应热搜的一条视频里，她语气低柔说："略略不安的是，牛津成了我们的标签……"这是一种将引人羡慕的口音调整到舒适位置的做法。

第三种是快乐。社交媒体上，用户浏览内容时的目的多为找乐子、想放松，快乐的情绪也成为社交媒体平台最广泛的情绪之一，如搞笑、温暖治愈类等很多内容本质上都是在营造快乐。这也是为什么大量以娱乐大家为定位的自媒体账号，博主往往都兴高采烈，快乐溢于言表。

第四种是审美体验。这是一种与审美相伴的特定情绪，满足了人们的一种审美渴求，这种情绪可以带来"文艺浪漫"感的口音。

文艺浪漫感可以出现在不同的内容定位中。例如借艺术科普讲人生道理的"意公子"，或者此前提到的借电影美学教短视频创作的"亲爱的安先生"，他们都是在原有内容定位中叠加了文艺浪漫的口音，使他们有别于同类型的作者。

文艺浪漫的口音也不一定非要搭配美轮美奂的画面。同为旅行+金句博主，"房琪 kiki"营造的画面优美精致，"邱奇遇"的作品往往充满世俗场景和嘈杂环境，但审美体验却一脉相承。

第五种是刺激。刺激是一种较为强烈的情绪感受，会让人产生相应的应激反应，如激动、兴奋、恐惧等。

当博主的表演性和口音浓度达到一定程度时，往往会让人感到刺激。例如女性成长博主"张大碗子"，她分享的内容围绕女性的职场与生活，范围很广，但一以贯之的是她活力四射甚至带有一定的刺激感，这源自博主的生命力、视听表现力，以及她本人在口音塑造上的自觉。

第六种是焦虑。焦虑是一种不安、惊恐的情绪。目前，大量自媒体内容都使用了先唤起焦虑再提出解决方案缓解焦虑的情绪注入路径。

焦虑情绪往往可以帮助塑造和强化一种"愤世嫉俗"的口音。如上文举例的抖音账号"姑的 idea"，博主的许多内容也隐含着一种焦虑感，形成了一种强烈的叙事口音。

焦虑情绪也可以以微妙的方式演变为"忧伤"。如金句短视频账号"达达还不困"，几乎所有内容都带有"都市年轻人囿于孤独又希望获得自洽和治愈"的口音，其底层的情绪是焦虑。

第七种是愤怒。愤怒是比较表层的负向情绪，对人或事物展示出强烈的气愤。

这种情绪因为引人注意，曾一度被广泛使用，在许多短视频中吸引眼球，用户被愤怒震慑，不会轻易关闭内容，这在某种程度上造成数据虚假，使账号博主针对不管什么类型的内容都喜欢以狂躁怒吼和咆哮来演绎。

但这种转瞬即逝的情绪花招，因为很多与人设、定位、内容、受众以及口音的关系不大，当前已经因不能广泛满足用户需求而渐渐减少。

了解了情绪作为塑造口音的载体，你会发现它简单好用，所以"你的内容需要带情绪"已经变成了自媒体创作的一条定律。但情绪毕竟是短暂的，情绪只能作为口音的调味剂而存在，它可以强化口音并帮助你获得用户印象，但是情绪不等于口音。情绪也具有局限性，如果太过自作聪明，就无法传达哀伤之情；如果太过悲苦，就无法容纳讥讽、调侃。

这一节，我们讨论了"口音"这个比较抽象的概念和口音的主要塑造方式。希望以上内容可以帮你理解口音，找到自己的独特风格，在内容溢出的时代脱颖而出。

时间感：赋予精神涣散的用户以确定感

社交媒体上，创作者与用户好像在进行一场时间的博弈。用户常常精神涣散，耐心不足，随时可以划走。而创作者却要想办法抓住用户此刻的好奇心，锁定一段时间的注意力，尽力让用户忘却时间。

所以，运用与"时间"相关的内容原理，成为自媒体的必备技能。

本节内容，我会帮你梳理两个与时间相关的概念：时态与时距。其中，时态决定了用户对内容的临场感；时距是推动叙述前进详略得当的技巧，便于呈现节奏感。它们都是在文学或电影创作中被证明和实践过的内容理论与技巧，而且在自媒体中持续具有强大的生命力。

我还会总结几个具体的时间感操纵小技巧，既能丰富你的内容表达工具箱，也可以帮你在这场时间博弈中增加更多获胜筹码。

一、时态

作为一个内容创作者，你在讲述一件事时，它要么主要发生在当下，要么发生在过去。这就涉及一个时间概念——时态。

时态是一个故事的节拍记号，影响或渗透进故事语法和情节选择。 也就是说，你讲述一件事所采用的时态决定了你的用词语法，也决定了其他副线故事情节怎么编排，甚至决定了用户对你的描述的感知。

一般情况下，我们讲述当下发生的事会使用现在时态，讲述过去发生的事会使用过去时态。

1. 现在时态

事实上，现在时态已经是自媒体世界的"统治时态"，在内容时态中占据主流，还衍生了一个独立的自媒体内容类型——直播。直播就是现在时态的集大成者。

现在时态为什么在社交媒体上广受欢迎？

这是因为现在时态中人物的动作感或环境的在地性，无形中会营造更强烈的身临其境感，为内容增加真实性；而且在事件描述中强调"此刻""正在"，无形中给受众一种转瞬即逝的错觉，使内容的紧迫性增强，因而提升了用户注意力的强度。此外，在现在时态中，叙述者往往会呈现出很强的分享欲，从而与用户建立更强的情感和交互的链接，无形中增添了代入感。

在这些作用的加持下，现在时态显然更有助于一个自媒体内容成为爆款。

接下来，我会帮你总结几个现在时态的应用技巧。你可以运用这些技巧将现在时态应用于各种类型的自媒体内容中，甚至你也可以在这些技巧的帮助下，将那些没有采用现在时态的内容，变换时态重新制作。

你可以通过"场景+动作"的叠加，营造现在时态。

这种方式应用于口播类短视频中，常常会带来立竿见影的效果。

许多口播博主比较喜欢采用静态场景和静态叙述，也就是在一个空间内面向镜头讲话。这会导致内容的真实感、紧迫性和代入感看起来比较弱。假如他们愿意将口播置于表现身份的环境中，甚至在行动中进行口播，营造出现在时态，就会立刻提升视频内容抓取用户注意力的能力。

比如很多口播博主把场景从室内搬到了户外，在路边、商场里、公园里边走边说，这就是一个很简单的应用现在时态营造临场感的方式。

除了结合场景和动作，你也可以灵活使用视角，制造现在时态的临场感，甚至是"直播感"。

我们在"视角"那节中了解到，倘若故事的镜头本身采用"客观视角"，也就是客观地呈现全貌，忽然画面中的人物面向用户讲话，插入了一个"第二视角"，就能一下子把用户拉进叙述者所在的世界，这种视角转换会给人以"现在时态"的错觉，也就是故事"正在"发生。

自媒体账号"林晨同学"因用镜头记录武汉的"封城日记"而

广为人知，博主在后来的作品中也善于转换视角讲故事。在一条讲废弃的"深山里的监狱"的视频中，他先用客观视角呈现了这所监狱，但是忽然让一个仍住在这所废弃监狱的中年男子直面镜头，介绍当地曾是一个有两万人定居的汞矿小镇，而今只有他自己一人居住的情况，并通过男子自述盼望儿子回来的情节，制造出一种直播感，将用户代入他的世界，对他的孤独感同身受，而这所废弃的深山监狱的萧索感也更具象化。这条视频也因为这种"直播感"获赞150多万。

在你的内容创作中，完全可以借鉴这种方式，通过变换拍摄视角来营造一种"正在进行中"的感觉。

还有一种制造现在时态的技巧，那就是在叙事中明示时间。

你可以在画面中放置时钟，这种手法往往简单有效；你还可以在内容中直接告诉用户当前的时间、地点，然后叙述要讲的内容。比如有些旅行博主会用这种方式开场："现在是×点钟，我在××地方。"还有一些带货主播会在视频里强调"这是刚摘下来的水果""新品上市"等，这些都是强调时间紧迫，故事此刻正在发生，营造出现在时态的手段。

虽然现在时态已经是自媒体世界的"统治时态"，几乎垄断了自媒体内容的时态表述，但这不代表过去时态已经消失，在自媒体内容创作中，过去时态仍会被广泛应用。

2. 过去时态

过去时态呈现创作者在叙述和思考的这个事情是发生在过去

的。过去时态因为本身的独特性，会对内容的真实感、用户关系起到强化作用，并会让内容更容易引发用户情感共鸣。

根据过去时态的主要特点，我为你总结出以下几个过去时态的使用技巧。

第一个技巧是将过去时态用于高度浓缩和凝练的信息表述。这会便于你推进叙事、展示思考或观念，并帮助内容呈现意义。

在"意义"那节中，我们学习到意义是指具有普适性的审美情感，可以唤起共情，帮助你的自媒体内容破圈。意义的核心是两个要素的叠加，一个是情感，也就是我们所说的"共情"；另一个就是审美，本质是对零碎生活的浓缩，而非生活本身。

过去时态正是对零碎生活进行浓缩的一种时间工具。它会让你找到抽象总结过去事物的方法，让你的分享不再是不值得记录的"一盘散沙"，使内容得到有效传播。这是现在时态不具备的价值和能量。

因此，过去时态可以作为一种独立时态，用于高度总结性和回顾性的内容，甚至诞生过一种持续不衰的爆款模板：十年体。在社交媒体上，很多博主都在首页置顶了一条视频，用以向用户展示"我是谁"，内容浓缩了十年或者更长时间的经历，辅助某些线索或者意义，比如成长、逆袭等，几乎变成了一种自媒体标配。虽然现在"十年体"本身不是一种时髦的自媒体形式，但用过去时态回顾自己的一段人生，始终是自媒体中展示自我的最重要的内容形式。

第二个技巧是将过去时态作为插件，植入各种类型的内容中。过去时态作为一个"闪回"的时态，作为插件植入内容，会有利于推动叙事，达成详略得当、节奏起伏的效果。

常用对话的方式进行剧情演绎的自媒体账号"对话中的暂停"，两个博主在一个讨论相亲问题的视频中，先是采用现在时态，以一个女生抱怨老有人给她介绍相亲对象开始，随后插入了过去时态，回顾曾有人给她介绍大龄相亲对象的过去；接着画面回到了两人对事件的讨论，之后又穿插过去时态……在不断闪回的过程中，过去时态作为插件，有力地推动故事发展，并为内容增加了冲突和层次感，进而为后续的观点提供了依据。

第三个技巧是将过去时态应用于剧情叙事。

过去时态因为浓缩度高、叙事范围足够广泛，适用于情节复杂、人物众多、跨度较大的内容。在散文和小说等传统叙事中，过去时态曾经占据"垄断地位"。

在自媒体中，对传统叙事手法的应用虽然发生改变，整体上"小了一号"，但它该具备的要素仍存在。而且，在一些自媒体内容中，也依旧继续借助传统剧情叙事方法，并形成了一个大门类，即故事完整的剧情类自媒体。

如上文提到的自媒体账号"对话中的暂停"，在"如何看待有堕胎经历的女生"的内容中，回顾了朋友意外怀孕、堕胎、堕胎后情绪低落以及勇敢开启新生活的经历。整个故事因为跨度较大，采用了更有助于讲述复杂故事的传统剧情叙事方式。而她在叙述中使用过去时态讲述故事情节，也让故事更加直观，剧情更加完整。

二、时距

如果说时态代表故事发生的时间或状态，另一个概念"时距"，则代表故事时间和叙述时间之间的关系。

所谓故事时间，是指故事中所述事件发生所需要的时间，用秒、分、小时、天、月、年表示。而叙述时间则是指叙述这件事所需的实际时间，通常以文本篇幅和讲述时长来衡量。文字用行、页等表示，视频用分钟、小时等来表示。

也就是说，一个故事时间为一年的故事，在视频中的叙述时间可能是 2 分钟；一个故事时间为 30 秒的经历，也可以拥有半个小时的叙述时间。

代表它们之间关系的时距更像是一种内容思维的觉知，也称为叙述的步速，它可以加快叙事速度，也可以减慢叙事速度。根据故事时间和叙述时间之间的相对关系，可以归纳出四种时距类型。

1. 概述

概述加快了叙事速度，叙述时间会大大短于故事发生的时间。

比如《鲁滨孙漂流记》里，用较大的篇幅讲述了鲁滨孙为时 27 年的荒岛求生之旅，却只用短短几行字就概述鲁滨孙离开荒岛后的数年家庭生活。

概述最大的作用就如同上文所述的过去时态一样，它可以作为**插件**，当作一个闪回，放置在内容的开头、中部或结尾，调整节奏，推进叙事。

概述原本是一种平平无奇的内容创作技巧，但是在社交媒体中却因为超强的浓缩能力、时间感与较大的信息密度，创造出一种爆款类型——用极短时间记录较长时间变化的短视频。

你肯定刷到过例如"3分钟记录3个月"这类的装修变化视频，或者"从135斤到100斤的一年"这类的身材管理视频，以及各式各样的记录一段时间成长与变化的视频。这类爆款无一例外都强化故事时间的长与叙述时间的短，形成了一种强烈的心理暗示：这个内容虽然很短，但含金量很高，时间跨度大，信息密度大，值得一看。

2. 展示

展示的叙述时间常等于故事时间。

在自媒体中，展示与现在时态、第二视角都是好朋友。换句话说，展示非常适合出现在用现在时态并用第二视角叙述的故事里，营造出一种"正在发生"的感觉。

3. 省略

省略即叙述时间为零，而故事时间则无穷大。 也就是说创作者心中是有故事的，但是没有通过叙述去表现。

省略的最大要点是"觉知"，它是有意识的动作，你不能把"说着说着说丢了"这种残缺情况叫作省略。

省略的价值之一是凸显主要事件对于情节的结构意义，将旁枝省去，使内容更紧凑。

如经常讲述恋爱话题的自媒体账号"都市好人林聪明"，在讲述"恋爱7年后和刚开始恋爱的区别"的一个视频中，开头用总结的方式讲述"恋爱7年的人怎么点外卖""如何处理情绪""量词的变化"等多个情侣间的故事，但这些故事结尾都采用了省略的方式，并未继续阐述下去。这种有意识的省略，并没有减弱故事感，反而因此达成了作者想要高度精炼信息的意图，让叙述围绕"区别"这个内容核心进行。

省略还有一个额外价值，即**引发悬念和思考**。

在文学和电影中，通过省略和留白的方式设置一个故事真空，最后带来悬念，是一种常见手法。例如电影《天才雷普利》的结尾，主角雷普利在船上杀死彼得后一个人坐在房间里沉思，他最终是否伏法不得而知，影片没有交代。这就构成了一个留白，同时留下了一个巨大的悬念，用户围绕这个留白进行了大量思考和讨论。

在自媒体中，这种有意识的省略也可以变成互动的引擎，引发用户的猜测、评论或分享。

自媒体账号"草匠匠匠匠"善于使用精美的画面与跳跃的叙述方式表达深刻的话题，在她谈及性骚扰的一条视频中，关于女性成长中被性骚扰的部分，都采用了大量的省略。这种省略的表述控制在适当的氛围内，依旧能让用户感知到其中的情节与情绪，还因为留白，让有相似经历的用户更有感触，愿意去互动。这也是内容成为爆款的重要原因之一。

4. 停顿

在对某个观察对象或者事件进行描述、评论时，讲述者将故事发展按下了暂停键，然后给你讲点道理、分享点知识，等讲完了才允许故事继续播放。**在暂停的过程中，叙述时间无穷大，故事时间为零，这就是停顿。**

在文本中，这种方式可以叫作"夹叙夹议"，也就是作者用评论来切分叙述，既表达了观点，也用停顿调整了内容的节奏。

停顿在电影中曾经带给我们难忘的记忆，往往在激烈场面的中段，一段停顿让观众都喘了口气，同时又暗示着更激烈的事情即将发生，因此停顿的时空流逝感很强烈。

在自媒体中，特别是在创作短视频时，人们往往有这样一个误解，很多人认为短视频的表述应该放快节奏，争分夺秒，越快越好，但实际上，短视频中的停顿可以起到转场、喘息、操纵时间感、制造悬念等一系列作用。善于在内容中使用停顿，反而会提升用户的节奏感。

例如用插入表情包或者感慨性的画外音来切分内容，已经是一种非常普遍的做法。这种视频化的夹叙夹议，一方面调整了内容的节奏，不断吸引用户的注意力；另一方面，停顿时的表情包或者感慨性的画外音有如用户的嘴替，是作者所思所想的显化，提升了与用户的亲近感。

这四种时距本质上是在表述时间运动，即你叙述故事、表达观点时，叙述行为是如何在时间线上运动的。学会灵活使用这些手段，会让你的内容具有令人舒适的节奏感和运动感。

三、操纵用户时间感的技巧

了解了关于时间的两个概念"时态"和"时距"之后，这里我来打个小补丁，帮你总结几个在自媒体中操纵用户时间感的小技巧。

第一个技巧就是**在你的内容中安插一个"时钟"**。

在文学创作中，有这样一句箴言：当一个故事或叙事拖拖拉拉没完没了，又显得平庸、没有波澜的时候，你可以拿出一个工具——时钟。

刚才提到，如果你想要营造"现在进行时"的感觉，可以用播报时间来达成。时钟的作用其实更加广泛，你可以用计时、用人的成长变化等表现时光流逝的方式来展示时间。这是因为时钟有"限定时间"的作用，将带给用户明确期待，期待越明确，用户越能够沉浸在故事和表达里，忘记时间。

操纵时间感的第二个技巧是**"使用重复"**。

使用重复可以起到强化用户印象的作用，它的载体可以是物品，比如反复出现的一个物品；也可以是某句话，比如反复出现的一个金句。它们重复次数的增多，能成功营造出用户的时间感和节奏感。

操纵时间感还可以**"使用非常规连词"**。

日常生活中，小朋友在讲述一件自己感兴趣的事情时，常常是一句接一句毫不停顿，甚至有点跳跃。同样，我们推进叙述节奏时希望用户忘却时间，也可以使用一些非常规连词来连接句子，或者干脆不按常规的节奏来讲述。

譬如讲述历史文化类知识的自媒体账号"安森垚（yáo）"，在讲述土耳其时，全程几乎没有停顿，像完全不带标点符号一样讲完内容，呈现出一种特殊的节奏感，从而操纵了用户对内容时间的感知，用户会不知不觉看完内容而忘记时间。

最后你也可以"使用闪回的剪辑手法"来操纵时间感。

闪回，是短视频剪辑中通过技术手段直接篡改和引导用户时间感的技巧之一。我们可以看到画面来回切换，故事或情景在过去和当前之间交替轮换，这实际上就模糊了时间，并控制了用户的时间感。

时间是一个令人着迷的话题，许多文艺大师都是掌控并操纵时间的高手，因为所有内容产品本质上都是在与受众分享时间。在社交媒体诞生后，时间变得更具象，也更紧迫，我们常常感觉刷着手机期间时光飞逝，社交媒体好似创造了一个吞噬时间的无底洞。今天我们一起了解了关于时间的内容原理，希望你既能学会利用这些技巧去"争夺"用户的时间，也能善用这些技巧，不要浪费所有人的时间。

开头：10 个吸引用户注意力的钩子

自媒体传播环境下，开头定生死。

重视开头，已经是自媒体工作者的一个普遍共识，因为在某些时候开头就是流量入口。

但在真正开始聊开头的技法之前，我想先跟你分享一下自媒体内容开头的目标。很多手段往往都藏在目标里。

仔细拆解开头的目标，可以分为如下几个：

吸引用户的注意力。

建立用户和内容之间的联结，给出用户必须看这个内容的理由。

概括内容的主旨，奠定内容的基调。

介绍内容的主要人物，既包括内容的主角，也包括内容的受众。

揭示某个促使主人公踏上新征程的事件或行为。

根据以上目标，这里我介绍十个实用的自媒体的开头技巧。这些技巧大多数来自文学或者电影的创作传承，它们得到了充分的艺术与商业验证，同时又在今天的自媒体时代反复出现。当然，这十个技巧不能涵盖内容创作的所有开头类型，但却是生命力持久且行之有效的技巧。

第一个技巧：直抒胸臆，摆明需求。

这是自媒体内容区别于其他类型内容产品最显著的特征，在电影、小说或非虚构文学作品中很少见到。

自媒体内容作为一种"快速消费品"，建立与用户相关性最直接的方式，就是在开头表明这个内容能解答用户的什么疑问，帮助用户解决什么问题。

这里我想举一个一度爆红让很多人"看不懂"的自媒体账号"打工仔小张"。她的短视频内容主要是介绍大量生活小窍门，例如怎么坐地铁、如何办理港澳通行证等，一经推出就获得大量关注，这让一部分自媒体从业者"如梦初醒"，原来这些我们习以为常的生活常识，实际上也藏着大量的用户需求。

"打工仔小张"的短视频开头都采用了一个模式：直抒胸臆，摆明需求。这种开头给了用户一个明确的继续看下去的理由，而且很多时候用户并不清楚自己竟然对这个内容有需求，因此需要简单直接地告诉用户；这种开头建立了一种用户心智确定感，用户会感到安全和舒适，因为新媒体内容消耗的是用户注意力，这种开头让用户提前获知付出的注意力即将换回什么。

第二个技巧：叫出用户的名字，圈定用户的范围。

我们先来看小说家迪恩·孔茨的几个开头：

凯萨琳·赛勒确信，车子随时可能在平滑结冰的路上打滑，完全失控。

——《与恶魔共舞》（*Dance with the Devil*），以迪娜·杜艾尔（Deanna Dwyer）之名出版

潘尼·道森从睡梦中惊醒，她听到黑暗的卧房中传来有东西鬼祟移动的声音。

——《黑暗之后》（*Darkfall*）

周二出现了加州常见的好天气，满满的阳光和希望，只可惜哈利·里昂得在中午去杀个人。

——《恐龙的眼泪》（*Dragon Tears*）

这几个开头有一个共同点：直接叫出了主角的名字，明确的称谓劈头创造出小说是现实的错觉，带来逼真的效果，让读者更容易"自愿暂时停止怀疑"。

小说家的这个技巧也可以应用于自媒体，开头就表明这个内容的受众的年龄、职业、所遇到的问题等。

公众号"GQ实验室"非常喜欢采用这种类型的开头，有时候还将其应用于标题中，例如《1996年出生的人，一直被高估了？》，直接表明1996年出生的人，这是目标用户的一般年龄，内容也是关于接近30岁这群人关心的话题，比如老钱风、氛围感等。

还有很多自媒体，开头点出"刚毕业的你""结婚7年的女生"

等，这个开头技巧与"需求开头"是一体两面：一个从解决什么问题出发，另一个从适合什么人群出发，都创造了内容与用户的链接，也让用户有了确定感。

第三个技巧：冲突开头。

"不要从故事的开头讲故事"是小说写作中的一个真理，意思是说应当将故事最激烈的冲突或主人公最具有代表性的时刻放在开头，以吸引读者阅读故事。

在自媒体中，这个技巧也非常好用，这里再帮你总结三个方式。

你可以用动作开头。人们在理解信息的时候，超过 80% 是由肢体语言、声调和音量传递的，而说什么只占不超过 20%。这个方法非常适合短视频，不论哪种类型的账号都可使用。

剧情类短视频开头可以是主角的激烈动作，让用户看到主人公的动态感；可以是主角面对障碍或者对手时的反应，展示主人公的鲜明性格；还可以直接给出情节的主要变化瞬间。

你可以回忆一下你经常关注的剧情类账号，是不是都是由动作展开的？

你可以展示主人公的标志性时刻。这个技巧在以人物为核心的自媒体内容中比较常见。

比如公众号"GQ 报道"中关于演员吴彦姝的一篇人物特稿，就以 84 岁的吴彦姝获得电影奖项，领奖那一时刻的诸多细节来开头，既动人又迅速地表明了人物的核心特征：

"领奖的时候，我的嗓子哑了。我当时觉得好遗憾啊，因为说不出话来，脑子有点混乱，语无伦次了。

我没有准备获奖感言，我觉得我不可能得奖。倒是我的经纪人说，姥姥，你要不要准备一个获奖感言啊？当时我想，你们看北京国际电影节，都是国外的人得奖比较多啊，怎么会轮到我呢？那天，宣布我的时候，我有点蒙。

走到台阶，我就碰到了刘晓庆，晓庆走下台阶来接我，其实我看过她很多片子，但从没见过面。我看见她的眼睛泪汪汪的，一下就激动了，就去给她擦眼泪。这时我走到麦克风那儿，突然发现，奖杯呢？我就看着晓庆，晓庆也看着我，晓庆也激动了，说，奖杯在哪呢？主持人说，在你身后呢。这个时候，我刚才打的腹稿全忘了。"

以人物的标志性时刻开头，可以展示主人公的生活基调，或者最重要的性格特征，或者面临的巨大颠覆性挑战，或者主人公目前最核心的使命，或者在欲望面前做出抉择的情景。

这样的开头使用户对主人公印象深刻，甚至能让用户产生一些情感链接或者悬念、好奇，继而继续浏览内容。

你可以发起一个动作的召唤，向用户发出行动指令。

例如在内容的开头就告诉用户"不要划走""占用你 3 分钟"等。

第四个技巧：树立权威。

我先带你回顾两部经典电影中的片段。

一部是电影《穿普拉达的女魔头》，其中有个片段是文艺女青年对时尚表达了鄙夷，认为时尚是浅薄的，这时候，梅丽尔·斯特里普扮演的时尚杂志主编发表了一番演讲，详尽地讲述了近年来天蓝色在时尚界的运用。

另一部电影是《律政俏佳人》，其中也有一段类似的演讲。金发律师看似一个空有其表、能力不足的律师，但是在法庭上，她就烫发的化学原理陈词，罗列了大量事实来反驳控方证人的证词。

这两个片段都展示了主人公的权威：披露详细的数据与事实，在形象上极具反差，在专业见解上又挑战了固有认知，给人以新知。

这里就暗含了以下三个树立权威的方法。

第一个就是直接表明你在要表达的内容上的权威性。例如职业背书，或者耗费了多少时间、精力，做了什么行动。也可以像电影中人物那样，通过讲述行业术语、有深度和洞察力的见解来向用户树立你在该领域的权威。

比如读书博主经常用"一年读了100本书"来开头，以表明推荐书籍的权威性；我还见过一位艺术博主，在一条关于审美历史的科普视频中，开头就用了"RGB 比值为 0∶47∶167 的颜色"这样的描述，看似很生僻，但用户是否听懂已经不重要了，重要的是强调和树立作者的权威。

第二个树立权威的技巧非常隐晦，但也在自媒体上被运用得很成功，即制造反差。像刚才那两部电影那样，主角在此之前显得骄纵跋扈或者傻里傻气，降低了用户的权威预期，等到她们表达专业见解时，用户很容易刮目相看：佩服佩服。

这在自媒体中常常表现为，厨房里，开头主角在择菜，忽然开始讲金融问题，甚至变成了一种内容类型，如在工地唱歌、外卖员跳舞、农村大姐唱 Rap 等。

这种开头需要注意，不是为了制造反差而制造反差，核心还是内容足够好、足够权威和足够真诚，而反差是锦上添花。

树立权威还可以挑战用户的固有认知。

例如在开头说出一个反常识的现象或结论，之后论述完整自圆其说，给用户以权威感。

树立权威，往往给了用户一个很好的继续浏览的理由，甚至可以在人设上增添"尊重"的筹码，但是也需要避免过于自大以至于讨人厌，或过于说教而将用户推开。

第五个技巧：情绪外化。

社交媒体正在走向情绪化，这里指的是中性情绪，也就是自媒体越发需要通过行动、语言或者故事，与用户建立情绪链接甚至产生情绪刺激，以此引起用户观看的欲望。

所以，以情绪外化的方式开头正在变成趋势。你回忆一下，是不是曾经刷到过一些短视频，开头博主就情绪激动，大吼大叫，或者唉声叹气甚至放声大哭，实际上是这些自媒体博主发现了情绪外化开头的威力：这种形式如同一个响指，猛地给精神涣散的用户来一下，让他们不得不停下来搞清楚状况；而释放情绪也加深了博主的"自我暴露"，也就是更容易使用户感到这是一个"真实、坦率，甚至有一点亲密"的人。

但是，僵化地将情绪化的动作与表情拼贴在开头已经逐渐被人们抛弃，因为这种做法可复制性过高，很快用户就疲劳了。

如何掌握情绪外化开头的基本方法呢？核心的方法就是将内容的主题抽象总结成你的私人感受，在开头真诚地表达出来。

例如在情感婚恋博主们都在从各个角度分享"为什么现在年轻人越来越难找到爱情"这个话题时，一位叫"糯米大兔子"的博主在短视频开头怼脸对着镜头说："他们都谈恋爱了？就剩我了！"之后再展开婚恋观的表述。实际上，这位泛成长定位的口播短视频博主几乎全部的视频都用情绪化的私人感受开头，在一众同类议题中脱颖而出。

第六个技巧：五感唤起法。

与情绪外化相仿，这个技巧更侧重于"感官唤起"，某种程度上这也是一种轻微的情绪。同时，这个方法适用于那些具备丰富的视听元素的内容，例如美食、好物种草或者音乐娱乐类内容。

五感，指的是视觉、嗅觉、触觉、听觉和味觉。自媒体的形态丰富多样，在开头可以充分呈现五感，可以对用户施加影响，将用户留在内容中。

视觉唤起：可以调用对颜色、轮廓、形状等的感官体验，去描述或展示一种富有冲击力的视觉感。你甚至可以直接说"看过来"，发起一个视觉唤起的邀请。

嗅觉唤起：聚斯金德的小说《香水》是描写嗅觉最为出众的文学作品之一，其中关于气味的描述大量借鉴了通感，例如泥土的味道、蜂蜜的香气。嗅觉唤起是比较难的一种操作形式，但一旦使用得好，就可以获得超凡效果。例如，用"暴雨后山野"的画面与文字，来引发一种嗅觉想象。

触觉唤起：你可以在开头回忆一种触觉，描述它，将其传递给用户。你也可以在短视频中直接展示事物的触感，即使用户只是观赏，也可以感同身受。比如美食博主"邓不馋"，因为用技术高超的打光和运镜展示了食物的触感，其作品一度被戏称为"美食色情片"。

听觉唤起：可以在短视频中运用拟声词，例如"嗒嗒嗒嗒嗒"，也可以在图文内容中运用文法韵脚带来韵律感。

味觉唤起：与嗅觉唤起相仿，依然需要使用通感的技巧向用户传递味觉。例如大量美食类短视频以色泽、精致的细节等特写开头，使用户垂涎不已。

第七个技巧：热点开头。

追热点是自媒体创作者普遍具备的觉知。以热点开头正是利用了热议话题天然的流量能力，将用户的注意力吸引到内容中。

以热点开头，有以下两个注意事项。

第一个注意事项是，请在热点仍旧处于传播周期时使用。这个基本前提表明用户此刻关心这个议题，同时对热点有一定的感知，好奇心较重。而热点脱离了传播周期后，仍旧使用热点开头甚至可能有"过时"的负面效应。

第二个注意事项是，区分热点上升期和下降期。热点的传播周期一般先是上升期，此时用户对热点有大致了解但信息不足，可以采用补充差异化信息的方式进行。例如日本学者上野千鹤子接受北大女生访谈引发了热议，在上升期，可以帮助用户普及究竟谁是上野千鹤子这样的背景知识。热点传播的下降期，一般我们会说可能出现反转等，此时解析热点背后的冲突或社会情绪是比较合适的做法。还是这个热点，在下降期，比较适宜的做法是分析中国的女性主义发展历程等。

其实无论是以热点开头，还是整条内容都涉及热点，追热点都需要与人设相符，也就是热点的角度贴合你的价值观、你的恐惧、你的欲望；也要与内容的领域相符，也就是你的内容持续向用户传递什么样的价值。

第八个技巧：为建立一个什么样的世界奠定基调。

这里还是先回顾一个经典电影的开头。

《拯救大兵瑞恩》中最抢眼的一幕，也是电影的开头。这是一组令人痛心且难忘的镜头，画面直接把战争的恐怖带到了生活中。如果我们事后再去分析这组镜头，就会发现在电影主线，即开始去找大兵瑞恩的任务之前，这只不过是在给出电影的基本背景和基调，上尉是谁？他一直在忙于处理什么？用这种方式将观众带入故事的整体基调中。

在自媒体创作中，我们不是要像这些经典文学或电影一样交代清楚基本背景和基调，重要的是学习其中的技巧，并将其转化为自己的技能。

因此，构建一个世界的基调可以采用描述或展示主要人物的主要场景的方式。例如我们耳熟能详的农村题材短视频博主"张同学",他的所有短视频都在开头部分充分展示农村生活场景,奠定内容的基础基调。

你还可以给出人物的主要视角。例如很多自媒体创作者以主观视角带着用户探店、拍摄旅行画面等,给用户以身临其境之感。

你甚至可以用视觉冲击将观众带入你所构建的世界。例如唯美的画面、富有节奏的卡点等,这在短视频中也经常出现。

第九个技巧:陌生化。

陌生化(Ostranenie)是俄罗斯形式主义理论重要的批评术语之一,这个创作手法的基本目的在于利用人们熟悉的事物呈现出人们不熟悉的面貌,以此克服习惯造成的令人窒息的麻木感。

陌生化就是"熟悉"与"不熟悉"之间的冲突。

大家还记得"垫底辣孩"或"陆仙人"这类变装类账号吗?他们都在短视频开头将时尚大片的构建、时尚走秀的准备和呈现放置在了农村场景中,充分利用了用户"熟悉"与"不熟悉"之间的冲突,形成了陌生化,抓住了用户注意力。

第十个技巧:揪出一段。

别让开头阻止了你写作的思路。

如果你实在没有想到什么了不起的开头,那就先顺着思路往下写。当你写完之后,回头重读,就会发现最具有冲突感、最具有提纲挈领作用或者最能够唤起用户共鸣的句子或段落,那么直接把它们揪出来，放置在开头。

在自媒体中，这种方法屡见不鲜，往往也是一种成功概率比较高的开头。

这一节，我介绍了 10 种开头的技巧，几乎涵盖了目前自媒体成功概率比较高的开头形式。

当然还是那句话，别让开头阻止了你的思路。开头虽然叫作"开头"，但往往是内容创作过程中或完成后确定的，以上的 10 个技巧，也完全可以当作你开头设计的对照清单，在创作结束后再来拟定一个更优秀的开头。

结尾：5种结尾营造"峰终效应"

结尾还重要吗？

社交媒体上，用户耐心不足，精神涣散，你可能会悲观地认为，没有多少人真正在乎结尾。

事实上结尾有一个非常重大的使命，那就是达成用户的满足感。这种满足感不仅仅体现在制造愉悦感上，还将带来点赞率的大幅提升；这种满足感还会体现在用户对你的认同上，因而转粉率往往也与一条内容的结尾强关联；这种满足感本身会累积为你的自媒体账号的无形资产，最终帮你做成个人IP。

结尾的这些作用，往往是通过两个心理学机制来完成的。

第一是营造"峰终效应"。"峰终效应"是由心理学家、诺贝尔奖获得者丹尼尔·卡尼曼提出的概念，指的是人们对事件的记忆是好是坏很大程度上取决于峰值和结束状态。也就是说，一个好的内容除了让用户有冲向巅峰的体验，还必须有一个让用户充分满足、感觉到达巅峰的结尾。这也是很多时候，一条内容的互动大部分来自结尾的缘由。

第二是带给用户一种整合内容的时间秩序感。秩序感是人的基本需求之一，一个优秀的结尾可以帮助内容终结，而非处于动态发展的悬浮状态，使用户感到确定。即使是缺乏语境和来龙去脉的切片化内容，也需要一种带有秩序感的戛然而止，这也是结尾需要扮演的角色。

所以，结尾仍然很重要。这个章节，我总结了自媒体内容结尾的 5 种实用技巧，帮你真正做到内容有始有终。

第一种结尾技巧：以需求开始，以解决方案结束。

这个技巧特别适用于知识科普、干货输出类的内容。这类内容开头往往采用摆明用户需求的方式，那么结尾可以对这个需求进行进一步明确，确认你的内容是否满足了用户需求。

将人们忽略的生活常识拍成科普视频而走红的短视频博主"打工仔小张"，几乎所有视频都采用了这种首尾呼应需求的方式，例如在"如何在驿站取快递"的一条视频中，她在结尾处询问用户是否已学会，并表示有问题可以在评论区提问，不仅在结尾进行了需求的确认，还引导用户发出更多评论。

结尾呼应需求，也可以给出建议或者方法。这也是很多知识博主常用的结尾方式：往往在开头提出问题，过程中分析现状或者拆解原因，在结尾处给用户一个忠告、建议或者行动方法，让用户有强烈的获得感。

社会学科普账号"朱虹"，博主是一位教授社会学的大学老师，经常就阶层晋升、职业规划或者家庭布局给出社会学的解读视角，她的短视频都命中社会情绪，常常在开头提出一个目前人们普遍关注的问题，例如"人工智能时代，什么专业更有发展前景"，而在视频结尾，博主会给出建议或者解决方案，不仅使用户获得社会学视角的新知，也获得了解决方案。

第二种结尾技巧：呼应悬念。

假如你的内容以悬念开头，那么你可以在结尾给悬念一个交代。

这种首尾呼应的内容结构也符合我们在"故事原理"那一节中所介绍的经典叙述结构——三幕结构。也就是在开头营造一种不确定性，可以是一个疑问，也可以是一个不确定事件，打破用户的确定感；在内容展开过程中，展示主角通过不断努力，想要回到原有状态，但总有意外发生；最后，不管主角是否成功，在结尾都需要给用户一个关于结局的交代。

在自媒体中，特别是叙事型短视频中，三幕推进法被大量自媒体博主反复印证，也得到了用户的接受和传播，因为这种三幕结构是最稳固、叙事效率最高、带给用户很强满足感和确定性的内容叙事结构。

曾经一度获得广泛关注的一条爆款短视频，就以典型的呼应悬念方式结尾。自媒体账号"一辣一辣"，博主是中央美术学院油画系研究生，她发布了一条"20个美院学生画一个苹果会画成什么样子"的短视频，在短时间内全网播放量超过一亿。视频的开头设置了一个明确的悬念，引发用户好奇，过程记录了美院20个不同专业的学生画苹果使用的工具、材料，作画的过程等；最后在结尾处统一展示了所有作品，满足了用户对不同专业学生的苹果主题作品的好奇心，又呼应了之前埋下的悬念。

第三种结尾技巧：情绪回顾，制造回响。

这类结尾与给出解决方案相对应，更强化情绪化或共鸣式的结束。虽然结尾未能对内容有总结或者事实上的增量，但在情绪上做加法，往往让人印象深刻，引人唏嘘。

要想使结尾达成这种效果，可以重复内容中的高光时刻或者关键对话，拉高内容的情绪浓度。

例如持续产出爆款内容的"毕业十年把高中同班同学做成盲盒"的博主"在下辉子"，他的一系列高赞视频中，有一条独树一帜，内容是他拜访了一位高考不顺利、有些自卑、选择在小城生活的同学，这位同学的故事虽然并不惊心动魄，但是经历挫折后的淡然情绪命中今天一些人的情绪，在视频结尾，博主并没有做什么总结，而是混剪了两人见面时的高光时刻与关键对话，让人回味悠长。

拉高情绪的结尾也可以直抒胸臆，在结尾说出金句。我把这类情绪唤起金句分成三种类型：心理认同型、情感释放型、认知提升型。我们分别来看一下应用这些技巧的博主是怎么做的。

心理认同型金句是试图让用户从心理层面达成认可的金句。

如社科科普短视频博主"丁远"在关于丁克的一条内容中，引用罗素的话结尾："封建守旧的人看到背离传统的行为就大发雷霆，是因为他们对这份传统没有信心，且把这种背离当作是对自己的批评和否定。"这种名人金句大大增加了用户对内容的心理认同。

情感释放型金句则往往是指通过精练的句子将内心的情感表达出来，以达到情绪的宣泄和平衡。

旅行短视频博主"房琪kiki"常在短视频中以释放情感的金句结尾。如在讲述家乡齐齐哈尔的视频中，她以"什么是家乡呢？是能拉着爷爷奶奶的手，踩着秋天落叶的年纪；是每条大街小巷里都有一段青春的回忆；是小时候的想逃离；是长大后的回不去"结尾，释放出对家乡深沉的爱意和怀念。

认知提升型金句，也就是能讲述一个道理，让用户感觉认知得以提升的金句。

知识科普短视频博主"亲爱的安先生"在一个短视频中，以金句"你可以接受想法不尽善尽美的事实从而保持谦卑，但绝不应该为了明哲保身而沉默不语"结尾。这就是使用认知提升型金句讲述了一个道理。

第四种结尾技巧：反转式结尾。

在文学创作上，有"欧·亨利式结尾"这一专有名词，指的是以欧·亨利为代表的短篇小说大师们常常在结尾时突然让人物的心理情境发生出人意料的变化，或使主人公命运突然逆转，出现意想不到的结果，使故事既在意料之外，又在情理之中。

反转式结尾也常常应用在自媒体中，还诞生了一种流行的自媒体类型"反转类视频",包括用语言或者剧情推动内容,在结尾处出人意料,例如演员李雪琴在抖音发布的一些类似脱口秀的小段子;还可以是视觉反转,特别是变装类短视频,以"垫底辣孩""氧化菊""胡有姬"等博主为代表。

在"冲突与悬念"一节中,我介绍过"欧·亨利式结尾"在自媒体中的应用,这种反转会带来强烈的冲突感,使用户感到惊叹。事实上,这种手法需要层层铺垫,一般存在于结尾,才会产生真正的"峰终效应"。

第五种结尾技巧:开放式结局,留有悬念。

曾经风靡一时的美剧《迷失》,在每一集结尾都会设置一个待解的悬念,让追剧用户忍不住去期待下一集。然而六季结束之后,结局并没有很好地解开所有谜团,致使用户的困惑和愤怒在社交媒体上蔓延。《迷失》的编剧在接受采访时说:"我们并不打算填坑。我们只要把最奇特、最不可思议的东西写出来就可以了,其余的事情不归我们管。"

这种"没有结局"的悬念式结尾给《迷失》惹来了麻烦,但在大约10年后,社交媒体上随处可见这种靠悬念持续勾人的自媒体内容。

在自媒体上,悬念式结尾非常适合拆分多集的内容,适合用来前后衔接,引发用户好奇,继而带动后续的观看或播放。

比如财经知识科普短视频账号"小 lin 说",博主非常擅长用悬念式结局串联多期"连载内容",翻看她的账号主页,几乎所有视频都被拆分为数集,每一集都扮演着为下一集"引流"的角色,所以博主常常在结尾处预告下集的主要内容,吸引用户继续观看。

这一节我介绍了五种结尾的类型与技巧示例。假如说开头是你一条自媒体内容的流量入口,是吸引用户看下去的起点,那么优秀的结尾可能是你的内容品牌价值的高点,是用户关注你的理由。

标题与金句：以小搏大，提升内容质感

有一些短句，常常让人印象深刻，广为流传。

它们几乎都有这样两个特点：说出了你的心里话，或者解决了你的一个困惑，所谓有需求；还有一些是让你醍醐灌顶、强烈认同的观点，所谓有共鸣。

这些短句我们会称之为"金句"。在自媒体上，金句也常常是一个内容的标题。

二者在创作技巧上有很多相通之处，所以今天我一并来讲解一些标题与金句在自媒体中的应用技巧。

但是必须强调一下，因为"目标"和"功能"的差异，标题又不等于金句，我也会拆解一下它们的差异。

一、标题

我们先来说说标题。

标题在自媒体内容中扮演着门面的角色。在"理解平台"那一

节中，我讲解了因为大多数社交媒体平台的推送机制，让标题成为用户决定是否浏览或者转发内容的流量入口，所以标题的重要性再怎么强调也不过分。

这里给出一个标题金线，作为你对照反观标题的标尺，凡在金线外的，均不适合作为自媒体内容的标题。**金线的一端是激发用户的好奇心，另一端是筛选目标用户**。这两端的连接，构成了标题的核心作用：吸引并筛选出那些你希望与之产生交流的用户群体。

有了这条金线作为参考，创作者在撰写标题时需要避免两种极端情况。如果标题无法激发用户的好奇心，那么用户很可能对内容视而不见，直接忽略，这将导致内容失去展示的机会。如果标题无法有效筛选目标用户，而是吸引了大量非目标群体的泛流量，那么即使这些流量带来了点击，也难以转化为进一步的用户行为，如点赞、评论或转发，这不仅会导致内容被推荐机制判定为低质，不利于内容的持续传播，从长远来看，这些非目标用户对商业价值的贡献也非常有限。

如何在金线范围内创作引人入胜的标题呢？这里我们直接进入实操，来了解一下三种标题类型和标题制作的一系列技巧。

1. 实用性标题

实用性标题开宗明义，就是奔着痛点和问题来的，看见这种标题你就知道这内容是干吗的，当你有类似问题或者想了解某个知识点的时候，大概率会点开内容。

要想体现标题的实用感，你可以采用如下七个技巧。这些技巧中举的例子都来自小红书万赞以上的标题：

· 明确体现问题和解决方案

一个好的实用性标题，可以清晰简明地指出问题，并提供解决方案。例如这两个标题：

被同事冒犯，一个回复思路帮你回击

减缓焦虑，减轻压力，几个方法亲测有效

· 具体

你可以在实用解决方案中，通过增添数字、具体的细节，以增加用户的确定感，明确标题的有用性。例如这两个标题：

9部纪录片，提升财富思维，30岁前n刷

91年，33岁，单身，我现在只在乎3件事

· 给出结果

这个技巧的重点不在于解决方案，而在于带来的效果。但是需要避免"标题党"，也就是避免方法与结果不匹配，例如暴风成长、人生逆袭等夸大化的描述，短期内可能博人眼球，但长期只会令用户厌弃。可以参考这几个标题：

掉55斤分享，早知道早瘦的能量心法

语文从90分到高考141分，文言文满分的2个技巧

· 体现"权威"，展示你为解决问题所付出的努力

展示创作者的努力可以增加用户对内容的信任，比如这两个标题：

去年试用了500多款产品，这10款更能提升幸福感

百人票选选出，这些平价国货水乳，闭眼入

·点明目标用户，呈现反馈与好评

展示目标用户的正面反馈可以增强标题的说服力，比如这两个标题：

干货！艺术生都在看的 4 个 App，高效提升审美

学霸们都在用的学习文具推荐，看完先收藏

·唤起缺失感

这是利用了用户的损失厌恶心理，也就是很多人在面对风险时并不追求收益，反而希望避免风险。不过这种类型的标题需要避免"恐吓用户"，引发反感。可以参考这个标题：

开肩开错！小心肩峰撞击综合征！肩脱臼！

·名人背书

还有一种做法是将目标用户耳熟能详的名人植入，唤起用户的信任感。比如说这样的标题：

敢不敢用 1 年时间，读完余华反复推荐的经典

开学啦！清华 @ 你查收新学期宝藏书单～

2. 悬念型标题

在"冲突与悬念"一节中，我们专门讨论了如何在内容中设置冲突与悬念，激发用户的好奇心，推动他们持续关注和观看内容。在标题中应用冲突与悬念，原理也类似，只不过对信息浓缩的要求更高，这里我帮你总结了 7 个方法：

· 将情节置于标题中

"国王死了,后来王后也死了"这个句子过于平铺直叙,缺乏悬念。但是,如果改成"国王死了,王后死于心碎",这句话就暗含了情节,后面可能出现反转,用户就愿意继续了解下去。

这就是通过在标题中植入情节暗示可能会有的情感转折,来吸引用户的注意力并推动他们深入了解内容。这种标题模式能够创造出一种期待感,让用户渴望知道背后的故事。

视频公众号品牌"一条"就特别喜爱使用这种植入了情节和悬念的标题,随便翻阅"一条"公众号列表,随处可见这种类型,例如:"他是林青霞男神,77岁活得更自在了""高考过后,他们3小时进账过亿"。这类标题非常适合人文叙事性内容,将叙事中的悬念与主要冲突放置在标题中,而谜底藏在内容里。

· 用问题带动内容

提出一个目标用户关注且引人入胜的问题,可以激发读者的好奇心和求知欲。

例如人文自媒体"看理想"的这个标题:"从娇妻到捞女,被攻击的为何总是女性?"这个问题直击"看理想"大多数具有女性主义思维的用户的痛点,吸引他们点击阅读文章。

· 将用户熟悉的事物"陌生化"

"陌生化"(Ostranenie)一词源自俄罗斯形式主义理论,指的是通过将人们熟悉的事物以一种不熟悉的方式呈现出来,来打破因习惯而产生的麻木感,激发新的感受和思考。在自媒体标题技巧里,陌生化是一种相当好用的激发用户好奇心的技巧。

以解读金庸小说的公众号"六神磊磊读金庸"为例，有一个标题是："金庸什么都知道：陈近南的大业，就毁于一把 U 型锁"。金庸、陈近南、U 型锁，是不是你都感觉挺熟悉？但是它们放在一起就显得非常陌生。这条内容利用这种陌生化的重组技巧让用户情不自禁点进去一探究竟。

· **透露关键信息**

自媒体标题中，透露关键信息是一种需要精心拿捏的技巧，这种方法的关键实际上在于"分寸"：它要求我们在标题中找到恰当的平衡点，既不完全揭露所有信息，也不完全隐藏，而是适度地透露一些关键要点，创造一种张力，引发用户对那些你没有透露的信息的好奇。

像"三联生活周刊"公众号的这个标题："豆瓣9.0，今年最下饭的动画为何是它？"这种标题已经成为一种范式，即给出最吸引人的要点，例如豆瓣9.0、最下饭、动画，但是将谜底藏在内容中，需要用户点击查看。

· **利用热议话题给出特殊角度**

利用热议话题就是我们常说的"蹭热点"，在自媒体标题里，利用热议话题来吸引用户注意力也是一种高效的策略。当然，应用热点的关键，在于如何将其转化为与自身人格设定和内容方向相匹配的独特视角。

这个转换的过程也成为标题的来源，既与热点相关，在热度较高时引发人们点击的热情，也体现出差异化，带来新奇感。例如艺术科普视频账号"吕宸"的这个标题："艺术史里的细～～～～～狗？"这个标题巧妙地将当时的网络热词"细狗"与艺术史这一专业领域相结合，找到了一个特殊的角度。这种结合不仅利用了热点的热度来吸引用户点击，也通过博主对话题的独特解读，展现了个性化的内容创作。

· 否定式悬念

不知道你是否还记得电影《搏击俱乐部》中不断重复的一句台词："搏击俱乐部的第一个规则：禁止谈论搏击俱乐部。"这句话能流传的原因之一就是使用了"否定式悬念"的修辞技巧。

在自媒体标题中，否定式悬念可以通过否定某一常规观念或情境，来激发用户对另一种可能性的好奇和想象。这种技巧往往能够引起用户的注意，因为它打破了人们的预期，从而创造出悬念。

比如说女性成长博主"丑穷女孩陈浪浪"的这个标题："情绪稳定的对象，最可怕！"这个标题否定了我们通常认为的情绪稳定是正面特质的常规看法，暗示这种表面上的稳定可能掩盖了更深层次的问题或危险，从而激发用户想要了解背后真相的欲望。

· 无厘头标题

在社交媒体平台上，使用无厘头标题是一种大胆而富有创意的策略，他们将标题视为一场行为艺术，通过使用看似毫不相关的拟声词或语句，激发用户深层次的好奇心。它打破了传统标题的常规，以一种出人意料的方式吸引用户的注意力。

"支付宝"的公众号和"GQ 实验室"的公众号，特别擅长使用这类标题。比如"GQ 实验室"的这个标题："啊？啥？不是吧？？？？？？？"这个标题创造了一种强烈的情感反应，激起了用户的好奇心。再比如"支付宝"公众号的这个标题:"如图",还配了一张语焉不详的图片,简单甚至简陋,无厘头感拉满。

无厘头标题的使用需要谨慎。它更适合已经建立了一定人设和拥有稳定用户群体的创作者。对于新晋创作者或尚未建立稳定用户基础的账号来说,使用这类标题可能会显得过于随意,甚至可能陷入自嗨的境地,导致用户无法理解其真正意图。

3. 共鸣型标题

共鸣型标题通过唤起用户的强烈情绪,建立起作者与用户之间的情感联系。尽管许多人认为情绪是流动和不可捉摸的,但实际上,唤起情绪的共鸣是可以通过一些具体技巧来实现的。

我们把情绪拆分为内在情感与外在感官体验两个层面,这样你就可以分别去调动用户的感知来起标题了。

内在情感用我们耳熟能详的"喜怒哀乐"可以概括,它们又可以衍生出更多相似情感。像福楼拜跟莫泊桑谈到作家的任务时说的那样,我们可以体会一下唤起情感的几种类型。

公众由无数的群体组成,他们都向我们呼喊着:

安慰我。

娱乐我。

让我伤心。

让我同情。

让我做梦。

让我大笑。

让我战栗。

让我哭泣。

让我思考。

要唤起用户的内在情感，关键并不在于情感的类型，而是情感表达的来源。

· 从你个人中来

你可以通过**回忆自我**打动用户，**选择**自己人生中一些**重要时刻或重要瞬间**，聚焦情绪焦点，真诚表达感受，通过这种尖锐的个人体验去碰撞用户的情感。

例如"新世相"的一个公众号标题："没人能伤害我，因为我是废物，嘻嘻"。这个标题以一种自嘲而幽默的方式表达了一种私人感受：自嘲为废物，坦承不得不自我接纳和面对生活挑战的心态，这种表达方式虽然非常个人化，但与"新世相"比较敏感多思的大多数用户发生了共振。

· 从群体中来

也就是浓缩总结目标用户的普遍情感，瞄准共鸣点来起标题。这种策略通过挖掘和反映一个群体共同关心的问题、共有的时代回忆以及共有的情感，来唤起情绪。

例如，"三联生活实验室"的一个公众号标题："这届离婚的年轻人，为什么比结婚的还高兴？"这个标题触及了当代年轻人对于婚姻态度的转变，击中了他们不愿结婚、享受独身的心理，从而引起共鸣。

- **"五感唤起"法**

共鸣型标题还可以从触发用户感官体验上来做文章，也就是**"五感唤起"法**。

小说《搏击俱乐部》原著的作者恰克·帕拉尼克在《谈写作》一书中提到："我们的身体知道我们的大脑所不知道的事情。我们可能会忘记曾经见过的人和事，但我们或许会记得当时闻到的气味，身体感到的刺骨寒冷。"唤起共鸣的一个"讨巧"的方式，就是指向唤起用户的身体记忆。

比如视觉唤起。

"GQ实验室"曾经发布过一条刷屏内容，标题为"红了！"，内容是关于审美在日常生活中带给我们的小触动，比如"美是狭长火车车厢里对视的眼神"，内容都用红色来呈现。从标题直击用户的视觉体验，到内容持续表达用户熟悉的日常感悟，整条内容每一个环节都直击用户的情绪。

嗅觉唤起。

例如，一位小红书博主在推荐香水时使用了这个标题："这位姐妹！我要谢谢你！寺庙里烧香的味道……"这个标题通过提及"寺庙里烧香的味道"，迅速唤起了人们对特定场景的嗅觉记忆，同时也激发了用户对这款香水可能带来的相似体验的好奇。

触觉唤起。

例如，一位小红书博主在形容护肤感受时使用了这个标题："舒芙蕾云朵般柔软触感居然在这儿"。这个标题巧妙地将舒芙蕾柔软的触感比喻为云朵，激发了用户对产品触感的好奇和期待。

听觉唤起。

可以通过拟声词的使用，或者通过文法和韵脚带来的韵律感，来模拟真实的声音效果，吸引用户注意力。

例如，公众号"企鹅吃喝指南"的标题"大大大大大大大大大型捡漏现场"，通过重复的"大"字，不仅形成了强烈的视觉冲击，也模拟了一种节奏感，让读者仿佛听到了一种连续而有力的声响，增强了标题的吸引力。

味觉唤起。

与嗅觉唤起相仿，可以通过通感手法，将其他感官体验与味觉相结合，创造出更加丰富和立体的感受。小红书上形容美食的标题，你可以看到"香到颤抖""味蕾跳跃"这种描述，辅以食物特写封面，让人很难忍住不点开。

二、金句

说完标题，现在让我们将注意力转向金句。

正如本节开头所述，金句与标题的写作技巧之间存在着紧密联系。用于创作引人注目的标题的许多技巧，同样可以用来创作令人难忘的金句。然而，与标题作为"流量入口"的功能性角色不同，金句提供了更多的自由发挥空间，它们可以巧妙地散布在内容中，**充当引发用户点赞、转发或评论的刺点**，甚至当你在内容中有意无意说出一个金句后，很多用户从中摘取，**变成评论或者转发的"引子"**。

1. 并置打造金句

针对金句，这里我只增补一个实用写作技巧：并置。

并置，就是通过将看似毫无关联的事物并列描述，形成强烈的感官效果，给用户留下深刻的印象。并置也是利用了之前提及的"陌生化"，相比于标题可以简单罗列并置元素，金句更讲求两种事物内在的联系。

很多文学大师是运用并置的高手，他们巧妙地捕捉到了不同事物之间在视觉、行动或情感上的相似性，构建了令人难忘的意象。

例如弗吉尼亚·伍尔芙在《到灯塔去》中写道："门的舌头缓缓伸展进锁里。"这里，通过将门插与舌头的行动并置，形成了一种生动的动态感。莎士比亚在作品中将"可怜人的权利挂在法律上"比作"鱼挂在网上"，这一并置突出了普通人面对法律时的无力感。

2. 并置的两大要素

通过这些例子，我们能总结出并置主要有两大原则。

第一是将大相径庭、超出用户预期的两种事物并置，创作者需要敢于打破常规，逆直觉而行。

第二是需要找到其中的相关性，这种相关性可以是基于五感的体验，也可以是更深层次的理解与意义上的联系，使人感到意料之外、情理之中。

你可以尝试运用这两个原则，围绕你的内容主题合理并置，可能得到不少金句。

这一节我们更接近"写作"本身，讲的是自媒体精短句子的写作技巧，一个是标题，一个是金句。实际上，并没有一种放之四海而皆准的写作风格，无论是极简派还是华丽派，每种风格都有其独特之处和受众群体。这里提到的技巧，希望能为你的创作工具箱增添一点新的家伙事儿，你也可以保留自己独特的声音和风格，考虑目标用户的语言习惯，灵活取用。

测试与修改：为内容开出"诊断处方"

对一个创作者来说，任何内容最好的状态都不是一挥而就的，修改是常态。

自媒体创作除了修改，还可以测试，因为内容不再是单向度的，用户互动与数据反馈可以帮助你验证内容的假设，并通过不断纠偏和迭代，找到你的目标用户。

也就是说，在自媒体内容创作中，测试和修改会帮助你生产出越来越受欢迎的内容，并让它们越来越精准和广泛地抵达用户。

但我们在实操中常常会遇到两个问题，一个是你不了解修改的原理与技巧，不知如何下手，导致"改无可改"；一个是搞不清楚数据指标的含义，测试与数据分析方法缺失，让你陷入"虚假测试"当中，并不能将数据与用户的反馈转化为有效的内容迭代经验。

本节内容，我将为你总结修改和测试的原理与方法，帮助你对内容进行自我修正，完成内容迭代。

一、创作的 3 种状态

要找到有效的修改方法，我们首先需要进入有效修改状态。英国演员和编剧大卫·布拉德利曾总结，我们在不同的创作阶段，大脑会处于孩童、成人、家长三种不同的模式。

处于孩童模式的创作阶段，特点就是天马行空、随意想象。在此我们可以想象孩童玩彩泥或者玩沙子的场面，他们会坐在彩泥台子边上，用不同的模具把彩泥做成各种形态，城堡、鱼虾、小汽车……然后随机地、毫无预兆地把彩泥捏变形，这些动作循环往复。总之，你也不知道他最终会做出什么东西，也许他就是随便做做看。

这就是**孩童模式的状态：愉快地尝试，不做评价**。

通常我们处在第一稿的创作阶段时，就应该这样，尽可能地去尝试，看看自己能做出什么内容，或者有什么奇思妙想。这个过程中一定有混乱的时刻，但是请不要担心，要学会欣赏这混乱，先完成创作，并不对自己的内容做任何评价。你可以把这视作一个试错的过程，成品一定不是完成品，而是一个试错产品。

当你差不多完成了一个试错产品，就需要切换进入另一种人脑模式——**成人模式**。这种模式的**特点是理智思考、聚焦问题**。

处于成人模式中的你，需要进入自我审视的状态，针对内容提出问题并列出解决方案。比如：主题符合人设与用户预期吗？开头吸引人吗？中间状态有悬念冲突吗？是否具有独特的"口音"和风格？

处在成人模式的修改状态里，一定没有孩童模式那么有趣，但如果没有这样的修改，你就无法完成一个持续进步的内容。

在完成成人模式的自我审视后，你还需要继续开启**家长模式，去给作品"挑毛病"**。这时，你可以试着去想想家长平时是怎么唠叨你的：东西又乱扔，房间不整洁，上班怎么穿成这个样子，乱花钱不会过日子……总之，处处都是缺点。这种指责，有的是来自家长对孩子的关切和责任感，而这也是创作者要倾注在自己作品里的感情。我们在对内容进行最后一程的修改时，就必须有这种"挑毛病"的心态。

你也可以试着这般对待自己的内容：这段让人看不懂，写得太复杂了！这段节奏不对，用户要跑掉了！没有更好的冲突与悬念了吗？这写得也太平淡了……也就是说，你要学着转换视角，站在一个严苛的家长的角度，给自己挑毛病。

这三种模式在不同的创作阶段会产生不同的作用。我们在实操中，要在特定的创作阶段，使用合适的人脑模式。比如创作阶段，尽量不要受到现实的干扰，去发挥自己的想象力和创造力。在自我修正的阶段，千万不要受家长模式的干扰，你要屏蔽一切批评，专注你的内容，因为过早出现的批评声会让你丧失斗志。但到了最后，就一定要给自己挑挑毛病。

理解了人脑三种创作模式的原理，你就可以调整自己的状态来应对不同的阶段了。

二、自媒体内容的 7 个修改维度

接下来，你可以开始审视你的内容了，我帮你总结了自媒体内容需要关注的七个修改维度。

第一个维度是回到开头。

自媒体内容的开头扮演着流量入口的角色，意义重大。所以，当你完成一个内容后，应该把修改的重心先放到开头部分。这里总结出了一个开头需要解决的关键问题清单，你可以借助这个清单，有针对性地修改开头。

清单中的关键问题包括：

这是真正的开头，还是在预热？

你要给用户呈现什么样的世界或什么观点？

你的内容主题是否明确？内容基调是怎样的？

你的主人公是否已经明确出场并展示出核心冲突？

这个开头有什么筹码，可以吸引用户继续看下去？

你可以用这些问题自检，如果所有问题的回答都是否定的或者不确定的，那么这个开头就一定要推翻重写。如果只是部分不太好，就做一点局部优化。

第二个维度是审视主旨。

在文学创作理论中，主旨被叫作"隐形磁河"。内容的主旨往往是隐形的，同时，主旨内容又是带有磁力的，主旨让你的用词、场景、对话等都汇聚在一起，也就是说任何无法被纳入主旨的表达都是多余的。

你在修改的过程中，一定要注意内容表述是否和主旨内容相关，是否有助于产生你想要的情感流向，如果是否定的，相关内容就要被舍弃，或者重写。

你可以通过这些关键问题来完成对主旨的审视：

我要讲这个内容的根源是什么？

我的主题用一句话概括是什么？

内容暗藏的情绪是什么？

如果有人物关系，我深化人物关系了吗？

用户会关心这部分吗？

我营造的氛围对吗？

核心主旨是否具备审美情感和意义？

第三个维度是结构。

一个内容的结构在你完成那一刻就出现了，但可以自由组合、挪移。

对结构的审视与修改有两个标准，要看它是否可以支撑整体内容完整准确，是否可以推进用户不断看下去。

在实操中，你可以针对如下关键问题进行修改：

结构的设计有没有与主旨和内容冲突，或者导致遗漏？

你认为最优质的部分，是否可以挪到开头或内容前半部分？

结构节点是否做了强化，帮助用户理解这个"骨架"？

在结构上做一个乾坤大挪移试试看？

第四个维度是场景。

在"场景"那一节，我介绍了场景的七个要素和自媒体中屡试不爽的三类场景组合方式，结合这一节的原理，你可以调动自己的感受力去体验一下你已经设置的场景。

你可以询问自己：

行动场景，也就是表现人物的动作以及行动驱动力的部分，具备冲突和目标吗？

反应场景，也就是表现人物之间反应的部分，是否具有充沛的情感？

铺陈场景，也就是展示环境与地点、服装、化妆、道具的部分，是否信息密集，给内容提供了增量？

第五个维度是对话修改。

很多自媒体内容，如访谈类、剧情类、一人分饰几个角色讲故事等，都需要用对话去推进。虽然有些特定访谈类内容中的对话几乎是实时发生的，修改的可能性不大，但仍可以通过后期剪辑进行调整。

调整过程中，我们要秉承这样的信念：好的对话一定要围绕主旨和主要情感传达，甚至可以推进节奏，制造一些悬念和紧张感。

你需要解决如下关键问题：

这段对话是在主线上，还是冗余啰唆的？

这段对话能够改成动作或画面吗？如果可以，或许不需要对话？

这段对话能推动情节、制造悬念吗？

第六个维度是视角、口音和风格。

一个内容的视角需要在开头部分就确认好，过程中如果有视角转换，则需要确定转换得是否合理、流畅。口音则是发自你心，且符合目标用户语言习惯的表达方式，贯穿全篇。而风格，是整个内容口音的传达、画面的展示和人设的表现所共同确定的东西，需要在每一个细节上下功夫。

这部分的修改，你需要进入"用户视角"，完全把自己当成用户，体验完整内容，一遍遍打磨，甚至可以邀请真实的用户来共同参与，并解决如下关键问题：

整体有任何不自然、不舒服的地方吗？

内容的对话感和距离感得当吗？有没有离用户过远？

目标用户都听得懂内容中的名词与故事吗？

节奏、音乐、音效合适吗？

第七个维度是结尾。

结尾要为讲述的内容画上休止符，需要做到两件事情：一是呼应开头，二是处理好中间部分透露的线索，达成用户期待。

在自媒体中，我们也可以常常利用"峰终效应"，也就是在结尾时，让用户感到惊叹，达成印象深刻的用户感受，激发用户后续的行动。

因此在修改结尾时，我们需要解决的关键问题主要有：

是否还有没处理好或者遗漏的线索？

用户会有共鸣吗？

这是一个让人 WOW 的结尾吗？

这七个维度作为自查清单，供你在修改内容时使用，而每一个部分修改的方法，都对应了本书的一个内容原理章节，你可以回过头再查阅。

接下来我们来讲一下测试。

三、自媒体内容的测试方法

测试是自媒体时代修改的新工具，它让修改变得更容易、更大量，也更直接快速，以完成内容迭代或者用户调整。

也就是说，测试关乎修改的方向，对修改有指导性的作用。为帮助你完成有效测试，我为你总结了三种测试方法。

第一种方法是多平台测试。

在"理解平台"章节中，我介绍过不同社交媒体平台的特征，它们遵从着相似的原理，但也有各自的特征，这带来一个便利：某些平台发布内容成本较低，适合对内容主题进行小规模测试，我们可以根据测试结果，决定是否继续制作成本较高的内容。比如通过朋友圈做主题测试，来遴选选题等；通过小红书的图文内容做内容测试，来决定是否投入短视频拍摄。

在进行多平台测试时，我们需要注意的是：虽然平台不同，但测试针对的目标用户需要保持相对一致，否则测试结果将失真，测试的数据也会缺乏参考意义；不同平台测试后，需要关注用户互动指标，更重要的是用户的评论，评论中往往藏着你优化迭代的方向和用户对这个内容真正的兴趣点。

第二种方法是 AB 测试。

AB 测试是互联网产品经理与运营人员的惯常手法，或者将同一设计与产品面向不同分组人群进行测试，来观察不同人群对同一产品的反馈；或者使用不同产品面向同一人群测试，来观察这一人群对不同产品的反馈。

在自媒体中，也可以借用 AB 测试来优化内容。比较常见的情况是针对同一人群，投放 AB 两个不同的内容。

它可以用于内容形态测试。也就是同一主题，面向相似人群，以不同角度呈现，并根据内容的阅读数或者播放量、互动量、完播率与用户画像，来决定最受用户欢迎的选题呈现方式。例如同样讲人工智能时代该如何提升职场能力的内容，一个采用口播形式，一个采用双人对话形式，来看这类选题的不同表现方式的数据差异。

AB 测试也可以测试你的自媒体内容的"包装"，也就是同一个主题，封面、标题、其他辅助要素如标签或导言等，如何设计才可以达到数据最优。

例如发布一条内容后，通过观测一段时间范围内的数据，修订封面和标题，并继续观测修订结果，以选取最优的方案，获取最优的流量。

第三种方法是社群测试。

这种测试方法需要一个先决条件，即你拥有可配合测试的社群，在发布前进行投票，作为样本收集和决策依据。而且，这个社群的人群样本足够大，至少两位数。假若只有三两个人，那么这不叫测试，而是一种"征询"，不具备数据依据和样本价值。

在自媒体中，测试归根到底只是一种手段和路径，而不是我们要达成的目标，测试后的行动更重要，不断复盘与迭代才能让内容达成最优结果。

一个自媒体内容的测试结果，往往会出现以下几种情况：

第一，直接出爆款，内容和用户都是理想状态，皆大欢喜。此时你可以在复盘内容爆点后，复制爆款背后的内容原理、形式或选题，转换视角再发布。

第二，目标用户精准，内容出现问题。也就是说目标用户画像，包括用户来源、年龄与地点、机型等都符合预期与设定，评论区用户的评论也表现出目标用户的特征，但你的内容指标，包括点阅量、互动量、完读率或完播率等数据较差，此时你需要针对数据反馈和用户反馈，有针对性地分析问题，调整内容。

第三，内容不错，目标用户出现偏差。这是由推荐算法带来的常见现象，虽然你在创作时面向目标用户对话，但在实际中却切中了另一部分人群的兴趣与情感，推荐算法顺水推舟，将内容推送给了你的非目标人群。

这会导致你的用户画像偏离预期，但内容依旧收获了较好的数据。这时，你需要重新回到账号的人设与定位这个问题，想清楚你是想要坚守原本的定位，还是顺势调整目标用户，重整模式，修订一系列的选题方向，然后去做决策。这也正是测试的意义所在。

总之，在自媒体运营中，对作品进行测试既是在测试内容，也是在测试用户，是自媒体内容创作反复要做的事。甚至可以说，你发布的每一条内容，都是对下一条内容的测试。

互动：用"沟通心理学"提升互动效果

互动才是媒体的本质。

北京大学新闻与传播学院教授胡泳曾经讲解过媒体发展史，其中互动在历史中发挥着引导媒体走向的关键作用：

起初信息的传播以互动为核心，也就是信息的发布者与接收者可以直接交流并在同一时空完成交互，例如在咖啡馆或茶馆进行信息发布；印刷术带来的传统媒体行业反而是媒体的"退步"，因为它将发布者与接收者进行了物理隔离，互动是不及时的甚至是切断的；社交媒体，也就是我们说的自媒体的诞生，是一种媒体形态的"回归"，发布工具和传播方式的变革，使发布者与接收者又回到了同一时空，可以用互动来进行内容的直接反馈。

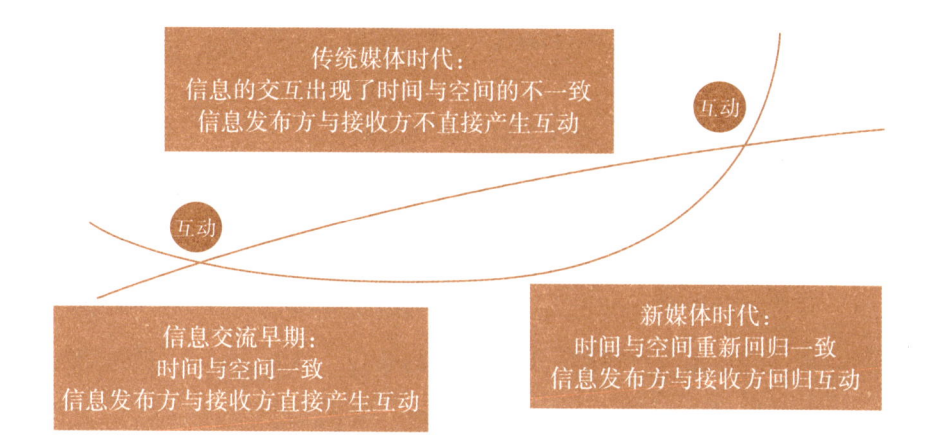

```
┌─────────────────────────────────┐
│  传统媒体时代：                 │
│  信息的交互出现了时间与空间的不一致  │      互动
│  信息发布方与接收方不直接产生互动    │
└─────────────────────────────────┘

        互动

┌───────────────────────┐     ┌───────────────────────┐
│  信息交流早期：        │     │  新媒体时代：          │
│  时间与空间一致        │     │  时间与空间重新回归一致  │
│  信息发布方与接收方直接产生互动 │ │  信息发布方与接收方回归互动 │
└───────────────────────┘     └───────────────────────┘
```

互动是媒体发展的拐点

但是，互动作为自媒体内容创作者的生命线，也衍生了互动焦虑和为了互动而诞生的"奇技淫巧"。

因为互动来自海量的用户，有时候因为你无法预知和掌控用户的行为而感到失控；同时，互动指标又是算法识别用户行为的关键指标，作为推荐或惩戒内容的标准，互动好像掌握了流量的生杀予夺大权。

今天这一节，我们就来一起了解一些互动背后的沟通心理学机制，它们有别于"蒙骗算法"的互动提升术，更接近"交流的本质"。就如同媒体发展史的开端一样，信息传播的本质在于交流与反馈，而你需要了解的正是基于人的沟通技巧与心理学机制；这种互动提升路径本质上也更"算法友好"，首先它与算法背后的平台规则是一致的，也就是能更好地进行信息的交互，同时也不会随着算法更迭而过时。

一、互动背后的 6 种动机

我们先来看看用户为什么会与你的自媒体内容产生互动。

这个世界上的每一种行为背后都有其原因，用户与我们的内容产生互动，其背后一定是受到某种动机驱使。我为你总结了 6 种动机，有些指向单个互动行为，有些指向多个互动行为。了解这些动机，再结合后面我所讲到的提高互动的技巧，你就会有更深刻的理解，也能更好地利用这些知识。

第一种动机是共鸣。当用户认为你的内容讲到他心坎里，描述了本真的状态时，就很容易与你产生亲近感，可能会为你点赞，也有可能在评论区留下自己的故事。

第二种动机是猎奇。当你讲出了用户闻所未闻的故事时，出于猎奇之心，用户会点赞或评论。

第三种动机是有用。有用很好理解，当你的内容对用户有价值，或者用户感到它有价值时，他们自然就会点赞或收藏。

第四种动机是认同。当你作为一个嘴替，讲出了用户想说的话时，他自然也会为你点赞。

第五种动机是享受。无论是美好的画面，还是优美的文案，让用户感受到美，用户都有可能点赞或评论。

第六种动机是自我表现。当你发表了某种观点或者讲述了某方面知识时，用户可能在评论区与博主辩论、为博主补充；或者当你暴露了某些缺陷时，用户也会主动在评论区指出，这些都是他们的一种自我表现。

在了解了用户的互动动机后，你就有了与用户沟通的心理觉知，可以有意识地在内容中预埋互动点。

二、4种用户互动行为

接下来我分别从点赞、评论、转发和收藏这几个互动行为出发，讲讲有哪些方法可以充分调用用户的这些动机，引导他们与内容产生互动。

1. 点赞

点赞这种用户行为，可以来自之前提及的6种行为动机，这里再帮你总结几个让用户点赞的实用技巧，它们特别能让用户感到赞同。

第一个是在内容中强化实用价值，以及你"利他"的驱动力和分享欲。

我们在分享一些干货内容时，虽然内容本身具备"利他"价值，也就是可以帮助他人解决问题或增长见识，但倘若分享的姿态冷冰冰，就很容易使用户产生"人机交互"的感受，用户可能会收藏内容，但无法激起更深层的赞同。在干货内容分享中，显性或隐性地透露出你希望帮助他人的驱动力和分享欲望，利于引发赞同。

我们看一下2022年曾经成为一种自媒体现象的博主"打工仔小张"，她的内容几乎全部都是围绕着帮助用户解决一些切实存在但很少被关注的问题，例如如何办理社保，如何挂号，或者如何乘坐飞机。博主平易近人，娓娓道来，一步一步带着用户向前，透露出她敏锐的观察与帮助他人的情感，同时她的内容引发了热议：某些人习以为常的生活细节，对另一群人来说可能是需要讲解的步骤与流程。博主的内容获得了大量的点赞，有一部分并非因为有用，而是对"打工仔小张"为普罗大众分享生活窍门的赞赏。

第二种引发赞赏的技巧是让用户感到新奇。

用户为新奇特事物或知识点赞的心理机制，更像是一种肌肉反应，人们用点赞来表现内心的惊讶。

所以你会看到很多自媒体爆款内容往往有让人惊讶的场景、离奇的事件，或者不同寻常的风景，但是这种爆款属于偶然之得，如何才能持续创作这种引发用户新奇感的内容？

在此前章节中，"冲突与悬念"一节的内容原理告诉你，通过添加一些对立的矛盾点，或者引发用户好奇的悬念装置，可以使你的内容更容易引发用户的新奇感；"开头"与"结尾"的章节，也有部分技巧能够引发用户的惊讶，这些技巧都可以帮你的内容获得更多点赞。

但是社交媒体平台用户的审美阈值与心理预期不断拉高，持续制造惊奇感，并不是一个可持续的内容策略。

这就来到**第三种可以唤起赞同的技巧，也是更持久的一种做法：引发美好联想。**

美好联想可以是浅层次的感受，例如优美的风景、抓耳的音乐、具有生命活力的人物等。在自媒体内容比较稀缺的早期，用户会为这样浅层的美感点赞，但用户越来越见多识广，单一的美好切片不再奏效。

此时需要你了解美好的深层次感受，例如让人怀念青春、向往远方、对世界充满希望等。

这里可以用到的技巧，建议你回顾前文，例如在"人物"这一章节，我介绍了14种命中人们潜意识的人物原型，他们都具备唤起人们向往之情的一面；也可以参照"故事原理"这一章节，8个故事母题，包括寻找自我的"金羊毛"、完成心愿的"愿望成真"、战胜自我的"陷入困境"、描述成长阵痛的"人生变迁"、讲述与朋友的故事的"伙伴情谊"、展现反差的"傻瓜获胜"、塑造强大形象的"超级英雄"、发现人生百态的"推理调查"，也都与唤起人们的美好联想、产生赞赏的欲望有关。

最后一种格外容易获得点赞的，是共鸣感强的内容。

共鸣往往不是一种浅层的感官刺激，而是深层次的感受，包括想到自己、产生联想、进入思考等。

实际上在"意义"这一章节中，我们了解到，意义是一种审美情感，是高度提炼的信息的叠加，是唤起情绪的情感融合的瞬间。正是意义才帮助你的内容从表面的技巧，走到深入人心的位置，其中六种最具有普遍价值的意义，可以让你的内容抵达更多用户，击中人心。

2. 评论

评论这种用户行为，该如何有针对性地提升？

它与点赞不同，并非所有评论都是用户正向情绪的表达。用户的吐槽甚至激烈的反驳辩论等欲望，也会带来评论。

这种多样性为提升评论质量提供了一个开放的空间。我们追求的不仅仅是赞同型评论，那些仅仅用表情包或简单的夸赞来表达的评论，看似积极，实际上并没有提供太多价值。我们更希望用户能够畅所欲言，表达自己真实的看法和感受。

然而，我们也要意识到，某些负面评论可能会对账号的品牌价值产生负面影响。因此，在提升评论质量的过程中，需要找到一个微妙的平衡点，既鼓励用户表达真实的声音，又要避免负面评论对品牌形象的损害。

为了实现这一目标，我来介绍四种引导评论的方法。

第一种，态度鲜明地表达观点。

你的自媒体内容，倘若态度鲜明，极可能会引起一方的赞同，也会引起另一方的反对，这时候很容易在评论区出现大量"二创"，用户们继续进行观点的输出与争论。

比如以观点输出见长的短视频博主"丁远"，就常常使用这种方法。在探讨"穷人该不该生孩子"这个话题的视频中，博主并没有和稀泥，而是鲜明地表达了不赞同的观点，我们可以看到在评论区，用户也为这个话题各执己见。

在使用这个技巧时，很重要的一点是话题的选择，一个有争议性、能够激发人们讨论欲望的话题是这个技巧能否生效的关键。此刻的社交媒体平台，不论是舆论氛围还是推荐算法机制，都不鼓励你做个"讨所有人喜欢的老好人"，旗帜鲜明，既是博主人格和价值观的展示，也是高效吸引和筛选有效用户的手法。

但是切忌为了引战而故意哗众取宠，从长期来看，"不做老好人"不等于"做一个讨人厌的人"，为了流量大放厥词，从来都无法诞生一个有品牌价值和长期商业价值的自媒体账号。

第二种，露出一点破绽。

在内容中，适度地展示一些小瑕疵，故意留一个小的错漏，可以成为一种巧妙的互动策略。这不仅能够激发用户的表现欲望，还能刺激他们参与到内容的讨论中来。

然而，我们在使用这一技巧时，也必须注意分寸。展示小瑕疵的目的是吸引用户互动，而不是损害内容的价值。如果为了展示小瑕疵而触碰到内容领域的常识和底线，那么这样的破绽就不再是吸引用户的手段，而是对内容价值的自我损害。

第三种，埋下金句。

在此前章节"标题与金句"中，我介绍了如何创作出有吸引力的精妙短小的句子。这类金句藏在内容中，往往也会引发用户在评论区重复金句的效果。

知识科普短视频博主"亲爱的安先生"在一条视频中，预埋了"天凉好个秋"作为金句，并在短视频内容中反复重复。后来这位博主自己在分析这个短视频时，也直言，这是他有意为之，期待用户印象深刻，并在评论区复制，后来果然如此。

第四种，留白。

你在内容中进行留白，尤其是那些对用户来说易于参与、发布门槛较低的内容，可以激发用户的参与热情和创造力。一个简单而直接的做法是在内容中提出问题，引导用户思考并给出自己的答案。这种方法能够直接激发用户的参与意愿，让他们感到自己是内容创作的一部分，当然，还有一些更为微妙而有效的留白技巧。

比如读书博主"小嘉啊"，常常以合集的形式来创作内容，当博主给出合集的主题，并围绕主题进行举例分享时，博主会鼓励用户在评论区补充合集，给出更多有趣的阅读体验，用户就会自发地分享自己认为符合主题的内容，这种策略不仅让用户感到自己是内容的一部分，还满足了他们自我展示的心理需求。

3. 转发

接下来，我们来到社交媒体中常见的一种互动行为——转发。

这种行为与"口口相传"的沟通机制相仿，因而你的内容需要具备"社交货币"的价值。所谓"社交货币"，指的是在沟通交流中，信息的传递方通过分享这种信息，能够获得某种形式的回报或认可，从而具备了一定的"交换价值"。

基于这种心理机制，那些具备转发特征的内容往往具有以下三种特质。

第一，说出了用户想说的话。

"简直是嘴替！"当一个刷屏转发的内容出现时，你往往可以看到这样的转发语，这正是因为内容使用户产生了共鸣情绪，并说出了用户想说而未说出来的话。

这也是为什么当社会热点发生时，那些进行热点分析、热点信息补充或者热点跟踪的内容，常常获得更多转发。在社交媒体中，我们还常常看到评论区也有用户互相艾特。没错，评论区的艾特，实际上也是一种转发的形式。用户通过艾特自己的好友，间接地将内容推荐给他们，这种互动形式进一步扩大了内容的影响力。

第二，建立与用户的相关性。

自媒体内容具有强烈的私人感，但是要获得更大范围的传播，也得具备公共性，也就是发自一人，但指向群体。

比如说早年的星座分析，或者最近流行的 MBTI 人格测试，从微博火到朋友圈再火到短视频平台，正是因为它们精准地捕捉到了人们对于"自我认知"的渴望，以及对他人如何看待自己的好奇，同时它们无所不包，建立起与用户的相关性。

第三，内容具备游戏感。

将内容设计得具有互动性和游戏感，是一种能够极大地提升用户的参与度和分享意愿的技巧。这个技巧其实是让我们的内容成为社交货币，激发用户的参与热情，同时增加内容的传播力。

比如"艾特你的朋友来看"或"艾特你的朋友跟你一起拍"这样的互动小招，屡试不爽，其背后的心理机制在于它创造了一种轻松愉快的社交氛围，让用户在参与的过程中感受到乐趣和归属感。

4. 收藏

具备收藏价值的内容，往往只具有一个核心特征：它们是有用的，或者至少给人以有用的感觉。

这种对"获得感"的追求，可以视为社交媒体"安慰剂"。在泛娱乐化的内容海洋中，人们在浏览社交媒体时，往往会感到时间的流逝，用户为了缓解这种因时间消耗而产生的焦虑，会对有用或使人感觉有用的内容产生依赖性，除了使用点赞表达这种情绪外，收藏的动作以及"先保存后查看"的心理感受，帮助用户缓解了焦虑。

分析完了社交媒体中用户常见的互动行为及提升技巧后，最后再来两个小提醒，帮助你在如此多的技巧中准确地筛选出自己最需要的部分。

第一个小提醒：预埋互动点不是面面俱到，而是有所侧重。 在一条内容中，我们很难兼顾所有的互动项，因此在完成内容大纲时，就需要明确我们想要通过这条视频传达怎样的核心价值：是提供新知、解决实际问题，还是激发共鸣或引发讨论？确立了这一点后，我们再审视预设的互动点，确保它们与视频的核心价值相协调，避免出现目标与手段不匹配的情况，比如本意是传递知识，却因设置不当的争议话题而导致重点模糊。

第二个小提醒：了解了互动机制，不等于为了刷互动去做内容，这是本末倒置。 有时候，一些哗众取宠的行为，比如硬蹭流量、恶意讨论争议话题等，固然会带来大量的互动，但这样的互动往往是负面的，且不利于博主个人形象的塑造，自媒体越发需要坚持长期主义，万万不可因为一时的流量而破坏长期的品牌建设。

此外，还有一种隐形的刷互动方式值得警惕，即互动点的简单拼贴。某些行为可能因为算法的青睐而迅速带来互动，但是这种做法需要附着在内容的完整性之上，避免过度依赖技巧而使内容变得支离破碎。

总结一下，在这一章节中，我们了解了互动的两面性：它是衡量内容创作者与受众之间直接交流的指标，是一种信息传播的进步，但因为它也是平台流量分发的考量标准，为了迎合算法，我们有时也容易受到算法的牵引，甚至在不知不觉中被互动所"绑架"。我主要从沟通心理学的角度，帮你总结了互动的机制与提升技巧，但是希望你回归常识，社交媒体中的互动如同现实生活中我们人际沟通的隐喻：要想唤起他人的反馈，你需要提升的是信息的价值，而非仅仅是沟通的技巧。

▶ PART 3
第 3 章

自媒体五大应用场景的本质

3

口播：10个技巧赋予口播视频动力

口播，是短视频自媒体最好的形态，也是最差的形态。

好处显而易见：上手快，拍摄与制作门槛低，是将文本类内容转化为视频的最简易形式，因此仍然占据着短视频自媒体形态的半壁江山。

但要在竞争中胜出难度大。口播的形态过于单一，缺乏更立体的表现空间，博主想要脱颖而出，需要具备独到之处，例如突出鲜明的观点内容、独特的口音、超强的表现力等。

这一节，我将总结十个口播类短视频的技巧，你可以使用其中一个或多个，帮助你在口播短视频中获得不断向前的动力。

第一个技巧：插入有意蕴的故事。

你肯定听过阿拉伯民间故事集《一千零一夜》缘起的故事：一国王因王后与人私通，愤而将二人杀死。从此，他每夜娶一个少女，第二天早晨将其杀死，以此泄愤，一位少女前往王宫，每夜讲故事吸引国王的注意力，讲到精彩处天刚好亮了，国王还想听，那就第二天接着讲……于是少女的故事讲了一千零一夜，终于使国王感悟，拯救了自己和无辜姐妹的生命。《一千零一夜》很可能就是口播的最原始形态了。

善于讲故事和不善于讲故事关乎生死，在口播短视频中也差不多是这样了。

我曾经无意中刷到过两个几乎完全相同的选题，两位口播博主采用了不同的表述方式，效果天差地别。两条内容讲述的都是宋英宗次女宝安公主和北宋画家王诜的故事。第一条内容，博主按照时间顺序，原原本本地口述了历史上的这段爱情故事，没什么大毛病。第二条内容则采用了故事原理中的三幕结构：主人公的平静被打破，接着努力想要突破现状，最终获得爱情，中间还通过还原几个重要场景，例如二人相遇、对皇权的抗争等，来强化冲突，最终讲出了有较高情感浓度甚至映射现实的爱情故事。第一条内容仅有800多点赞，算不上爆款；第二条内容却有了近10万的点赞。

我们有一个章节"故事原理"就是从故事的要素、原理和故事母题几个方面帮你掌握这一古老的创作技巧，口播是应用故事原理成本最低、容量却最高的一种视频形式，建议你重点回顾这一章节。

口播短视频讲故事，当然还需要注意镜头表现力。建议你关注这几个关键因素：你讲故事的姿态是怎样的？也就是你与用户之间的关系，建议重温"用户思维"章节，灵活应用多种用户关系。你是否使用了真诚而又有感染力的口音？也就是你要与受众之间建立一种熟悉的、不令人排斥的交流场域，建议重温"口音"这一章节，找到属于你的独特语言风格。你的故事是不是讲得细节充分、跌宕起伏？"场景"与"冲突与悬念"这两个章节可以帮你有意识地还原必要的细节，设置推进故事不断向前、引人入胜的节点，抓住用户的注意力。

第二个技巧：善用场景。

这里提到的善用场景是指在口播的布景和画面表现层面，通过场景元素的植入，增强口播短视频的立体感，提高信息密度。

在"场景"这一章节中，我介绍过三种非常好用的场景组合：强调动作与行动驱动力的"行动场景"，强调人物关系的"反应场景"，强调地点环境与氛围调性的"铺陈场景"。这三类场景也非常适合用于改造口播环境，让你的口播增添更多的画面信息量。

例如，在行动中口播被很多口播博主认为是提升内容吸引力的小窍门。边走边讲，甚至踹门进入室内再转换为口播画面，或者在口播过程中跳舞、以水浇头等，这些技巧可以看作是卡 bug 式的场景应用技巧，利用了行动场景超强的表现力，使用户漫不经心地刷短视频时猛地被吸引。当然，这种技巧虽然可以获得流量的加持，但是因为拼贴感太重，行动与账号定位或者口播内容缺乏关联，非常容易被复制。

用"反应场景"也可以增强口播内容的表现力。分享社科知识的"丁远"是一个以口播作为基本形式的短视频账号，浏览账号的内容，会发现数据效果明显高一层级的内容，多数都因为在开头植入了一个"反应场景"，也就是博主一人分饰两角，表达截然相反的观点，左右手互搏，增强了内容的冲突感和视频的表现力。

更多口播博主在口播环境上做文章。相比书架旁、窗帘前，具备强烈的环境暗示的场景可以为账号定位增加说服力，也可以让口播更有现场感。例如，几乎所有的知识科普类口播内容都可以放置在教室或者演讲的环境中，以增强博主的权威感与受众的"学习错觉"；母婴类口播博主后景可以设置婴儿床；各种各样的"睡前聊天""夫妻夜话"等可以在卧室场景中口播，等等。这种将博主与内容放置在与主题相关的环境中的做法，就是充分利用了铺陈场景中的暗示性，让口播内容更立体。

第三个技巧：应用冰山理论，制造"潜在内容"。

相比于说了什么，那些没有讲的内容往往更意味深长。

冰山理论来自心理学家弗洛伊德与布罗伊尔合作发表的《歇斯底里症研究》，书中认为很多事物有你"可见的部分"，如水面上的冰山那样，非常具象化且具有确定性，同时也有隐藏在水面之下的"不可见的部分"，这部分往往含有更多的意蕴，充满不确定性，甚至有可能对事物本身起到决定性的作用。

具体到口播视频中，"可见的部分"包含表面的叙述和展示，"不可见的部分"则可以通过留白、停顿或者预先"埋点"，制造一些并没有在实际表述中显现出来的"潜在内容"。它们会让你的内容自带悬念感，不仅可以吸引用户看下去，还会因为带有很强的解释空间而引发大量用户评论。

2024年在社交媒体上出现了一个现象级账号"闪电制片厂"，持续产出刷屏内容。账号形式非常统一：多人对话，点评热点，短小精悍，几十秒一条。这个"类口播"账号有一个隐形的技巧，就是非常善于制造潜在内容，话说一半，但往往用户心领神会，讽刺效果拉满。例如账号置顶短视频"回农村"，双人对话提及混不下去回农村，但是在三言两语之间提到了"房奴当不下去了打算当农民"，这个内容的潜在内容非常丰富，引人遐思。

因为婚恋观念的改变，2024年在社交媒体上还出现了一种内容类型，解读征婚启事中的那些潜台词，例如解读身高、学历或者个人特征描述背后的"真相"和"大坑"，这种内容类型，既带有时代特色，也再次印证了潜在内容的威力。

第四个技巧：调整口吻。

口播时你独自面对镜头，却绝非自言自语，你永远有一个对话对象，那就是用户。你与用户之间的关系，大多逃不过三类角色：家长、成人、孩子。

这里的"家长"是指一个充满权威的角色，可以制定规则，提出要求；"成人"指的是一个心态平衡、情绪稳定、充满理性的角色，他表现出的是"让我们客观看待问题"的态度；而"孩子"则指代情绪化、不理性、自我、爱发牢骚、轻信、天真等只有孩子身上具有的特性。

口播时，你可以调整成这三类角色的口吻来表述你想传达的内容,建立与用户之间的情感关联,增加传输你观点的动力;你甚至还可以在一条口播视频中转换角色,增强冲突感。

比如财经博主"九才小白"就非常擅长使用角色转换,经常在口播视频中一人分饰两角。例如"苹果手机生产线搬印度"这条视频,她先是以孩子的口吻发问:"巴老爷子(巴菲特)发怒了,他说苹果手机生产线搬迁到印度是一个愚蠢的选择,你怎么看?"接着,她身穿较成熟的服装,以家长的口吻专业地回答问题。这个视频用调整口吻的方式,模拟了一个双人对话场景,降低了专业内容的疏离感,增加了口播内容的吸引力。

第五个技巧:砍掉内容中的累赘。

既然选择做口播,那就别说废话。

废话在思维层面,与你的账号定位和目标用户有关。对一群人是常识甚至是废话,而对另一群人却字字珠玑、富有信息差,这是在日常交流中经常出现的情况。这里仍旧建议你回归到账号的"定位""用户""人设",审视每一条口播内容是否都是在面向你的目标用户,说他们需要、有增量信息且能够听懂的话,这既能帮你不断筛选用户,也是口播内容能否在你的预设范围内大规模传播的关键思维。

砍掉累赘的表面技巧,是在撰写短视频脚本时,将起承转合的语言、承上启下的段落,统统删掉。这似乎违背了写文章的原理,却迎合了短视频的特征。当你面向镜头通过视听语言传递信息与观念时,用户因为无法快速浏览或者较少反复观看,实际上给信息拼贴留出了空间，所谓短视频世界更像是"诗歌的世界"，这里并非将诗歌简单化，而是说口播短视频的文本，实际上与诗歌的跳跃性有诸多相似之处。

砍掉了连接用语，在另外一个层面对口播短视频提出了更高的要求：信息密度大。这时候你会发现，一些知识科普口播博主特别善于将密度超大的信息砸向用户，自成一派。代表人物是两位知识科普博主"安森垚（yáo）"和"严伯钧"，他们都采用口播形式解读社科与科学知识，信息密度大，语速快，甚至达到了"让用户反应不过来"的程度。这种干脆利落无赘述的口播形式，有力地抓取了用户注意力。

第六个技巧：说出人们意料之外的话。

有一个笑话最近挺流行，为什么人工智能无法取代人类？因为人类总是出人意料。

在口播中，说出出人意料的话，可以调节叙述节奏，调动用户情绪，让你看起来不像是不停说话的机器人。

一种出人意料是观点层面的。口播短视频帐号"姑的idea"几乎是围绕"出人意料"来定位的。博主"玖姑"善于抓住公共情绪与社交媒体热点，在点评热点的口播内容中，几乎总是站在一般人的认知与观点对面，基本每条内容都出人意料。例如在一条批判"搞对立的网红"的视频内容中，博主提及："即便搞男女对立就能火，我偏不搞，我会diss那帮搞对立的，蹭他们的流量……"表达了博主总与"大多数"对立的观念，本身这些观念也让人觉得出乎意料，不论你是赞同她还是反对她，喜欢她还是讨厌她，你都能不知不觉把她的内容看完。

另外一种做法，就是让口播呈现出一种周星驰电影式的"无厘头感"。

自媒体账号"延边刺客"一度在抖音上蹿红，让很多人大吃一惊表示看不懂：这个账号是两个扮丑的人物面对镜头对话，但是前言不搭后语，将大量不相干的信息拼贴在一起，可能涉及商业前沿、时事政治、国际关系、民生福祉、直播行业的反思与对策，却以"鸡为什么会吃自己同类？因为鸡不择食，自己人吃得放心"这类无厘头的语言来串联，这种语言的轰炸让账号独树一帜。

第七个技巧：把"沉默"表现出来。

"这里的沉默震耳欲聋"，是社交媒体上很流行的一句评论语，讲的就是沉默背后所指代的荒谬或者意味深长之感。

与制造潜在内容不同，这里的沉默是指在口播短视频中，"表现"甚至"表演"出沉默。

在社交媒体上一度流行过一个段子，大概来自短视频账号"我是田姥姥"。以嘴碎为主要人设的"田姥姥"，面对外孙询问，让她说出结婚的好处时，她用尽全力思来想去，最后沉默应对。后来这个形式被许多博主模仿，一度成为一个流行桥段。

在口播中，如果口播博主本人在镜头面前表现出沉默，或者默默离开镜头，会加重口播内容的情绪，增强用户的情感链接。

第八个技巧：发起内部对话，而非内心独白。

这里我们先来搞清楚两个概念。

"内心独白"是潜藏在你内心的思想潜流，当你通过语言、表情或动作来表达内心独白时，你更像是在进行一次自我阐释，是单向度的。而"内部对话"是你将同一时刻的对立想法或者不同时期的不同想法拿出来比对，好像自己跟自己对话，是你内心的两个具有冲突的声音在表达。

这一微妙差异，解释了为什么有一些口播短视频容易陷入"自言自语"，缺乏对象感且反馈寥寥，另一些却可以吸引着用户不断向前，甚至可以引发用户的情感共鸣。

我们来看短视频账号"程前 Jason"，这是财经访谈自媒体"程前朋友圈"的主理人程前的独白口播账号，一般都讲述自己的所思所想，特别是在财经创业方面的思考。他所有的口播几乎都拆分了不同时期的想法，并用"内部对话"的方式来呈现，例如用"之前我是怎么想的，跟采访对象聊完，或者看完某本书之后我又是怎么想的"这种方式表述观点，这种技巧制造了口播中的冲突，通过这种不断否定，带着用户继续浏览视频，直至呈现出他观点最终形成的过程。

第九个技巧：营造对话感。

刚才我反复提到，单人口播如同一个人的独角戏，稍不留意就会陷入自说自话的窘境。营造对话感会让内容更具引发用户互动的活力。曾有一些博主在无意中发现了一种营造对话感的技巧，能将独角戏扩充为多层次的对话形式，这便是回答评论区或私信中的问题。

比如一位面向镜头一边唠嗑一边吃零食的博主"崔米林崔美玲"，博主将回答私信作为主要的口播形式，再辅以类似脱口秀的俏皮话与内容输出，形成一种具有持续流量的口播形式，让账号流量不断增长，甚至成长为一个"零食导购"大号。

在这种看似自问自答的形式中，博主与评论区提问的用户形成一种关系亲密、交互感强的叙事视角；而用户好像正在围观正在发生的冲突与故事。这种视角的叠加改变了口播原本的单一层次，同时也营造出"反应场景"：一个人对另一个人或者观点的反应，一下子将口播的信息密度变大。

第十个技巧：说出无伤大雅的小毛病。

在"定位"一节中，我提及了你可以在立人设的时候给自己设定一个无伤大雅的小毛病，实际上这个技巧在当前的社交媒体上不再是"雕虫小技"，而是一个常识。

社会趋势使然。今天的社交媒体正在对"完美人设"祛魅，真诚、坦率甚至有着明显弱点的博主，正在成为主流。在输出内容时，倘若博主展现一个自己无伤大雅的小毛病，主动暴露缺点，犹如向用户"示弱"，用户接收到这个"示弱"，就会变得更包容，更愿意听你讲话。

这其实源于心理学中"自我暴露"理论：把自己的私人信息展示给他人，或者把有关自我的内层信息传给对方，让别人最大限度地了解自己。"自我暴露"被认为是建立和维持亲密关系的一个重要因素,当你适当"自我暴露"时,就等于把一个"公众表达"变成了一个"私人展示",能够立即拉近与用户之间的距离。

主要做口播的职场短视频博主"丑穷女孩陈浪浪"擅长应用这个技巧。博主在个人主页会主动说出自己的"小毛病"——"三本"进大厂,有学历弱势。她的诸多爆款内容也会围绕自己的"小毛病"展开,例如"长得丑还高调将付出什么代价?我知道",以不令人反感的方式表达长相普通的女孩如何更自信。这个账号的博主是一位年轻的职业女性,她曾经在跟我交流时说,起初做自媒体时也希望呈现自己"完美"的一面,但应者寥寥。当她主动将自己放在较低的位置,不断"自我暴露"时,她的用户越来越多,因为她的账号吸引的绝大多数用户,都更希望看到一个"普通女性也可以通过努力过上美好生活"的故事,而非精英姿态的说教。

在短视频盛行后,我们常常会引用电影行业的一句传统箴言:能展示,就不要讲述(show, don't tell)。但以讲述为主的口播,目前仍然是短视频形式的主流,核心原因除了性价比高、制作成本低外,还因为语言在自媒体内容中仍旧具有不可取代的优势。本节中分享的十个技巧,实际上都是在强化语言的优势:高效地塑造人物、展示冲突、推进叙述。这也是一切内容形态都需要解决的问题。

口播短视频会在很长时间内持续存在,既然你选择了这种竞争白热化的形式,那就在实践中应用这些技巧,全力以赴做到极致。

Vlog：用内容原理重构生活碎片

生活中充满 Vlog 素材，但生活本身不等于 Vlog。

Vlog 作为一种在自媒体平台上广受欢迎的内容形式，一直以来都备受自媒体内容创作者的青睐。相较于剧情、访谈等其他内容形式，Vlog 的创作更为简便，而与口播相比，Vlog 的表现形式则更为丰富和多样，这使它能更有效地吸引短视频用户的注意力，并有利于展现丰富多彩的主题以及塑造立体的人物形象。

在 Vlog 的创作过程中，也存在一些常见的误区。最常见的一种是只要简单地记录下自己的日常生活，就能制作出吸引人的 Vlog，但最终神散形也散。

这一节我就针对看似形散实际上却格外讲究神聚的 Vlog，展开讲讲创作的要领。

一、什么是 Vlog

Vlog 是"Video weblog"或"Video blog"的缩写，是**视频化的网络日志**。视频博客从 2005 年开始普及。全球范围内最受欢迎的视频分享网站 YouTube 成立于 2005 年 2 月，网站的联合创始人贾德·卡林姆（Jawed Karim）在他的频道上传了第一个视频博客剪辑"我在动物园"，它的"日常性"和"松散美学"为 YouTube 的视频博客内容定下了基调。

1. 特点

作为一种独特的自媒体形式，Vlog 具有以下五个显著特点。

· 真实感

Vlog 的魅力在于呈现博主富有真实感的生活片段。虽然 Vlog 的内容常常需要精心策划和编辑，但核心依然是展现真实的自我与生活。

· 创新性

在 Vlog 内容层出不穷的今天，创新是让你的作品脱颖而出的关键。无论是独特的拍摄角度、新颖的主题，还是创新的叙事方式，都能为你的 Vlog 注入新的活力。

· 短小精悍

Vlog 的时长虽短，但信息量高度集中。它不是简单的日常记录，而是对生活片段的精心提炼和呈现，确保观众在短时间内获得丰富的信息与体验。

- **情感表达**

Vlog 是创作者情感和个性的直接体现。它通过个人故事和情感体验，建立起与观众的情感连接，从而塑造出鲜明的个人形象和人设。

- **互动性**

互动性也是 Vlog 的重要特征。发布在社交平台上的内容，需要具有情感唤起的作用，甚至让观众产生交流欲望与身份认同，才能获得更广泛的传播。

2. 当下的发展变化

在演变了二十年之后，Vlog 不仅保留了传统特征，还发展出社交媒体的两个集体行为特征，这也反映了今天的社交媒体环境下人的行为和心理的变化。

- **生活实践的仪式化展演**

Vlog 往往与私人生活场景紧密相连，不仅标志着社交媒体用户从被动的信息观赏者和消费者向主动的视频内容创作者和执导者的角色转变，而且通过视频这一媒介，创作者的身体语言、审美趣味和生活实践得以在网络空间中进行一种仪式化的展示，以弥补真实世界仪式感缺失的遗憾。

- **表达与社会交往的渴望**

Vlog 同样体现了创作者强烈的表达欲望、对社交互动的追求以及对关注的渴望。创作者通过 Vlog 分享个人故事、观点和情感，渴望与观众建立联系和互动。而观众的观看动机则更为多元，包括窥探猎奇、生活审美、休闲娱乐以及寻求替代性满足等。Vlog 作为一种内容形式，恰好满足了观众这些复杂的心理和社会需求，形成了一种新的社交关系。

这两个新特征不仅加深了我们对 Vlog 的理解，也暗藏了 Vlog 在未来内容创作和传播中的潜力和方向。随着技术的进步和用户习惯的变化，Vlog 还会继续演化，成为更加多样化和个性化的表达方式。

二、具有传播价值的 4 种 Vlog 类型

接下来我们来探讨，如何打造一条具有广泛传播力的 Vlog。

社交媒体上涌现出了各式各样的 Vlog 作品，如美食 Vlog、旅行 Vlog、装修 Vlog、家庭生活 Vlog 等，它们各具特色，各领风骚。

Vlog 制作门槛看似较低，其实不然。今天，我将尝试从更本质的层面对这些 Vlog 进行拆解与分类，为你细致梳理出四种经过数据验证、深受用户喜爱且具有显著传播价值的 Vlog 类型。不过需要指出的是，这四种类型虽然是目前较为流行且容易取得成功的 Vlog 形式，但并不代表它们涵盖了 Vlog 的所有可能性。

1. 强化一种场景的 Vlog

我总是把场景叫作"自媒体爆款内容的最小单元"，在 Vlog 中，当然也不乏强化场景的内容。

让我们重新审视场景的构成，它由"场"和"景"两部分组

成，就是场域和情景。这个"场"里包含了时间和空间，"景"里包含了人物、你设置的用户舒适物、你渲染营造的氛围，还有你跟用户的互动方式等。所以场景七要素就是：时间、地点与环境、人物关系、用户关系、氛围与调性、动作设计、服化道。

一种普遍流行的 Vlog 中，强化的正是场景七要素中的地点与环境，其他要素作为辅助，以此作为内容的基础形式和基调，展示日常生活，增强观众的沉浸感。

以女性独居博主"罗大雄"为例，在她的 Vlog 作品中，我们经常能够看到她独自居住在风景如画的山野之中。通过精心展示她所居住的环境，她成功地传达了一种令人向往的独居女性生活方式，这种 Vlog 正是对博主所处环境的强化和展示。

在她的作品中，博主的文案和观点虽然重要，但相比之下，她所营造的环境氛围和生活态度更能吸引观众的注意。比如她在新加坡系列视频中，会在画面中间标明时间，时间点每次跳动，画面都会切换，快速展示她作为独居女性的日常生活，如健身、护肤的画面，通过大量场景的堆叠营造氛围。

而"罗大雄"发布的 Vlog，通过强化独居女性的身份和环境场景，甚至正在成为一种独立的 Vlog 类型——独居女性生活 Vlog。

另外一种强化场景的 Vlog 常常应用于家居领域。以小红书家居博主"罗小末 yuffie"为例，她会在自己的 Vlog 内容中，多维度展示自家的具有繁复美学和复古格调的客厅及院落，分享自己对家中好物选品、审美风格、聚会准备等的心得，营造氛围感。这种连续的家居场景，成为 Vlog 的标志和内容的基础，在此基础上可以搭载知识分享、旅行攻略等多种内容。

由此你可以了解，强化场景特别是强化地点与环境的 Vlog，往往环境具备可向往、独特、容纳度高的特点，可以作为持续的内容背景与博主的特殊符号。

2. 记录一种行为的 Vlog

这也是一种非常流行的 Vlog 形式，相信你一定或多或少刷到过它们。

这种类型的 Vlog 通常在视频的开头就明确告知用户，创作者将开始某项特定的任务或活动。随后，视频便围绕这一承诺展开，按照既定的规则逐步推进，这种结构不仅为用户提供了明确的期待，也为创作者提供了一个清晰的创作框架。

记录一种行为的 Vlog 之所以流行，部分原因在于它能够激发用户的好奇心和参与感。用户就像是在观看一场游戏，对创作者能否成功完成任务充满期待。同时，这种结构也便于创作者围绕同一主题产出系列化内容，形成连贯的叙事线索，增强用户的黏性。

比如说去拜访自己高中同学的视频博主"在下辉子"，他的内容主线是去寻找自己的高中同学，回忆高中生活，并聊聊对方的近况，而他的内容也一度实现破圈，引来了很多模仿者。

那么，如何才能做好记录一种行为的 Vlog 呢？这里梳理了五个要点。

· 开宗明义设定一个规则。

在这种 Vlog 的叙事中，开篇即明确规则是至关重要的。这不仅为观众设定了期待的边界，也为整个故事铺垫了悬念。例如，博主"在下辉子"在视频开头提出问题："高考考得最好的那些人，现在怎么样了？"这立即引起了观众的好奇心，他通过将高中同学比作盲盒，为拜访他们的行为增添了神秘感和期待。

这个要点背后的核心内容原理是"悬念"。正是这种悬念驱使观众继续观看，并建立起对你的关注。悬念是叙事的强大工具，它能够吸引观众的注意力，让他们投入情感，并期待故事的进展。

重要的是，在游戏或行动开始之前，必须清晰地展示规则。规则的明确性是保证悬念有效性的关键。一旦规则被观众所理解，他们就会自然而然地投入故事中，跟随你的每一步，体验每一个转折。

· 设定有挑战性、观赏性的任务。

为什么记录自己每天吃什么、穿什么，却没人看？

因为在 Vlog 的世界里，日常琐事的记录往往难以激起用户的兴趣。这就来到我们的第二个要点，也就是你设置的任务要具有挑战性和观赏性。

比如艺术短视频博主"一辣一辣"，她的一条爆款短视频，设置的挑战是"让 20 个美院学生来画苹果"。这个任务不仅具有挑战性，因为它要求参与者展示他们的艺术才能和创意，也极具观赏性，因为它激发了观众的好奇心：这些学生将如何描绘苹果？不同艺术专业的作品会有哪些独特之处？用户会怀着这样的好奇心持续看下去。

- **过程中需要有至少一个未经设定的意外。**

回顾我们看真人秀，如果过程一马平川、顺顺利利，往往不能在我们的记忆中留下波澜，能够留下印象的通常是一些意外。

在 Vlog 中，这些意外或许是无意之举，却能够引发更大传播度。

而实际上正是这种小小的意外，构成了新的故事信息密度，增强了我们看内容的快感，而如果用在结尾，就会产生"峰终效应"，也就是结尾令人印象深刻。

意外可以是一次突发事件、一个趣味点，也可以是一次情感的波动。

比如短视频博主"池早是我"，在她的"辞职体验 100 种职业"系列视频中，她体验做消防员，不断遭遇各种意外，最后还被消防员"送上天"，过程中不断叠加这样的信息，让用户不断接受刺激，直到最后一刻。

- **至少存在一个主角、一个坏人或配角，这会给内容增添人情味。**

行动的主体，也就是 Vlog 博主本人，可以作为主角，也可以作为配角，但是如果是单兵作战、缺乏对象感，这种行动式 Vlog 往往难以引起关注。

所以行动式 Vlog 除了至少强化过程中的一个人物外，还要为人物设置冲突感或价值选择——也就是这个角色的欲望、目标、障碍。

我们还是拿"辞职体验 100 种职业"的短视频博主"池早是我"为例。她的一条体验做茶馆小妹的视频中，出现了一位令人印象深刻的配角——茶馆的老七。他是一个有智力障碍但是热爱工作并且收获了身边人关爱的人物，虽然只是故事中的一个配角，但人物形象却非常立体，令人印象深刻。

· 形成用户互动感、代入感或养成感。

调动用户情绪的，往往是互动感、代入感和养成感。这也是那些广受欢迎的行动式 Vlog 的秘密。

我们回想一下早期采用真人秀结构的电影《饥饿游戏》，在生存挑战中，观众可以向游戏参与者投喂药品、食物或装备，影响游戏走向。通过这样的互动，观众付出了成本，倾注了时间，甚至情绪，与玩家产生了更深的情感连接，形成了养成感。

在自媒体账号"池早是我"的系列视频中，有一条视频详细讲述了博主自己辞职去体验 100 种职业的初衷与心理变化。她大学毕业，不断失业，在职场上感到迷茫，辞职去体验 100 种职业不仅仅是在展示职场百态，也更像是她在帮助自己寻找职场的方向。这种分享代入到她的行动 Vlog 中，无形中就让用户产生了参与感，特别是有相似感受的年轻人，仿佛她也在代替这些用户去体会别样人生。

这种以记录一种行为为核心的 Vlog 类型正在社交媒体上流行，它非常适合普通人根据自己的人设、定位和社交圈层去发起，例如拜访 50 个返乡青年，记录 100 个"30 岁 + 女性"的人生故事等，以此来提供持续的内容并引发共鸣。

3. 强调某种关系的 Vlog

这种关系可以是情侣关系、夫妻关系、亲子关系、朋友关系，甚至有可能是人与物的关系。

既然是一种关系，那我们需要关注的第一个点就是"人"。

作为关系中的人，一定要有自己独特的价值观。你可以用动机、欲望、障碍来设计一种价值观。动机就是一个人为什么要做这件事，他的内在驱动力是什么。欲望是一个人通过做这件事要达成什么目标，靶子是这个人的敌人或者它反对什么。

以视频博主"张扯扯"为例，她的 Vlog 中展现了一种非典型的夫妻关系：妻子性格急躁，渴望改正丈夫的驾驶习惯；而丈夫性格温和，却总是犯错。这种性格的对比和冲突，为 Vlog 增添了幽默感和真实感。

另一位记录家庭生活的视频博主"国际宫 and 乡土莉"，他的 Vlog 账号定位在于强化夫妻关系。太太的强势与丈夫的搞笑形成了鲜明的对比，这种性格特征的塑造非常明确。后续又加入了亲子关系，一个学习成绩不佳但幽默感十足的大儿子的形象，为他们的 Vlog 带来了一系列爆款内容。

关系型 Vlog 的创作核心在于通过人物之间的不同价值观来制造冲突。在之前的章节中，我们探讨过冲突的多种类型，包括情感冲突、戏剧性冲突和节奏性冲突。这里我们简单回顾一下。

首先冲突不一定是干柴烈火，也可以是平静流淌的水，所以你可以采用"客观主义"情感冲突推进。

冲突也可以通过信息的列举完成，属于"浪漫传奇"情感冲突推进。

冲突也可以通过设置对立和靶子完成，找一个对立观点或人物，或者干脆一人分饰两角，这是"矛盾对立"戏剧冲突法。

冲突也可以使结果前置，后续分析原因，这是"结论先行"戏剧冲突法。

冲突也可以否定再否定，不断推进。

最后，你也可以完全使用视觉效果和音效来叠 buff，推进节奏感冲突。

有了冲突，关系就一定会变化和发展。

比如在情侣 Vlog 中，男女朋友之间可能会经历求婚这样浪漫而重大的人生时刻，共同步入新的生活阶段；同样，价值观的分歧有时也可能导致他们分道扬镳。

这样的变化和发展，正是观众乐于目睹和体验的。它们为 Vlog 注入了生命力，带来了不可预测的转折和深度，正是这些元素让观众对 Vlog 保持持续的兴趣。

4. 记录特殊的人生经历或人生状态的 Vlog

虽然也是记录某种行为，但与记录一个行动的 Vlog 不同，这类 Vlog 关注的是一种长期的、能够带来深刻变化和成长的个人历程，更趋近于静态，如辞职去环球旅行、远嫁他乡或选择独居生活。

这类 Vlog 能否成功，首先取决于所记录的经历或状态的选择是否能够吸引观众。它们需要触及观众内心深处的渴望，引发共鸣。

以短视频博主"刘同学 Jambo"为例，他选择了记录自己环游世界的经历。比如在他记录"赛里木湖"旅行的一期内容中，表达了自己为了寻找赛里木湖"蓝冰"的奇观，在跨年之际踏上雪原，把这场旅行作为前一年的结束和新一年的开端。这样的内容不仅为观众提供了新鲜感和探索的刺激，而且迎合了许多人内心深处对远方的向往。

这类记录一段特殊经历的 Vlog，还要自带猎奇性，但难点在于持续记录中如何避免重复，不断发现生活中的戏剧冲突点和故事性。

这就用到了我们的故事原理，从长线来看，记录某个经历或人生状态的 Vlog 无疑是在讲述一个长篇故事，如果你运用故事原理，更有条理地去组织你的真实生活，就会让你的 Vlog 更具吸引力。

你可以按照三种暗藏在故事情节背后的价值和原因去推进你的 Vlog：理想主义的主控思想，表达的是乐观主义、希望和人类的梦想；悲观主义的主控思想，表达的是我们的愤世嫉俗、失落感和时运不济之叹；反讽主义的主控思想，表达的是我们生存状况的复杂性和两面性。

你也可以运用八个已经经过验证的故事母题去推进你的 Vlog：寻找自我的"金羊毛"、完成心愿的"愿望成真"、战胜自我的"陷入困境"、描述成长阵痛的"人生变迁"、讲述与朋友之间故事的"伙伴情谊"、展现反差的"傻瓜获胜"、塑造强大形象的"超级英雄"、发现人生百态的"推理调查"。

在这一章节中，我解读了Vlog这种常青又常新的视频类型。

总的来说，Vlog有五个特点：真实感、创新性、短小精悍、情感表达、互动性。这使Vlog有别于具有社会属性和热点点评类的视频类型、知识科普类型，以及虚构感强烈的剧情类型。

我还剖析了四种类型的Vlog，它们都得到过数据、用户和传播价值的验证。当然，这四种Vlog只是比较普遍，方法论更通用，并不是说穷尽了所有的Vlog类型。

访谈：如何问出正确的问题？

访谈，正在成为自媒体中越来越流行的形态。

一般是以对谈、问答的形式，呈现出故事、人物以及意义。自媒体中的访谈还要更进一步，它需要在展示受访人的同时，强化博主的账号定位与人设。

访谈的优势显而易见。它可以扩展你的自媒体选题，借助他人的故事与经历来积累自己的自媒体品牌。但是访谈又是制作流程最长的一种内容类型。在实际操作中，很多人都低估了访谈环环相扣的专业要求，走向了误区，以为找到合适的嘉宾、罗列足够多的问题，就可以呈现出不错的效果，但最终却制造了一场枯燥无聊的问答游戏，既浪费了自己的时间和精力，也浪费了嘉宾资源。

这一节，我会先追溯访谈这种古老内容形态的内容原理，再落实到社交媒体传播环境中，帮你拆解访谈的各个环节，掌握每个环节的专业技巧，提高你做出爆款访谈的概率。

自媒体中，要做好一个访谈一般有三个大步骤：第一，访谈的前置工作；第二，进行一场访谈；第三，呈现访谈。

我们就一个一个步骤来看一下吧。

一、访谈的前置工作

访谈的前置工作，可以说是这种内容类型最重要的工作。

它涉及了**选题和选人**、**准备访谈大纲**，实际上就是在做**访谈过程的预案与设计**。这些准备工作决定了访谈的基本面和天花板，也就是你的议题大致是什么，以及最终能够触达的用户体量和获得的数据效果。

1. 选题和选人

关于如何设置访谈选题和选择访谈人，一般而言，人们的第一反应是从账号定位中来。当你明确了自媒体账号的定位，那么一定程度上，你的访谈内容的议题范围也大致被界定了。如果你的定位是商业，那就聚焦在商业上，讲述一些创业故事或者商业上的干货；如果你的账号目标用户是职场人，那么整个选题内容就与职场相关，受访者也大多是职场人或者管理者。总之，访谈议题的范围要符合博主的人设定位。

比如自媒体账号"程前朋友圈"以商业内容为主，他所有的访谈议题都跟商业、创业有关，如奋斗故事、创业答疑、企业管理等；而自媒体账号"姜Dora在此"以探索职业发展为主要内容，所有的访谈议题都是职场人关心的，如职场中的关系、面试话题、打工人如何积累财富等。

当你按照账号定位完成了几期访谈后，可能会发现效果并不尽如人意，这很可能是选题过窄或过宽造成的。

例如定位为"旅居大理的主理人"访谈系列，目标用户明确，访谈人边界清晰，但由于受众范围过窄，每期访谈都数据寥寥。此时建议你设置议题和选择受访人时，加入热点、热门趋势和情感等元素。

这里建议你回顾思考一下"用户与增长"那一章节，牢牢切中定位的选题命中的是核心用户，但是热点、热门趋势与情感，命中的是潜在用户与辐射用户，帮你拓展内容的受众。所以，在电影《去有风的地方》热映并变成相对大众的热点时，"旅居大理的主理人"访谈系列可以寻访与电影拍摄相关的主理人，所谓"蹭热点"；而当数字游民变成职场人热议的话题，并与后疫情时代年轻人的职业选择趋势有关时，可以将主理人访谈的对象锁定在大理数字游民社区的创始人身上，所谓与热门趋势有关；大理这个地方的人文历史造就了一种普遍的想象：与自由有关，这也为"旅居大理的主理人"访谈系列带来了天然的情感，这类访谈不仅要呈现主理人的商业设计，还要有我们对诗与远方的向往。

以上说的是访谈选题过窄的解决方案，而选题过宽则是一种特别有迷惑性的访谈误区。

有一种访谈试图"什么火做什么"，也就是不断访问那些热点人物或者讨论与热点相关的话题。这种思路属于"机构型传统媒体"访谈思路：因为是专业媒体机构，话语权集中，为了满足大众知情权而不断访问与热点新闻相关的人物。这种做法在社交媒体时代不再奏效，推荐算法让自媒体人极少获得集中的话语权与大众流量，热点也出现了"圈子化"的特点，而访谈的复杂流程让自媒体运营者很难在第一时间找到并呈现与热点新闻相关的人物。早期，抖音上也曾经出现过访谈热门自媒体大 V 的账号，但现在再看，有的已经日落西山。

另一种访谈是从身边人入手，访谈议题与访谈人缺少主线。经常有各行各业打算做自媒体的朋友来咨询我，很多人都打算做个访谈系列，因为"我周围的朋友都太有意思了"。一般我都建议他们先问自己几个问题：我的目标受众是谁？我的内容提供的实用价值和情绪价值是什么？我个人的人设和价值观是什么？我的内容形式有哪些一以贯之的用户记忆点？这些问题都有答案了，再在整体框架里选择那些"有意思的朋友"来访谈。实际上，这些问题正是本书第一章"自媒体定位科学方法论"中所涉及的问题。

我们来看一个以访问朋友为主要内容的访谈账号，是如何巧妙解决这些定位问题的。自媒体博主"全嘻嘻"做的内容以访谈为主，有时会访问博主的丈夫，有时是北大同学，或者某创业公司的创始人，看似受访人和选题毫不垂直，谈论的话题也没有什么限制，但实际上"全嘻嘻"的访谈内容几乎都被三个隐藏线索串联：以博主个人人设与价值观为主线的目标用户，也就是大城市的一些移民，他们关注家乡与城市生活平衡、职场发展、家庭组建、亲子养育等话题；以社交媒体趋势为线索的选题设计，选题全部都注意抓取访谈人身上的热点趋势，例如女性主义、裸辞、创业与财富积累等；以"睡前聊天"的松弛感，作为主要的用户印象，"全嘻嘻"的访谈没有像传统电视节目一样设置在正式对话场合，而是着睡衣不化妆，访谈环境是床头，既营造了与用户的亲密感，也是一以贯之的用户记忆点。

2. 准备采访大纲

完成了选题和选人，你就需要准备采访大纲了。

一个完整而丰富的采访大纲，需要包括三个部分：**故事线、场景还原和人物角色。**

访谈本质上是要向用户传递故事，只不过这个故事需要用户根据采访者和受访者的互动来知晓。在现场跟受访者的互动对谈中去发现让用户受触动的故事线并呈现出让用户欲罢不能的场景，是不可能的。这一切必须在访谈开始前就完成设定。

如何在访谈准备阶段**快速设定访谈故事线**呢？

首先你需要搜集大量关于受访者的资料。除了正面接触受访者，你还可以找到更多的人从侧面去了解访谈对象的故事，从不同的视角去搜集资料。在访谈开始之前，你找到的人越多、从不同视角搜集的资料越多，你就越容易构想出故事线索。

与此同时，你在搜集资料时一定要**放弃评判和控制**。只有放弃自身头脑里的评判、放弃控制，牢记你不是在为自己的设想和议题找"证据"，而是为了呈现访谈故事在搜集资料，你才能积累足够多的"事实"，从中去发掘故事线。

当然，在"故事原理"那一章节中，给你介绍了八个故事母题，它们都是从艺术价值与商业价值兼具的电影作品中总结出来的。倘若你在搜寻故事时发现受访人的经历命中某个故事母题，那么恭喜你，你有可能即将呈现出一个不错的访谈，起码它的故事线是完整的，而且容易获得共鸣。

围绕你针对故事主线的发现与好奇，你可以**拟定一个采访提纲**，不断询问：这个故事到底要讲什么？它跟议题有什么关系？受访人在关键转折时刻到底发生了什么？它能够跟某种意义关联在一起吗？

在搜寻故事主线后，你需要"**还原场景**"。

在"场景"一节中，我介绍了场景的七个要素，即时间、地点与环境、人物关系、用户关系、氛围调性、服化道、动作。此时，围绕这七个要素，去拟定你的采访提纲。

这时候你自然会**触及"细节"**。实际上在访谈中，最忌讳提问一些大而不当的问题，诸如"你快乐吗？幸福不？"之类的，因为无法呈现细节，也不能还原场景。而要还原出场景的七个要素，需要你围绕访谈人的经历以及你的故事主线，去还原关键事件的时间，受访人的行动，甚至受访人的着装以及当天的心情与氛围等，细节越多越好。

还原场景还有一个巧妙设计，就是**将访谈放置在与受访人相关的环境中**。强相关的采访地点，不仅可以营造谈话氛围，让受访者在熟悉的场景下感到更为舒适和安全，也可以为采访者和提问者提供主动从环境中发现有价值的信息的空间。

例如访谈类自媒体账号"钦文和他的朋友们"在采访年入千万元的脑瘫厂长时,把访谈场景设置在受访人的工厂里,既符合受访人的身份特征,也因为工厂中的诸多细节,很容易带出受访人创业的起起伏伏,以至于受访人在访谈过程中谈及自己的创业经历时几度流泪,感情真挚。

此刻,你的采访提纲来到了**构建角色**的环节。

虽然受访者是一个真实存在的对象,但在访谈中,一定要呈现出受访人的角色特质,而不是一个面目模糊的人。

你需要格外关注**受访人在关键事件中的"价值选择"**,也就是受访人的欲望、目标、驱动力以及障碍和靶子是什么。

你还要关注**受访人的小细节**,发现这些细节与受访人性格养成和价值选择之间的关系。

你还要去**感受采访者的情感体验**,判断这个故事的情感温度,或者说哪个情节可以提高故事的情感温度。很多时候,用户其实对访谈的"实用价值"没有那么高的期待,反而对访谈的"情绪价值"有更高的需求。只有你成功地让用户进入了投入的、有所谓的状态,你的这条访谈才有可能成为爆款。

最后,**用"人物原型"去对照你的受访人特征**。在"人物"那一节中,我介绍了十四种适用于自媒体人格设计的原型人物,这十四种人物原型有的来自民间传说,有的经历了多种文艺作品的演绎。此刻,这个工具可以应用到受访人身上,他是否命中了某种原型呢?

二、进行一场访谈

以上，是你在访谈开始前，通过资料收集、周边访问、预采访所列出的一个采访提纲。采访提纲力求完整、丰富，为访谈做足准备，注意留出灵活调整的空间。

接下来，你需要进行一场精彩的访谈。

1. 访谈的过程就像剥洋葱

有人将访谈的过程比喻成剥洋葱的过程：外层干干的很易碎，剥开随手就可以扔掉。接下来那一层闪亮、有弹性，质量已经不错了，但是你大概不会用这层，除非你没有材料可以用了。最后来到洋葱中心，最有风味、最辣的那部分，正是最好的部分。接下来我给大家介绍首位获得普利策新闻类奖项的非裔美国女性伊莎贝尔·威尔克森的访谈方法。她称之为创造"加过了速的亲密关系"。

2. 创造"加过了速的亲密关系"

在访谈时，最开始的寒暄和问答往往没什么用，你一定要尽快到达"洋葱中心"，越快越好。

这就需要**创造一个"加过了速的亲密关系"**，也就是即使你与受访人素昧平生，也需要在访谈的短短时间内，迅速建立某一层面的信任，沿着你们双方有共识的故事主线进入"亲密"和"坦诚"的状态。

我在这里引入首位获得普利策新闻类奖项的非裔美国女作家伊

莎贝尔·威尔克森与受访者建立关系的方法，她认为创造出这种亲密关系需要经历七个阶段。

阶段一：引介。也就是寒暄。你们彼此需要适应这个访谈的环境，找到合适的对话节奏，对正在做的这件事建立基本的共识。

阶段二：调适。这个阶段，采访者与受访者相互试探，彼此了解。这时候你需要更主动一点，由你来问一些最基本的引导性的问题，让球滚起来，让节奏尽快推进下去。

在这个过程中，除了提问，你要关注两件事。第一件事是你要不断在内心问自己：我要的东西出现了吗？这个东西可能是议题的论据，可能是具有情绪价值的片段，也可能是你预设故事线中的某个精彩的部分；第二件事是你要关注受访者的情绪：他还想继续跟我聊下去吗？他有没有流露一丝不耐烦？但无论如何，你都要想方设法让受访者愿意花时间继续跟你聊下去。

阶段三：联结的瞬间。如果整个访谈只是采访者和受访者简单的问答，那么这个访谈可以说是不成功的。你必须得找到某个瞬间或者某个契机，跟眼前的受访者产生某种真正的联结，这样才能加速你对他的了解。

阶段四：安适。这个阶段受访者已经开始享受访谈的互动过程。

阶段五：揭示或披露。在这个阶段，受访者感觉到足够的舒适，已经开始坦诚或深入地告诉你一些事情，这可能都超过了受访者本人的预期。

在开始这个访谈之前，受访者一定想好了什么可以跟你说、什么不能说，但是当联结建立过后，他足够安适，整个访谈的氛围舒缓轻松，他就会袒露得更多。但是作为采访者，你要记得，哪些是对他来讲有意义而对这场访谈内容没有意义的，要记得自己的主题，不要因为陷入谈话的松弛里而跑偏。

总之，在这个阶段你与受访者已经达成了一种信任关系，你可以开始试着得到自己真正想要的东西了。

阶段六：减速。此时整个过程开始慢慢接近尾声。你可能会觉得，你已经从这次访谈中获得了你所能获得的最好的东西，但有时候受访者还想说，不管是什么你都要听。

阶段七：重新激活。这个阶段的受访者觉得已经没什么可以说的了，甚至你已经把摄像机关闭了，但你们刚才创造的信任感和亲密感犹在，受访者可能在没有镜头的时刻会更加信任你，说出更有披露性的、更为内在的内容。

这个阶段你千万不能放松，要抓住这样的时刻，寻找访谈中那些可能是最棒的信息。

直到完成这七个阶段，一场面对面的访谈才算真正结束。

为了完成一场精彩的访谈，你还**需要"旁观"受访者的生活**。

有的访谈是两人正襟危坐地面对面聊天，有的访谈是采访者跟着受访者生活，去搜集信息。如果你的访谈形式是跟着受访者出行、走路、开会或者参加一些独特活动，那么你既是采访者也是他生活的旁观者。

这时候你不能打断他身边任何事件的发生，你要根据他的日程安排，从头到尾站在旁观者的视角记录他的生活。

3. 注意提问的技巧

除了上述这些内容之外，一场成功的访谈，你还需要关注提问的技巧。

一个好的采访者一定是一个特别会提问的人，你是否能挖掘出一条值得讲述的故事线，取决于你能不能提出好的问题。"如何提问"也是很多访谈类博主都期待了解的问题。

其实，提问这件事或者说整个访谈这件事，最重要的驱动力是你的好奇心。好奇心是需要通过长期挖掘细节、探索未知来培养的。这里，我给你提供一些拿来就可以用的提问技巧。

第一，**用跟受访者知识背景相似的话语体系来提问**。

第二，**找准提问的时机，而不是机器人模板式问话**。

第三，**问具体的问题**。

第四，**梳理好提问的逻辑顺序**。大多数访谈都是由简单的问题开始，由切口小的问题开始，逐渐复杂起来。提问时需要注意前后问题的衔接，这样也有助于你理解受访者的表达。

第五，**保持灵活和敏锐**。当受访者的回答很有意思，或者你发现了新问题，应积极追问下去。

第六，**准备多种提问方式**。同样的问题，正问、反问、设问、侧问，看看用哪种提问方式更合适。

第七，**选择得体的措辞**。这会帮助你表达明确，避免误解和麻烦，也让访谈双方始终处于舒适的状态。

三、呈现访谈

在完成一场精彩的访谈后，你就有了一大堆素材，这时候你需建立起一条完整的故事线，并塑造出一个特色鲜明的主角，也就是说，你进入了**访谈的最后一个步骤：呈现**。

在撰文或剪辑时，你需要转换为用户视角，不断问自己几个问题：

这个故事或者受访人的谈话，从目标用户的经验和眼光出发，能不能得到更好的理解？

故事的深层意义是什么？哪里可以呈现出来？

什么细节值得深挖？什么地方需要把镜头推近了给特写？

这个故事或者受访者还有哪些谜团没有解开？哪些地方是模棱两可的？如果有，需要补充访谈素材，甚至再进行一次访谈。

在呈现的过程中是否设置了一些小冲突？高光时刻是何时？有没有金句？

以上冲突以及珍贵的素材，可以调整到开头吗？

这个访谈的结尾，能不能让用户感到意味悠长，制造"峰终效应"？

直至此刻，一个完整的访谈流程才算走完了。

访谈发源于传统电视节目或传统媒体，在自媒体中又焕发了新生。实际上，一场访谈就是一次"非虚构"的内容创作，在呈现访谈时，你几乎需要用到我们整本书中的所有内容原理。

剧情：情节、角色和对白

"剧情"向来是社交媒体平台上的一种大门类。

一般指用编排和表演来展示一个情节的内容，多为虚构，专门做这类内容的账号俗称"剧情号"。

但是随着自媒体内容的饱和和细分，剧情类内容也越来越分化：一种转向了"伪生活 Vlog"方向，就是将剧本编排放置在真人生活环境中，使用户很难分辨这是虚构的还是真实生活记录；另一种进化成了"短剧"，带来了各大社交媒体平台短剧类型的大爆发。

但是无论剧情的形态与商业模式如何演变，如果深入探究剧情的本质，会发现它围绕三个核心要素展开：**情节、角色和对白**。

情节，是剧情内容的灵魂。是否具备情节要素，区分了剧情和其他内容类型，当然更重要的是，剧情会带给用户完全不同的感受。情节一般指设计一个具体事件，让故事主角发生改变，从而让用户看清或者理解这个人有什么样的渴望，又出现了什么困境，最终结局如何。这种转变带给用户强烈的好奇心满足和情绪价值。

角色，是剧情内容的载体。剧情中的角色，并不等同于现实中的人。那些给自己设计剧情的博主，也不完全等同于现实中的博主本人。他们是事件发生的载体，要么能够解决用户面对的问题，要么能够展现出用户希望看到的品质、情感，要么能够引发用户的情绪、共鸣或思考。

对白，是剧情内容的助推器。它是为了拓宽行为的范围，增加行为的强度而存在的，对白的意义在于推动剧情发展。大多数自媒体人都没有经过表演或台词训练，那么一场精彩的剧情对白就需要精心设计。

这一节，我就围绕剧情的这三个核心要素，来讲解一下一个成功概率较高的剧情自媒体内容该如何操作。

一、情节

剧情类自媒体的核心是情节，这决定了你的内容是以情节产生吸引力。

1. 什么是情节

经典故事模板三幕结构中，一般第一幕是人物的平静生活发生了意外，打破了生活平衡；第二幕是这个意外让主人公心里产生了欲望，要么是达成某个目标，要么是回到原来的生活，这促使主人公展开行动，与阻碍他的力量抗衡；第三幕是主人公的不平衡状态告一段落，也许重归平静，也许翻天覆地。

在这三幕中，不断推动主人公向前的力量，我们可以叫它"情节"。

情节必须包含价值对抗。它可以是激烈与显著的，例如从生到死，从悲愤大哭到兴高采烈；它也可以是润物细无声的，例如在社交媒体上非常流行的"淡人"，这是如今年轻人一种脱离了正常状态的非常微妙的情绪对抗。

2. 情节表现的核心

要在剧情中表现出情节，核心就是找到并展示价值对抗。这里我帮你总结了三种可利用的价值对抗。

第一种价值对抗是内心冲突。

内心冲突就是主人公与自身的冲突，具体来说，是"人物的自我与产生于其头脑、身体和情绪等的自然要素的各种对立"。比如你要采取一个行动，但是你的头脑里的想法可能跟你预期的反应不一样，你的身体反应好像也不如你想象的敏捷，总之你并没有达成你所期望的行动，也没有按照你期望的方式对某件事作出反应。

围绕内心冲突来塑造情节，是最适宜在社交媒体上操作的一种方式。内心冲突离个体最近，充分展示内心冲突可以与用户快速建立情绪链接或者情感共鸣。内心冲突也适合放置在日常生活中表现，避免了电影或者戏剧所需要的大场面。如今的社交媒体也充满了内心冲突，"精神内耗""平静的疯感"，都是内心冲突的表现。

以自媒体账号"过期罐头"为例，这个账号几乎所有内容都是围绕年轻人的内心冲突展开剧情,情节并无大起大落却洞察人心。例如一条短视频的情节很简单:主角是一个成年人,拿着手办在阳光下看,旁边的陌生小孩子嘲笑他"那么大了还玩这个""真幼稚",主角没有理会小孩子的嘲笑,他大步向前走的时候,视频画面里出现了众多动漫形象:龙猫、鸣人、柯南、皮卡丘……这个剧情配的音乐是《数码宝贝》主题曲《Butter-Fly》,文案旁白里出现:"慢些长大吧,这世界不缺大人。"这条视频的评论区里,许多用户都在回忆儿时陪伴自己的动漫人物,展现了用户共同的内心冲突:我们都会"成为大人",但我们都"不想长大"。

第二种价值对抗是关系冲突。

这个冲突来自跟主人公发生关联的人,可以是与你有强关系的人,例如家人、恋人或朋友;也可以是与你有弱关系的人,例如街头搭讪、旅途偶遇,甚至一次意外事件中的人物。关系冲突的节点在于:当一个事件发生时,这些人没有达成你的期望,甚至站到对立面的位置。

通过强化关系冲突衍生了各种类型的关系型账号,你很少看到他们是其乐融融、始终和谐一致的,而是不断强化"对抗"。

这里我们拿经常被用户感慨没有创作瓶颈的自媒体博主"papi酱"来举例子。在她丰富多彩的剧情创作中,有一个大门类是papi酱本人一人分饰多角,这种扮演背后的设计核心就是"关系对抗",例如老板与员工、新粉丝与铁粉、甲方与乙方。在一条视频中,她一人分饰妈妈和女儿两个角色,以"妈妈像个导购"来演绎母女关系。当女儿打开冰箱随便看看时,妈妈先是推荐了水果,话术是"受爸爸欢迎的葡萄、橘子""补水的雪梨""维生素超多的柠檬"……给女儿介绍男朋友的时候，满口"小伙子质量不错""皮肤很好"……整个剧情，既有母亲与女儿的价值对抗，又从"客户"和"导购"的视角去塑造母女关系冲突，让人耳目一新。

第三种价值对抗是社会冲突。

社会冲突主要是群体与个体的冲突，如公司与职员。

自媒体属于"私人表达"范畴，一般不会超出私人所能掌握的信息，所以在社会冲突的塑造中，比较常见的是职场环境、社会情绪、自然环境等与人物之间的冲突。

以剧情类自媒体账号"对话中的暂停"为例，这个账号的定位是女性主义，账号几乎所有内容都在构建女性的生存困境及解决方案。在"如何做不被女性避雷的广告"这条内容中，描述了一个容易引发外貌焦虑，带有性别歧视、物化女性等观点的广告环境，表示女性不喜欢这种表达，并给出解决方案——多倾听她们的声音，你的广告才会被看见。这就是用社会冲突体现的价值对抗。

以上三种推动情节的价值对抗，可以作为你塑造剧情的核心主线。当你计划创作一条剧情类内容，或者为其他内容插入剧情元素时，你可以根据主题设想这个剧情的冲突究竟适合采用以上三种中的哪一种。

二、角色

角色是剧情内容的第二个核心元素，指的是剧情中承担着部分职能的具有可信性的人物。

1. 角色的特点

角色必须具备两个特点。一个是**可信性**，剧情中的角色符合逻辑，且具备真实感。反之，一个不具备可信性的角色会让用户产生疑虑，继而放弃继续观看内容。角色还要**承担职能**，指的是你塑造角色时要想清楚这个角色是主角还是配角，角色之间的相互关系是怎样的，主要用哪个角色来推进冲突。总之，每个角色都需要有特定的作用或功能，来协助故事达成发展目标。不具备职能的角色是没有必要存在的。

2. 塑造角色的方法

在实践中，我为你总结了三个实用方法来塑造角色。

第一个是角色的外在设计法。

人是社会动物，行为举止受外部环境影响甚至由外部环境塑造；同时人也需要对外管理自己的形象，也就是所谓的印象管理。

因此在塑造角色时，你可以从外部入手，为角色设计一个"外部小传"，包括生活环境、文化和社会背景、个人成长环境、穿着打扮、习惯动作以及角色目标等多个层面。

其中，在设计生活环境时，要考虑到这个角色生活在城市还是乡村，住楼房还是小院，活动范围是写字楼还是农场果园等；在设计文化背景时，要想到他的学历如何，兴趣爱好有哪些；社会背景则包括民族、学校、职业等社会身份标签；个人成长背景涉及角色的家庭、朋友、恋人等，以及他与这些具有亲密关系的人是如何相处、如何相互影响的；他的穿着打扮、发型是怎样的，衣服款式、质地如何；有没有配饰，怎样装扮才符合角色的身份；他的习惯动作、惯用表情应该是什么样的；这个角色面对的核心难题是什么，他要解决什么问题。

当一个角色的外部小传成型后，你会发现，角色的行为举止就有据可依了，更加可信；同时，角色适合在剧情中承担什么职能，也会呈现。

以现象级自媒体账号"八零徐姥姥"为例，这个账号的主要内容围绕外孙回乡，记录年过80岁的徐姥姥在乡下的生活。其中主角徐姥姥形象非常鲜明，受人喜爱，她的行为举止与性格特征都与外部环境关系密切：北方农村乡居生活影响了徐姥姥的主要生活轨迹和价值观，土地为大，春耕秋收，她还善于烹饪各种各样的北方乡间美食；儿孙满堂，但是子女离乡在外的生活状况，也是徐姥姥与子女关系的背景，她看似嫌弃但实际上对子孙十分慈爱。"八零徐姥姥"这个账号中的角色，很难说是设计出来的，故事本身的情节也不一定属于剧本编排。徐姥姥的角色魅力更像是自然流露，但是这种鲜明的形象与性格又带来了角色感，是"八零徐姥姥"迅速破圈的最关键要素，这也是很多人试图复制同类账号，将摄影机对准家中长辈，却很难成功的原因。

第二个是从人物的内在入手。

一个人公开的形象可以看作是戴着各种人格面具的组合，而他的私密自我和隐藏自我才是这个人的真相。当你设计剧情时，更多的是在反映角色的内心，你可以用内在角色设计法，从人物性格这个维度去延伸。

这个人物的性格是怎么样的，是内向的还是外向的，是沉稳的还是开朗活泼的？当想清楚了人物性格，可以将角色的性格固定，再开始用情节、动作、反应、对白等表现角色。

第三个是用反衬法。

当你的剧情内容有两个或两个以上角色时，要记住配角的职能之一是衬托主角，强化主角的特征。

自媒体剧情需要的配角并不多，主要是主角的对手、盟友，以及"围观群众"，或者叫作陪衬角色。

对手是最想阻止主角满足欲望的角色。对手不应只是主角的绊脚石，不要将对手设想为主角憎恨的人。对手只是处于主角对立面的人而已。他可能是比主角更讨喜、更有道德感的人，甚至可能是主角的爱人或友人。主角与对手的关系，是剧情中最重要的关系。在你构思这两个角色的对立时，剧情的议题和主题就会随之浮现。

2022年社交媒体上有一个红极一时的剧情账号"废柴责任有限公司"，账号发布的内容都是情景喜剧，演绎了一个公司里各种"废柴"群像，每天只想"躺平"混事儿，段子层出不穷。这个账号在社交媒体上的"躺平风"刚刚出现时就命中了职场人的隐秘情绪，一度广受欢迎。在这个公司群像中，所有职员都可以看作是"主角"，他们有相似的价值观：不想好好工作。但是账号也设计了一个废柴老板，虽然每天气急败坏希望搞好公司，但是又懦弱无能。这个废柴老板角色必不可少，从对立面反衬强化了整个公司荒唐又好笑的废柴主角们。

另一种反衬角色是**盟友**，**笼统来说是协助主角的**人。盟友的目标通常和主角相同，但有时他也有自己的目标。盟友也发挥传声筒的作用，让观众听到主角的价值取向和感受。

例如抖音早期的剧情账号"疯产姐妹"，内容几乎都是闺蜜之间相处的爆笑日常。主角是常出镜的邵雨轩，配角或者说是陪衬角色则是负责拍摄和画外音的闺蜜，她的角色属于盟友，与主角站在一起，所有剧情都在塑造两人之间的深厚友谊，同时又陪衬和强化了主角的疯癫感。

而陪衬角色也可以协助塑造主角。比如我们经常看到的街拍类短视频，镜头不时对准街头群众，他们惊讶或者大笑，都是在强化主角的身份与内容的调性。

三、对白

理解了剧情中的情节和角色后，接下来，我们需要为人物设计对白。

1. 对白是什么，不是什么

没有对白的故事也存在，例如传统的默剧，或者自媒体中靠无对白切片偶发的刷屏爆款。这里我们讨论的是更普遍也更可复用的做法：通过对白来使剧情完整。

我想先讲讲，对白是什么。

我们在电影、文学、戏剧等文艺作品里常常看到、听到**对白**。

对白，简单来说就是**"任何角色对任何人说的任何话"**。但是我们经常对对白有很多误解。

对白**不是生活中的言谈**，现实生活中的闲聊不是对白，因为闲聊没有任何职能。

对白也**不是信息的高速公路**，它不能作为宣扬博主的世界观和价值观的通道，否则将会显得非常僵化，带有说教意味。

所以，**对白本质上是一种行动**，更深入地说，对白是动作的压缩与延伸，既与情节协调一致，也与角色相辅相成，同时对白需要推动故事向前。

2. 对白的作用

对白在剧情中需要起到下面几个作用。

首先，对白可以呈现信息。剧情的背景信息可以调用场景的多种元素来呈现，也可以用对白来呈现，区别在于不要将角色简单复述背景当作对白，而是将信息藏在对白的行动指向中，并与角色的身份相匹配。

社交媒体上有一个几乎全部都靠对白驱动内容的自媒体账号"闪电制片厂"，在通过对白呈现信息方面水平非常高。这个账号做热点点评，什么火就做什么话题，形式都是多人对话。只有三言两语，但往往效果显著，不仅讲述的热点用户很快能get，观点也传达到位，引发热议。

比如"闪电制片厂"的这条视频：

镜头一开始是一个女老板身份的角色劈头盖脸责问："一个泼

顾客咖啡粉，一个打顾客，怎么想的？"

一个员工解释："泼富，我越泼，她越富。"

另一个员工解释："打是亲，骂是爱。"

女老板接着问："你们是爽了，公司怎么办？"

一个员工回答："他先泼，我再打，是他带我的。"

另一个员工回答："我们是底层，我们不要互害。"

这就是整个视频的内容。你可以很快理解，这条视频评议的是2024年的Manner咖啡店店员与顾客发生冲突的热点事件，所有信息都通过对白交代，同时将事件中的主要冲突也浓缩在角色和对白中，非常凝练。

其次，对白可以展示人物。对白可以通过口音、说话习惯、地域性、口吻等展示人物特征。

这个很好理解，可以在对白中隐藏符合角色特点的特征词汇，或者围绕情节，让对白具有情绪。自媒体账号"papi酱"中所有角色扮演类的剧情，都非常注重通过对白辅助表明人物的身份。例如有一条视频讨论了"接私活儿像出轨一样"这个职场话题。我们来看她一人分饰两个角色演绎的总监和接私活儿的员工之间的部分对白：

"有人跟我说，你背着我在咱们公司外面接私活儿。"

"啊？胡扯，没有的事儿。绝对没有，我对天发誓！"

"你都出现在别人的团建照片上了。"（总监举起手机）

"我跟他们都是朋友关系。"

"我都在你桌面上看到别人家的PPT了。"

"呃，那个是我朋友发给我的，让我帮忙，就是看看，参谋参谋。"

"还不承认是吧？你接私活儿的公司头头今天来这儿直接找我了。"

从这一小段对白里两个角色的说话习惯就很容易看出谁是总监，谁是员工，谁在理直气壮地质问，谁在找借口逃避问题，人物身份特征一目了然。

最后，对白可以引导动作，展示对抗，推进情节，特别是之前提及的"内心对抗""关系对抗""社会对抗"。对抗的关键信息、角色的内在驱动力、角色的主要变化，都可以藏在对白中。

剧情自媒体账号"过期罐头"有一条叫作"17岁"的视频，四个17岁的少年在搬货打零工时闲聊长大后的打算，其中一个叫"阿辉"的少年说："我也不知道，反正，打死我也不搬货了。"画面一转，长大的阿辉正在搬货。这个剧情内容非常短小，最主要的情节是通过这句"打死我也不搬货了"的对白来引导完成的，但是情感浓度却很高，用户瞬间就感受到了儿时梦想与成年后现实的落差，使人怅然若失。

3. 设计对白

对白这么有用，那么到底该怎么设计对白呢？这里我为你总结了四种对白设计技巧。

第一，记住议程。对白的精彩程度根本上取决于冲突的程度。你一定要牢牢记住不同角色的议程是什么，并根据他的议程去设计对白。每个人在场景中的诉求都不一样，不要让一个角色的对白被另一个角色带跑。

第二，设置争辩。不同角色因为各自议程的相悖，会让对白火花四溅，但如果再加入更多的争辩，则会让冲突进一步升级。

上海有一位咖啡店店主做了一个自媒体账号，叫"事儿逼长公主"，无意中他开始角色扮演，讲述的都是店里的无理客人与店主之间的冲突，不论是现实还是剧情演绎，视频中的角色对白总是充满了争辩，甚至有时候到了抬杠的地步，让人啼笑皆非，这种争辩型剧情短视频成为这个账号的爆款密码。

第三，增加忧惧因素。每个人都会为某件事感到忧惧，角色会，用户也会，这甚至是一种普遍情绪，抓住某种忧惧因素并将其增加到对话里去，会让用户收紧情绪、跟随对白看下去，继而也会强化共鸣。

第四，让角色进行内心独白。当剧情是为了表现个人内心冲突的时候，对白就会以角色内心独白的形式呈现，视觉上还可以搭配闪回的场景，象征独白时角色的记忆或者想象。

自媒体账号"对话中的暂停"经常用到这个方法。有一条讲姐妹情的视频，整体就是由角色内心独白＋闪回场景组成：姐姐不断通过画外音陈述姐妹情感，而姐妹相处的片段快速闪现，这种搭配让对白更有渲染力也更具象，叙事的效率大幅提升。

这一节我通过解读情节、角色和对白这三个核心要素，帮你梳理该如何建构一条剧情类的内容或经营一个剧情类自媒体账号。

这里特别补充一下，在社交媒体平台，我们目前看到的另一种内容模式短剧，也是剧情类内容的一种。

短剧在 2023 年酝酿，2024 年在海内外的社交媒体平台呈现了爆发趋势，很多短剧套路你或许也听说过，例如"霸总""逆袭""重生"等主题，各种各样的"3 秒冲突""5 秒吵架"等套路总结。但是，短剧的内容创作内核也没有脱离情节、角色和对白的设计与相互作用。短剧的爆发建立在"商业模式"的改造上，也就是工业化生产内容、流量投放驱动、上瘾机制和定价模型引导付费转化。如果你对短剧感兴趣，需要把劲儿使在这些地方，这里我就不去评点分析了，因为这些不属于本书所聚焦的自媒体内容原理，也不在帮助个人建立一种构建内容的能力的范畴内。

好物种草：用内容调动消费决策的"潜意识"

好物种草内容的本质，就是**用内容在商品和消费者之间建立关系**。

建立什么关系呢？

"如果你驯服了我，我们就互相不可缺少了。对我来说，你就是世界上唯一的；我对你来说，也是世界上唯一的。"《小王子》中，狐狸所说的"驯服"可以理解为建立了特定关系，这之后，狐狸不再是千千万万的狐狸中的一只，而是"这只狐狸"了。

成功的好物种草内容，建立的正是类似这种关系。当消费者有多种商品可以选择时，你的好物种草内容只有想方设法让消费者认为，你的商品不再是千万同类商品中普通的一个，而是"这一个"，才会引发用户的购买欲望，之后进行"下单"和"支付"的动作。

好物种草内容实际上最值得借鉴的，是一门成熟学科——广告学。这门学科融合了社会学、心理学和传播学多种学科，正是为了建立商品和用户之间的这种独特的关系。

我有超过八年的品牌营销和电商工作经验，曾经在"中国电商导购第一股"所代表的公司担任副总裁多年，从平台运营视角制定规则，帮助品类运营、商家和达人更好地创作、发布和触达消费者，达成最佳的转化和销售额。

因此这一节我会结合广告学中的原理和我的实操经验，帮你梳理好物种草内容的创作原理。

一、消费决策的 10 个要素

首先，我们来了解一下一个消费者为什么会购买商品，也就是消费决策的要素。

你可以回想一下，当你决定购买一个商品，促使你最终下单那一刻的"念头"是什么？价格便宜？包装好看？解决了你的一个难题？品牌故事打动人？……

这个念头就是消费决策要素。

实际上促使消费者产生购买行为的要素远不止一个，我们先不分高低来罗列盘点一下广告学中总结的**十大消费决策要素**。

功能性：也就是商品满足消费者什么需求，解决什么问题。

价格：价格更贵或更便宜非常关键，也常常是消费决策的临门一脚。

品牌价值：可以包括品牌价值观、品牌故事、创始人传奇，甚至是类似耐克"Just do it"的品牌箴言。

权威背书：包括商品的获奖情况、受欢迎程度等。

顾客证言：其他消费者的使用体验与正向评价，特别是一些具有影响力的意见领袖的评价等。

情感唤起：商品所指代的生活方式或氛围调性，唤起了消费者的情绪与情感。

审美体验：多体现在产品的包装、服务的环境、营造的美感及引发的向往等方面，这些因素引发了购买行为。

损失与恐惧：如果缺乏这个商品，消费者将会失去什么，或者面临什么问题？某些儿童座椅的广告常常使用这种方法。

代言人：某些时刻，消费者会因为对某个代言人的信赖产生消费行为。

售后保障：售后服务和保障，也可以促进购买。

以上要素几乎涵盖了所有类型商品影响消费者购买的决策点。

这时候你会遇到一个问题：我的好物种草内容，明明都包含了这些要素，但为什么还是没几个人买？

二、消费决策顺位

实际上，消费决策的过程并不是一个固定序列。你可以回想一下，针对不同的品类，在不同的场景下，你的购买决策的排列顺序是不是不相同的？例如在购买纸巾、矿泉水这类刚需且商品几乎没有太大差异的标准品时，价格往往是你做决策时考虑的第一要素，这也是为什么打折季或直播间中超低价格、走量最多的是这类商品；但在购买服装、配饰或者家居用品时，第一要素就不是价格了，而是审美体验、情感唤起，或者其他顾客的晒单等。

我们来到好物种草内容的第二个创作原理：消费决策排序。

不同品类、不同属性的商品，消费者购买的原因，排序是不同的。学习和掌握这种排序方式，将对你的好物种草内容起到决定作用：你可以针对不同的品类，或者针对用户的不同状态，抓住消费决策的少量关键要素进行内容展开和传达，而不是把热情浪费在无效信息上。

根据商品的不同属性，我帮你总结了如下几大类消费决策排序：

第一类，刚需标准品。也就是日常生活中我们必然需要且不同品牌的商品功能性差异不大的商品。

影响此类商品消费决策的第一要素为：**价格**。其他要素辅助，某些时候甚至可以省略。

这就是刚才提及的纸巾或矿泉水等商品。在大多数的带货直播间，往往都有这类商品存在，且价格非常低，低于市场价，这种商品被叫作"引流品"，它们之所以能够起到引流的作用，是因为主播无须多言，只需把价格打下来，人们就会进行购买。

第二类，非刚需商品。也就是可有可无，甚至消费者并不清楚自己是否需要的商品。例如化妆品、服装、饰品、兴趣爱好类商品或体验等。

此时影响消费决策的关键变成了"唤起用户的**需求感**"，也就是表达这个商品用户是需要的，用于唤起需求感，主要包括：功能性、损失与恐惧、情感唤起、审美体验和顾客证言。此时，价格不是第一要素，其他要素也不是关键决策要素。

所以，很多美妆、穿搭、饰品或者家居用品好物种草内容极少强化价格或者售后服务等其他弱相关要素，往往用妆前妆后、使用体验、解决什么问题等直观效果或者强化描述，来向用户传递"你需要它"的信号。

第三类，耳熟能详的品牌。也就是品牌价值已经足够具有穿透力，是绝大多数目标用户都听说过并知晓的品牌。

这类品牌可以是任何品类，不论是刚需品还是非刚需品。例如农夫山泉、奔驰汽车，或者著名奢侈品品牌CHANEL。

此时消费决策的关键要素则是**强化品牌价值**，介绍全新功能，再叠加一个不能拒绝的价格，其他要素则起辅助作用。

苹果每年的新品发布就是最典型的例子。这个发布会本质上是一个立体的展示好物种草内容的平台，你会看到苹果科技创新和极简设计的品牌价值贯穿始终，在介绍完新功能或新产品后，价格往往是最受人瞩目的因素，其他相关消费决策要素则可省略。

实际上在操作这类好物种草内容时，我们常常会被品牌光环弄晕了，过于关注、渲染品牌价值，大讲品牌故事，这属于"信息加强"，重要，但并不关键。

我们常常忽视了一个超乎想象的要素：**价格**。恰恰因为高品牌价值商品的价值传递已经非常到位，人们足够知悉和信赖品牌，所以并不关心冗余信息，影响决策的关键是价格。

我在做电商时遇到一个反向操作的案例：拼多多百亿补贴iPhone。为了扭转拼多多廉价感与地摊感的品牌形象，拓展更广泛的用户，拼多多从iPhone入手，既保留了拼多多的核心特征"超低价格"，又非常敏锐地利用了用户对苹果手机价格极度敏感的特点，百亿补贴大获成功。

第四类，新品牌。也就是品牌并不广为人知的商品。

这可能是好物种草内容最难操作的一种商品，几乎要将所有的消费决策要素都涉及一遍才能吸引用户，引发他们的欲望，最终促成购买。

根据商品的品类不同，可以有所侧重，再辅以其他决策要素，促进转化。例如护肤、智能家居等品牌，需要强调功能；服饰穿搭、线下店铺等需要强调审美体验；礼品属性较强的鲜花、香薰或香水品牌等需要强调情感唤起。

三、如何用内容引发消费

当我们了解了消费决策的要素以及不同品类的决策关键点之后，我们来到自媒体场景下，谈谈如何用内容引发用户兴趣，进行消费。

如果你以内容作为商品与消费者建立关系的关键介质，就与普通的货架电商出现最大的差异：除了商品的价格、功能要素等必要信息，你有更大的空间和更丰富的手段来铺陈商品的其他信息，例如生产过程、创始人故事、情感传达等。

但是在实操中你会产生疑问，到底铺陈什么信息最有效，既可以唤起用户的购买兴趣，在社交媒体平台上与众多其他内容同台竞争，同时又可以激发他们的购买欲望呢？

这里有一个**最核心的标准：情感传递，建立潜意识关联**。

这是内容导购与其他类型导购的最大差异。

《我们在为什么样的广告买单》这本书中提及了一个消费心理学现象：事实性、逻辑性和理性的信息，在改变用户消费决策中远不及情感性和非事实性的信息。

一个比较著名的案例是李维斯牛仔裤早年间的一个广告：一对年轻男女，沉默不语，冲破墙壁和地板，沿着大路一路狂奔，最终飞向高空，同时以激昂的古典音乐作为背景。最后才出现广告语：李维斯牛仔，精心只为自由。这个广告看上去没有任何有效的商品信息，却带来了销量飙升。

而另一个例子是英国纸巾品牌皇冠纸巾，其常年立于不败之地的秘诀是一只金色的拉布拉多小狗总是出现在广告中，例如小男孩坐在马桶上，小狗就将手纸偷走了。这只小狗带来了一种强烈的联想：皇冠牌纸巾非常柔软，同时小狗所在的安全、愉快的家庭场景，也让人联想到幸福的家庭。

这两个广告成功的核心原因是：广告中的理性信息较少，降低了用户注意力，使用户处于精神松弛状态，之后成功地进入用户潜意识，建立了情感关联。

社交媒体用户往往处于精神涣散的天然松弛状态，所以我们经常看到那些"干货满满"的导购类测评或者教程，往往受众不多，但是植入情感唤起要素，或者只有情绪和情感、信息量较少的好物种草内容，往往效果超群。

这里我总结了五个情感唤起的维度，你可以根据不同的内容场景和商品，在实操中对照使用。

第一，关爱自己和家人。特别是目标用户是压力巨大的人群，他们更想通过高品质的商品和服务获得片刻喘息，体会幸福。

在小红书上，有一个大的门类即是打上"爱自己"标签的好物分享，品类与品牌涉及方方面面，穿搭配饰、手表或者家居好物等，抚慰疲惫的年轻人的情绪，让人感觉更好一点。

第二，人际交往。为了吸引异性，会购买更多服饰、健身装备和美容产品；为了建立友谊和人脉，分享优质的美食、餐厅、汽车和旅行；为了关怀家庭，购买更高品质且省时省力的家居用品，并更多地与家人出游。也就是很多商品的购买背后往往暗含着关系建立的情感驱动力，你可以唤起这种驱动力。

第三，探索自己和世界。拥有一项兴趣爱好变成了普遍现象，消费者也愿意通过兴趣爱好来教育自己、挑战自己，并在他人心中塑造一种更乐观健康的形象。这也是一种"社交人格"塑造的情感。

第四，个人风格。借助一些产品，消费者希望传递自己的审美、世界观和价值观。

第五，社会责任感。很多消费者通过购买一些更优质、更环保的商品，来表达对世界的友善态度。

当然，我们知道人类的普遍情感中还有贪婪、恐惧与痴嗔，但对于好物种草内容并不建议利用和使用这类情感唤起，这类情感或许可以在社交媒体上获得流量，但却容易适得其反，既无转化也损害品牌价值。

▶ PART 4
第 4 章

内容是增长引擎，
增长是内容罗盘

4

算法原理：不要畏惧算法，也不要挑逗算法

社交媒体传播，内容在抵达用户之前，必先经过"算法"，这已经是一个普遍共识。

但是，自媒体内容创作者对算法往往备感困扰：第一种，因为不了解算法而感到恐惧，所以听天由命；而另一种，因为轻视算法而过于傲慢，所以试图通过一些短期技巧蒙骗算法来获得流量。

今天我希望帮你避免上述两种倾向，找到一个平衡点，既梳理做一个自媒体账号必须了解的算法原理，又避免陷入挑逗算法的短期技巧中，给你一些与算法规则一致的基础方法论。

我曾经在一家中型互联网公司担任副总裁多年，作为用户增长负责人，工作过程中必须与算法打交道。当时我与公司的算法总架构师、CTO交流非常多，甚至由于业务的原因，我们还经常争执，所谓"要流量"。他带给我一个算法认知：业务方无须弄清楚算法本身是如何运算的，甚至可以说其实整个公司也没有人可以完全参透每个细节，因为算法是时时动态的，且只要有用户行为发生就会

演化，而模型的参数实在太多了，又很难说清楚；但业务方又必须清楚推荐算法的目标、原理和规则，以此与算法协同一致实现良好的用户体验和企业增长。

也就是说，无论是平台运营者，还是平台上的玩家，都无须弄懂任何一个算法语言或数据模型，但必须弄懂算法的底层运行逻辑。

当我从平台运营者的视角转换为自媒体创作者的视角时，我发现当时所获知的算法原理仍旧非常有价值，甚至帮我更好地理解了创作者与平台之间的关系。

所以今天我会将这些经验分享给你，既帮你理解"算法的底层逻辑"，也给你提供一些行之有效的"算法友好方法论"。

一、算法的基本目标

从社交媒体平台视角来看，**推荐算法的目标是："特定场景下人和信息更有效率地连接。"**

这个目标描述出自字节跳动早期产品负责人闫泽华的《内容算法》一书，它精练准确地描述了推荐算法的核心目标。

这个目标的第一个关键词是**"效率"**。怎么理解呢？

效率的第一个意思是**"推荐准确度"**，也就是把内容推荐给喜爱它的用户。这个很好理解，比如将北京周边的旅行社区阿那亚或旅行博主"房琪kiki"推荐给喜欢旅行的用户，将创业者访谈账号"程前朋友圈"的内容推荐给创业者。

效率的第二个意思是**"推荐覆盖度"**，也就是高效率的推荐算法能够为用户提供历史浏览习惯甚至视野之外的内容，同时也获得用户喜爱。

这其实是针对"信息茧房"的问题。这个词最早来自哈佛大学法学院教授凯斯·桑斯坦的《信息乌托邦》，指的是由于公众自身的信息需求并非全方位的，公众只注意自己选择的东西和使自己愉悦的领域，久而久之，仿佛将自身禁锢在茧房中。

过于强调准确性而忽视覆盖度的推荐算法，会造成"信息茧房"的加剧，最终降低用户体验，造成数据下滑。因而这也是大型社交媒体平台的推荐算法共通的目标之一——扩大推荐范围，满足用户对多样内容的需求。

算法目标的第二个关键词是**"信息"**。

怎么理解信息呢？可以把社交媒体上的信息分拆为三个部分：

信息既包括文字信息，也包括图片、视频、声音信息；

信息既包括你发布在社交媒体平台的内容本身，也包含一切辅助信息，例如标题、标签、摘要等；

信息既包括你能看到的信息，也包括你不能轻易察觉的信息，例如视频内容的风格是更忧郁还是更欢快，甚至通篇没有提及人名却充分描述了这个人的一些特征，而通过"内容理解"，算法也可以识别出这个人。

算法目标的第三个关键词是**"人"**。

人指的就是用户了，可以区分为内容创作者和内容消费者两个维度，在社交媒体上，很多用户既是创作者也是消费者。

用户可被算法识别的信息主要有两类。

一类是静态用户画像数据，也就是用户的一些相对稳定的属性，例如性别、学历、年龄、婚育状况、常住位置、受教育程度等。

另一类是动态用户画像数据，也就是用户在社交媒体上的显性或隐性行为。显性行为就是可见的行为，包括对内容点赞、评论、分享，以及关注了某个作者等。隐性行为就是不可见的，包括在某个页面的停留时长、用户的操作行为轨迹等。通常，显性行为的权重要高于隐性行为，但是由于显性行为较少出现，所以需要隐性行为来补充验证。

推荐算法的核心目标就是围绕着这三个关键词匹配：左边是信息，右边是人，又准确又多样地高效链接两边。

信息与人动态复杂且数量巨大，既要推荐准确又要覆盖度高其实是个有点互斥的目标，因此推荐算法的运算与规则非常庞大，没有人可以涵盖并穷举。

了解了算法的这三个目标对你有什么用呢？

首先，那些号称找到了算法漏洞或者知晓所有算法规则的人都是在忽悠你，漏洞会被迅速迭代补齐，而无法言说所有的规则。

其次，了解了算法的目标，特别是"信息""人""效率"这三个关键词的含义，你就理解了算法运行的基础逻辑，这时候你做什么或不做什么，才能够与算法协同一致，就有了一个依据。

二、推荐算法的基本规则

这里我为你总结了六个与自媒体内容创作和运营息息相关的规则。

1. 打标签

标签其实就是我们对多维事物的降维理解,什么意思呢?也就是抽象出事物或人身上更具有表意性、更为显著的特点来进行标记。例如,图书名《爱的艺术》、作者是美国心理学家弗洛姆、豆瓣评分为 8.8 分、全世界范围内公认的爱情哲学书……这些是一本书的标签。或者,画家、新中国第一枚生肖邮票"猴票"的设计者、老顽童……这是给画家黄永玉先生打的标签。

所以你可以理解,标签既可以打在内容上,也可以打在人上。

标签就是帮助算法进行断物识人。

标签在推荐算法"眼"中,是一种"元数据",也就是信息身上可以结构化、被搜索和精准定位以及自由组合的数据。

实际上,目前主流的推荐算法打标签的方式,不再是人为制定的规则,而是通过机器学习来理解内容并提取特征作为标签。就像刚才提及的,机器可以识别各类内容的各种显性或隐性信息。

2. 物以类聚

标签打好之后,算法会根据内容的相似性进行推荐,所谓"物以类聚"。这种相似可以是内容本身的相似,比如一个用户喜爱旅行,这位用户就可能收到旅行胜地阿那亚的内容;也可能是人层面的相似，例如算法如果识别你喜爱旅行，即使你没有关注旅行博主"房琪 kiki"，你也有可能收到这位旅行博主的内容推荐。

3. 人以群分

为了在推荐中更好地引入用户之间的关系，推荐算法会根据用户行为进行"协同过滤"推荐。这个词是什么意思呢？就是把跟你相似的用户喜欢的内容，也推给你。

其实协同分为三类情况。

基于物的协同：也就是先确定你喜欢什么内容，再找到与之相似的内容推荐给你。只是内容间的相似度不是从标签属性的角度衡量的，而是从用户反馈的角度衡量的，主要指的是用户相似的行为，例如点赞、评论、浏览时长等。

基于用户的协同：也就是找到那些与你在某一方面口味相似的人群，然后将这一人群喜欢的新东西推荐给你。还拿喜欢旅行的人群举例子，算法发现大概率这群人还喜欢露营，所以即使你从未关注过露营类的内容，算法也有可能推荐给你。

基于模型的协同：也就是在物和人协同的基础上，根据用户的喜好来建立算法模型，实时预测用户可能的喜好。这也是目前比较主流的推荐算法所采用的方式。

目前协同过滤的原理虽然仍旧被沿用，但因为算法的迭代，协同过滤只负责推荐一小部分工作，而非全部。

4. 冷启动

现在市面上有一些算法科普内容会提到"基础流量池"的概念，也就是一个内容刚发出来时，算法会试着先推到一个小的流量池，如果数据反馈较好，就会进入下一个流量池。本质上是存在这样的流量层级的，主要因为算法需要通过冷启动的方式进行用户行为收集，最终还是为了达成推荐定位精准和推荐覆盖广的高效匹配。

当内容刚刚发布时，算法会根据内容标签和作者标签，将内容推荐给少量匹配人群，根据用户反馈决定下一步流量的多寡。不管是看得见的反馈如点赞、评论等，还是看不见的隐性反馈如停留时长等，如果没能得到足够的正面用户反馈，系统就会认为这个内容是不受欢迎的，为了控制负面影响，就会逐步降低这个内容的推荐量；反之，如果内容在冷启动过程中顺利找到了自己的目标人群，收获了很高的用户反馈数据，就有可能被系统快速传播，具有了成为爆款的可能。

因此，"冷启动决定一条内容的命运"的说法丝毫不为过。

5. 排序

如果你关注算法，或多或少会听过"赛马机制"这个说法，顾名思义，你的内容会与其他算法认为的同类型内容（也就是我们之前提到的"物以类聚"这个概念）进行比拼，谁跑赢了，就给谁流量。

某种程度上，这说的就是与算法相关的一个基本规则：排序。

算法会将处理的信息进行权重的区分，进行排序。我们拿算法所认为的"元数据"标签来举个例子：北京、上海、广州、成都、龙口，从标签意义上这些地名没有权重高低之分，但知晓"龙口"或与"龙口"有关的人数不能与其他城市相提并论，因而"龙口"这个标签的权重相较之下就低一些。

刚才我们也了解了，算法通过"识物、辨人"对内容进行标签化或协同化推荐，识别的信息量与规则非常庞杂，因而并没有一概而论的算法排序规则，且排序时时变动。

排序往往与平台在不同业务阶段不同的侧重有关。例如在早期阶段，为了繁荣内容生态、鼓励创作者，会将一些显性数据排在权重高位，如一个内容所获得的播放量或者点阅量、点赞量等；而在中期，可能为了树立某个领域的标杆，会将粉丝关注数的排序权重提高；而到了后期，有可能为了加强算法推荐的覆盖广度，反而会降低粉丝关注数的权重，也许会引入"铁粉"（也就是非常忠实的粉丝）的概念，以平衡大V和全新创作者的流量分配。

排序规则也时时变动。一些平台会运用在线学习的技术，接近实时地去修正模型，以反映用户和内容的最新变化。这与内容发布时间、内容或人身上的标签权重变化都有关系。这也解释了为什么一模一样的内容由同一个账号在不同时间发出，数据效果会天差地别；由不同账号发出，也极小概率会出现一样的推荐结果。

无论算法的排序如何变化，这个过程统统都服务于一开始我们介绍的算法目标：特定场景下人和信息更有效率地连接。

6. 重排序

假若把社交媒体平台想象成一座城市，每个人都是城中居民，而算法就像是城市人流疏导的规则，包括红绿灯规则，哪里是市集、哪里禁行等，以此来保证人流的有序和城市生态健康。

效率是算法的目标，我们一开始就讲过这个理念。但是一座城市的运行，并非仅仅追求效率。

法律法规、公序良俗、社会舆论、文化生态、阶段性目标等，也是一座城市的规则制定者需要考虑的问题。

这时候就来到了算法的重排序。

数据是无意识形态的，当以效率为目标时，常常触及人性的边界。特别是社交媒体平台，人性的本质体现在大量集体无意识现象，例如贪痴嗔、凑热闹……

此时重排序就通过新的规则引入来矫正算法。重排序是与机器学习和数据最远的一个算法规则，充满着人为因素，往往是由社交媒体平台的运营来制定和执行。

这时候你会看到与法律法规有关的规则，例如违禁词；与生态健康有关的，例如限流、抄袭与搬运；与公序良俗有关的，例如针对即将失控的热点标签进行降权；与阶段目标有关的，例如限制娱乐类内容，鼓励知识类内容，等等。

三、与算法和谐相处的 6 条原则

了解了推荐算法的目标和六个基本规则，希望你脑中能对社交媒体平台的算法机制有一个全景图像：你不需要学习任何一个数据模型和数据语言，但这些底层逻辑可以让你对算法既有感知也有理解。

这时候，你作为算法规则的一个参与方，该做什么、不该做什么，就一目了然了。

这里我总结了六条。

1. 你要帮助算法更理解你的内容

理解标签仍旧是算法识别信息的重要依据之一，有意识地帮助算法为你的内容打上标签，是一个自媒体内容创作者的分内工作，这里给你一份工作清单和提醒：

关注标签是否出现在内容的所有信息中。既要关注内容本体，也就是正文或者视频本身；也要关注辅助内容，例如标题、封面、摘要；还要关注一些隐性内容，例如发布时间、声音、音乐、内容风格，等等。

关注每一条内容的标签。我们了解到算法是将一条内容推送出去，获取用户反馈后，判定后续流量多寡，因而每一条内容都像是你派送给算法的先锋，你需要认真对待每一条发布的内容。

所有标签信息都有一个核心主线。即使机器学习越来越智能，也仍旧会因为标签的干扰而出现"推歪"的情况，也就是把内容推送给了非目标人群。假若一条内容是讲 35 岁职场危机的，但是为了蹭热点在内容包装和比例上增加了大量娱乐八卦信息，会导致算法"推歪"的概率增加。这也是我经常重复的要点：蹭热点可以，但需要在你的内容主线和目标用户视角内操作热点内容。这也从侧面再次印证：精准用户的价值高于泛流量，因为从算法角度来讲，也更支持内容与用户持续一致，这样效率才会最高。

2. 帮助算法更理解你的目标用户

首先，你了解到算法会识别用户的信息和行为，包括静态信息，例如性别、职业、居住地等，权重更大的是用户与你的内容的互动行为，包括我们都很熟悉的点阅、播放、跳出、点赞、收藏、分享、评论、关注、停留时长、完播等。请从用户视角出发，尽力优化你的每一项用户数据。

其次，你理解了算法基于用户行为的"协同过滤"原理，也就是找到那些与你在某一方面口味相似的人，然后将这一人群喜欢的新东西推荐给你。这可以带来一个"定位策略"：从账号角度，你完全可以忘记内容垂直，而是聚焦人群垂直。例如一位叫"丑穷女孩陈浪浪"的博主，聚焦职场打工人，既可以发布职场生存知识，也可以发布副业赚钱技巧，还可以给出青年人情感话题的建议。这种内容不垂直但人群垂直的做法，会得到算法的加持，获得更高效的用户增长。

3. 帮助算法更信赖你的品牌

虽然我们了解了算法规则的复杂性、权重排序的动态化，但社交媒体平台有一套公认的"账号品牌价值权重"，用以衡量一个账号是否是一个高价值的内容品牌，这里列举一下，帮助你持续提升账号的品牌价值。

原创度：算法鼓励原创，排斥抄袭与搬运。

关注度：主要取决于自媒体的粉丝绝对数量和活跃情况。一个粉丝多的账号所获得的流量权重，必定要比粉丝少的账号大，因为粉丝的关注体现了内容生产者的品牌价值。

健康度：内容所获得的用户正反馈，特别是用户的互动行为是否持续有价值。

持续度：优质的内容是否持续发布。这也是算法科普提及的内容停更需要重启流量的原理。持续的内容发布既是平台的生态需求，也是一个高价值新媒体品牌的必要条件。

4. 对算法透露的具体规则抱有平常心

在自媒体运营过程中，我们常常有一个不易察觉的误解：把后台的数据指标错当成理解算法、找出算法漏洞甚至试图拼凑算法全景的工具。

其实这个数据后台的作用只有一个：帮助创作者从数据角度理解内容的优劣和账号的健康度。

但因为某些数据指标会影响算法，很多自媒体人就陷入了上面这个误区。你也了解到，算法规则复杂而庞大，绝非数据后台可以涵盖。

以抖音在 2023 年新增的 2 秒跳出率为例。这个数据指标，从平台角度来看，短视频推荐不依靠封面或标题，导致无法通过用户点击率识别用户对问题的取向，因而用 2 秒跳出率来衡量；同理，创作者根据这个指标的高低来审视选题本身对目标用户的吸引力即可。

但将这个数据当作撬动算法的突破口，试图用2秒拼贴热门BGM、动效或使用其他提升数据的方法，期待带来更大的流量，是杯水车薪。

一个内容火与不火，必定是由综合原因决定的：既包含了内容本身，也包含了用户行为，还包含了账号的健康度，以及平台近期的好恶，绝非由一个具体指标决定。

这里我想要提醒你：凡是鼓吹某种技巧能够突破算法规则给你带来流量的，都是忽悠人。

5. 遵守法律法规和公序良俗，不要挑逗算法

像刚才提到的，假若社交媒体平台如同一个巨大的城市，是现实生活的映射，那么一些基本的行为规则也是同理。例如遵守法律法规、公序良俗，做个文明好市民……可是不知道为什么，总有一些朋友一来到社交媒体平台就变了个人，跃跃欲试试图挑战平台规则和算法底线。

在社交媒体上你可以刷到很多人在鼓吹"蒙骗算法"的技巧，有一些短期内或许可以得到一些流量，但是算法的迭代速度与平台规则的覆盖，将会判定这类账号是低价值账号，最终导致账号的生命周期短暂、流量衰竭。

6. 忘记算法，回归到内容、回归到用户

讲到这儿，你可能会困惑了，刚才学习了算法目标、算法原理，还有与算法协同一致的方法，怎么现在要忘记算法？

忘记算法的意思，是理解了算法的原理与规则，在新媒体创作和运营过程中，对算法既不恐惧也不傲慢，之后，回归到内容，回归到用户。

来到我们的开篇：算法的目标是"特定场景下人和信息更有效率地连接"，你作为信息的发布者，行为的核心原点仍旧是人，也就是用户，而算法虽然"大权在握"，但也仅仅是一个中间方和撮合者。我们对算法的心态就是"尊重但并不被裹挟"，我们与算法协同一致的行为准则还是回归到内容，回归到用户。

爆款迷思：爆款内容增长模型实操方法论

我们正在陷入爆款迷思。

一旦你开启了一个自媒体账号，就会发现爆款内容是你制胜的关键：一条爆款内容带来的粉丝增量可能超过了数条平平的内容，有一个说法是，自媒体粉丝 80% 的增长由 20% 的爆款带来。但是爆款内容本身又缺乏确定性，同样的内容在不同时间或者不同账号发布，数据表现可能天差地别，这种偶然性让爆款好似充满了玄学色彩。

整本书本质上都是创作爆款内容的基础原理，掌握这些原理无法对抗爆款的偶然性，但凡是爆款内容，必然需要调用这些原理中的一个或多个。

那么这一章节，我会回到流量的逻辑上，帮你梳理内容如何带来用户增长。

首先，我会帮你建立一个爆款内容流量漏斗模型，帮你理解流量是如何附着在一条爆款内容上从而带来持续增长的，这样你就会对增长节点心中有数，将内容的发力点用在刀刃上。

其次，我还会拆解非爆款内容的增长模型，也就是说，仍旧有部分粉丝并非通过爆款内容而来，积少成多不可小觑。理解了这个道理，你也可以进行内容配比，不浪费内容成本。

最后，我会给出一些关于投放的基础方法论，适用于各个社交媒体平台，帮助你借助资金的杠杆力量，最终完成增长的突破。

那么，我们开始吧。

一、爆款内容流量漏斗模型

首先，我们来了解一下一条爆款内容是如何为你带来流量的。

你发布的自媒体内容，每一条都是一个流量先锋，冲进平台算法设置的流量池，获取用户的互动，最终带回一些对你感兴趣的用户，沉淀在你的账号内，成为你的粉丝。

这个过程我们可以叫它**爆款内容流量漏斗模型**。

1. 用户增长的 5 个环节

实际上这个模型与增长黑客理论中的一个经典模型不谋而合，即 AARRR 模型，也叫海盗模型，是一个五级漏斗模型。AARRR 首字母分别对应 Acquisition（获客）、Activation（激活）、Retention（留存）、Revenue（变现）和 Refer（传播）这五个环节，在增长黑客理论中，对这五个环节的解释如下。

· 获取用户

是指在定位目标用户的前提下，通过各种渠道，让用户了解到内容信息，最终由潜在用户转化为实际用户的过程。衡量指标为点击数、打开率等。

· **提高用户活跃度**

是指获取用户后通过引导用户完成某些"指定动作",在消费内容过程中强化体验,使之成为长期的忠实用户。放置在自媒体上,一般指的是点赞、评论、收藏等互动行为。

· **提高留存率**

留存率指的是用户连续地浏览内容,甚至变成了你的粉丝。提高留存率是指减少用户流失,提高持续消费用户人数。

· **获取收入**

用户对内容产生了付费行为。自媒体需要关注商业模式,没有商业利益的内容很难维持平衡,用户付费不一定只局限于带货等指标,还包括一个用户或用户行为可以获得的广告收益等。

· **传播**

用户推荐他人来浏览你的内容。在自媒体中,一般指转发或在评论区艾特他人的类转发行为。

对于AARRR,我们可以用漏斗图来表示整体的转化过程。

从转化链路来看,从获客到传播的整个过程中,每向下深入一个层级,对应的用户数就会比上一层有一定的损失,因此层级越向下,对应的漏斗就变得越窄。

这就是你始终需要关注的一个爆款内容流量漏斗模型:它反映了你的内容与人设的有效性,也就是内容需求的深度与广度;它也反映出目标用户对你的内容的黏性,他们的行为逐级变得深入。示例图如下。

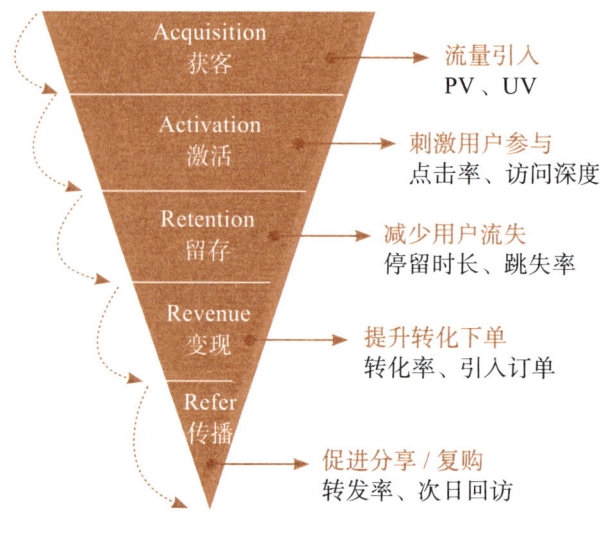

```
Acquisition  获客     →  流量引入
                        PV、UV
Activation  激活     →  刺激用户参与
                        点击率、访问深度
Retention   留存     →  减少用户流失
                        停留时长、跳失率
Revenue     变现     →  提升转化下单
                        转化率、引入订单
Refer       传播     →  促进分享/复购
                        转发率、次日回访
```

AARRR 模型图

2. 针对每个环节的策略

理解了这个流量漏斗模型,你就可以对一个爆款内容如何一步一步获得流量有一个框架性的认知,那么针对每一个层级,自然就会有应对策略。

- 获客:你怎样找到用户?怎么让用户找到你?

核心的策略自然是在一条内容的"流量入口"尽可能获得更多的曝光。

这里具体需要用到的技巧,可以参见"理解平台"那一节。它们可以帮你了解不同平台关键的流量入口分别是什么,例如公众号平台的流量入口是标题,小红书是封面与标题,而抖音则是开头。同时,建议你结合"算法原理"一节,了解推荐算法的基础原则,在内容中预埋算法友好的关键词。更重要的是理解你的用户,并让内容匹配用户需求，这里建议你结合"用户与增长"一节来重温学习。

在自媒体的获客过程中，最常见的一种误区是为了扩大流量入口，尽可能获得平台更多的流量推荐，做出与定位或目标用户违和的动作。例如一度很流行的"动态开头"短视频模板，简单粗暴地用动作吸引用户注意力试图"骗过"算法，比如律师跳街舞开场，产品推荐类的玩跌倒或者倒立等。尽管这样做会吸引大量看热闹的人，但是当这些流量进入下一层漏斗，就有可能出现断崖式下降，最终留下来的用户少而又少，这样的曝光量就是虚荣指标，无法为你带来实际价值。

· 激活：怎么让用户有良好的"初体验"？

我们将自媒体中的用户"激活"视为用户点击浏览、互动、完成阅读或者播放的过程。"开头""标题与金句"这两节可以帮助你抓住用户的注意力；"互动"这一节也介绍了引发用户与你的内容互动的沟通心理学；"故事原理""结构""口音""节奏""冲突与悬念"以及"时间感"这些章节，都会帮助你持续推进内容，吸引用户浏览完你的内容。

当用户与你的内容产生持续互动，建立了情感链接，他们就更有可能留下来，进入下一层漏斗。

· 留存：怎么让用户留下来？

留存的第一个标志是关注，留存的另一个标志是用户持续增长，也就是老用户的流失速度小于新用户的增长速度。你可以利用"定位与人设"这一节中的技巧，锁定目标用户；你也可以重温"用户与增长"这一节，理解拉新和留存的关键；"意义"这一节帮你在内容中传递情感，既带来更广泛的用户关注，也带来更深度的用户认同。

·**变现：怎么让用户消费？**

"好物种草"这一节，专门指向了这个问题，帮你用内容调动用户消费决策的"潜意识"，从消费心理的角度，剖析了用户产生消费行为的原因，你可以回过头去复习。

·**传播：怎么让用户和其他人进行分享？**

再传播有可能带来流量的指数式增长，而在社交媒体上，能够引发用户分享并进行再传播的内容，一定具备某些社交价值。这种价值可能来自你的定位与人设，也可能来自你账号的品牌价值，你可以重温"个人 IP"一节，用营销学理念建设自媒体品牌。

你会发现，这个爆款内容流量漏斗模型好像一个自媒体内容的底层逻辑，串联了我们的内容原理在每一个层级的应用。一个好的增长漏斗，应该是流量平缓减少的，如果你的流量漏斗在某一层出现了骤然下降，那你就需要回过头去检查一下，到底是哪里出了问题。

二、其他类型的流量

一个健康的自媒体账号，流量的来源不止爆款内容，流量还来自与爆款内容相关联的内容，甚至来自非爆款内容，这些流量积少成多，也为账号的用户增长作了贡献。主要有以下几种流量。

1. 瞬时流量

瞬时流量就是内容发布后较短时间内（1小时、6小时、24小时等）的流量，这部分流量通常来自平台的推荐流，甚至是平台为了测试用户反馈设置的冷启动流量。在你的内容发布的瞬间，平台就根据你的标签，将内容分发给部分用户，倘若内容的数据指标优质，平台会推荐到更高的流量层级。

请务必重视瞬时流量，在发布初期密切关注内容的数据表现，做相应的调整。你可以通过重温"算法原理"和"数据思维"这两个章节来做出调整。

2. 长尾流量

所谓长尾流量，可以理解为在较长时间内，比如一天后，甚至一周、一个月、一年后，自媒体内容还有一些流量，播放、互动等数据持续增长。

长尾流量最大的来源，是用户的主动搜索。也就是用户在社交媒体平台的搜索框内输入特定主题、话题、内容等进行搜索，这种意向明确的动作，带来的新增关注是更加精准的粉丝。这里涉及的方法，与互联网中的搜索引擎优化技巧相仿，这里我帮你简化一下，总结一些适用于自媒体人的方法。

第一是注重话题选择。在发布内容时，选择平台的话题标签，选择一些作品量、播放量很高且与内容有相关度的话题，作为发布文案的插件，可以借由话题带来额外的流量。

第二是预埋关键词。在撰写发布文案的时候，你可以有意识地植入用户所关注的关键词，也就是站在需求方的视角设置关键词，这样，用户在搜索的时候，这些关键词会为我们的短视频带来不错的长尾流量。

第三是积极参与官方活动。各个平台都会通过"创作活动"等，鼓励和支持创作者参与，将流量集中分配。在热度比较高的平台活动标签下有极大的流量，踩准的话，后续流量会有持续增长。

第四是注意利用热点的返潮流量。自媒体中存在一种内容类型，拥有多次获得流量的能力，那就是周期性热点。比如说节日、纪念日，如果你拥有这样一条爆款内容，那么当下一次节日或纪念日来临的时候，你的内容就有可能再次获得流量。还有一类是反映一段时间内人们的普遍情绪，比如近两年很火的人工智能、反内卷等，当这样的情绪再次被触发，你的相关内容也就有可能再次获得流量。

还有少部分长尾流量来自你的社交媒体账号主页，近似于"私域"。它指的是关注你的用户或对你有兴趣的用户进入主页后，被简介、置顶作品、作品封面等吸引，进行点击，体现了用户对你很感兴趣。

为了提高这部分流量，一方面，需要提高主页浏览量，比如在一条内容中展示自己能给用户带来的持续价值，吸引用户来到主页查看你的其他内容；另一方面，就是注重主页给用户的观感，比如说简介、置顶内容或者封面是否能激发用户点击的欲望。

主页流量里有一个额外的延伸点，就是来自合集的流量，如今各个平台都推出了合集管理的功能，本质上是在帮助你筛选用户，当用户对你的某条内容感兴趣，大概率也会对同类别的其他内容感兴趣，而当你用专栏管理的方式将同类型的内容归纳到一起，用户就有可能通过点进合集浏览其他作品，带来额外的流量。

三、投放

理解了爆款内容流量漏斗模型，以及持续更长时间的长尾流量后，下面我们来聊聊一个**直接获取流量的手段——投放**。

如今各个社交媒体平台都有自己的投放工具，平台也希望创作者用投放来提高活跃度，并增加平台营收。这里我们拿功能最为完备的抖音平台投放工具抖加作为主要例子，这部分的投放原理也同样适用于各个平台的其他投放工具，例如小红书的薯条、视频号平台的微信豆加热等。

这里需要强调一下，投放起到的是锦上添花的作用，关键还是要在内容上下功夫，如果内容不行，即使有投放让你的内容进入下一个流量池，也无法获得有效增长。

所以说，一切投放工具都仅仅是杠杆，真正的核心仍旧是内容。

这里我帮你总结了几个投放的基本原则，帮你找准策略。更具体的投放技巧建议你查看平台的创作者中心学习。

1. 投放前期需要重点关注账号标签

首先，你需要选择正确的**对标账号**，选择标准首先是与你所在领域类似，或者目标受众与你设定的目标用户类似；其次是当你选择**对标达人**时，达人的粉丝量不宜过高，粉丝量过高的账号会有大量的泛用户，不利于账号早期的精准定位，因此你可以选 10 个左右的 3 万~10 万粉丝量的同行账号投"达人对标"。

以抖加为例，每条视频投抖加结束后，在评估效果时，抖音后台都会有一个"兴趣分布"的标签，而且投的作品可能每条产生的标签都不一样。这个时候，你把每一条作品的"兴趣分布"记录下来，然后把这些重叠的标签选出来，确定这些标签是否与你预设的内容标签一致，如果不一致，就说明标签打歪了，你需要回到第一步重新定位。

接着，你就可以选择**赞播比最高**的视频进行复投，按照之前总结的重叠的兴趣标签进行投放。

2. 投放中期需要注意数据分析与监测

当账号的标签和用户群已经足够稳定的时候，你就可以选择"智能投放"。很多时候，机器比你更了解自己，你要做的，就是在每次投放结果产出后，进行人群分析，注意数据分析，确保没有投歪。

一个好的投放必须针对目标用户进行精准的定位。在抖音里，你可以通过选择人口统计、地理位置、兴趣、行为等来设定你的目标受众，也可以通过达人相似，选择与自己目标受众类似的达人进行投放，这样可以保证你的内容只被真正对你的内容或服务有兴趣的人看到，最大化效果。

而如果你选择的人群过于精准，就会出现两种可能：第一种可能，系统没有找到符合你投放定位的目标人群，导致流量跑不出去。第二种可能就是系统把你的流量推歪了。

一旦你在投放中发现这个问题，立即停止，不然你的钱很可能就白花了。也许还会有更严重的后果，那就是恰巧这部分用户给了你好的互动反馈，那你的这条作品很可能就把你的账号标签和粉丝画像打乱了，导致账号的定位混乱和错位。

3. 投放后期关注粉丝转化

在账号有一定的粉丝量，且内容播放量相对较稳定的情况下，可选择以增加粉丝量为投放目标。

如果内容数据短时间内在不断爬升，并且千次成交数据高于日常中位值，就可以通过小金额多次叠加投放测试投产比，在投产比为正的情况下不断复投。

如果你的账号本身粉丝量够大，自然流量也不错的话，就可以让自然流量跑一阵子再投，没必要一上来就投，在视频热度开始减弱时再投。如果你的视频正在上热门，可以在推荐流量快结束时跟投抖加。你可以灵活运用抖加，将内容推入下一个流量池。

有很多断更的老号，想要重新激活账号的话，就需要直接投给自己的粉丝了。同时建议视频和之前爆款视频风格保持一致，甚至水准更高，这样才能再次激起你的精准粉丝对你的喜爱。

这一节，我从流量本身出发，带你重新审视如何用内容做到自媒体的用户增长。首先我给你介绍了爆款内容的流量漏斗模型，了解了这个模型，每个漏斗节点都变得清晰，你的内容技巧才可以使在刀刃上。

同时我也介绍了长尾流量的三种来源，它们有的来自爆款内容的关联内容，有的来自非爆款内容，这些流量积少成多，也是不可忽视的增长卡点。

最后我们浅聊了一下投放。在当下的自媒体环境下，社交媒体平台基础建设已经完善，用户增长也见顶，因此投放成为必不可少的自媒体运营动作。但从另一个视角来看，投放也是"加杠杆"的过程，有技巧的投放可以矫正用户，保证账号的健康。

但无论是爆款内容的增长模型，还是获取长尾流量的技巧，抑或是投放工具，统统都搭载在内容的基础上。自媒体终究是一门以内容为核心产品的形态，只有内容过硬，这些流量技巧才有发力点，否则，皮之不存，毛将焉附！

数据思维：做内容，怎么看数据？

"如果你不能量化一件事物，你就无法改进它。"

这是增长黑客圈非常有名的一句格言，改编自管理学大师彼得·格鲁克，今天用在自媒体看数据这件事情上也恰如其分。以往我们能得到的有关内容的反馈基本是主观的，但是社交媒体的互动性与平台提供的工具，让反馈变得可以量化且可以改进。

通过看数据，我们不仅可以改进内容，也就是通过数据指标锁定内容的优化点，有针对性地去提升；还可以改进目标用户，也就是通过一些反映用户属性的数据来判断用户的数量、质量及增长走向。

前面说过我曾经在一家大型内容互联网公司负责用户增长多年，从平台角度为内容设置观测指标、根据业务发展调整数据目标排序、为用户增长和健康度设置关键数据，也参与了整个公司北极星指标的设立。

今天我会转换视角，站在自媒体运营者的角度，梳理要做好一个自媒体账号该如何看数据，希望帮你掌握关键要点，获得具体实操方法，带你走出数据迷宫，高效指导你改进内容，获取目标用户。

我会分为两部分来讲解。

第一部分，我会带你理解"社交媒体数据指标体系"，学习它的定义、分类和分析方法。倘若不了解这些，一头扎进具体的数据中，往往事倍功半——因为不同的自媒体阶段，指标体系的权重和优化点也全然不同，离开目标谈数据，就是无稽之谈。

第二部分，我会结合"爆款内容流量漏斗模型"的每一个节点的观测数据，介绍目前几个主流的社交媒体平台的重要观测数据，总结出不同平台的数据观测和分析方法。

一、社交媒体数据指标体系的 3 个特征

首先，我们来理解什么是"社交媒体数据指标体系"。

当你打开你的自媒体账号后台，你就会看到平台为你呈现的指标体系：它是指平台帮你呈现的，可以准确反映内容、用户与营收等特点的多个指标，并根据指标间的联系形成有机组合。

这个指标体系有以下三个特征。

第一个特征，指标体系具备目标意义。

所有指标体系都是为目标而设计的。指标体系的设计应服从于目标，并为目标服务，没有目标的指标体系是没有必要存在的。

自媒体后台的数据，首先展示出平台的运营目标，也就是平台

希望创作者们提升内容的什么部分，达成什么指标。例如，抖音在粉丝基础上推出的"铁粉"指标，显示出平台对用户忠诚和活跃的重视；在完播率基础上细化拆分出 2 秒跳出、5 秒完播和整体完播，体现出平台对用户使用时长的目标。

理解指标背后的平台潜台词非常重要，可以避免两个误区：要么追求面面俱到，企图将所有数据指标都提升，陷入数据焦虑；要么对数据变化透露出的平台导向过分紧张，在某个指标上钻牛角尖，陷入不考虑自己的目标而纯粹为平台打工的困局。

社交媒体指标体系更重要的意义，是设计你自己的目标。作为自媒体运营者，需要根据不同阶段的目标来进行数据分析。

先别急，后面我会重点展开讲这个部分。

第二个特征，指标体系逻辑完整和自洽。你可以观察自媒体后台的数据，它们都具有相互独立、无重复等特征。这也是数据可以准确反映内容与用户情况的基础。

第三个特征，指标体系按照不同的分类方式可以分为规模类、质量类和营收类。这是从一个自媒体账号的完整生命周期维度设置的指标。

规模类指标用来体现账号在平台的排位，以及与竞争对手的距离，包括阅读量或播放量、粉丝数、总赞藏量、内容规模、收入规模等。

质量类指标用来体现用户对于内容的黏性和忠诚度，即内容是否能够持续吸引目标用户，通常包括点赞率、互动率、完播/完读率、浏览时长、关注率等，甚至还包括辅助判断的目标用户画像等相关数据，例如机型占比、居住城市占比、年龄与性别分布等。

营收类指标用来体现账号的变现和收入能力，即用户是否有意愿为你的内容导购的产品或服务付费，通常包括销售额、购买转化率、复购率等。

二、不同阶段的数据策略

了解社交媒体数据指标体系的三个特点，最重要的作用是帮你建立一个"数据策略"，帮助你从不同的自媒体阶段出发，设置重点观测指标和优化目标。

1. 做账号初期

首先，我们来看**做账号初期**应该如何看数据。初期一般指建立账号的早期，人设尚未完全确立或稳定，内容也没有形成规模，目标用户暂不清晰，它们之间的匹配度尚未得到验证。此时，**账号的核心目标是：验证定位**，既验证内容定位是否被算法有效识别，所谓"打上标签"，也验证用户定位，即内容与附属的人设，是否得到预设目标用户的接受和喜爱。要观测到有效的质量指标，当然需要一定的基础流量，可以采用适当的"定向"投放来撬动，例如抖音的抖加、小红书的薯条等。这个阶段忌讳迷恋虚荣指标，例如纯粹追求阅读量或播放量、总粉丝数或总销售额（如果一开始就商业化）。通过质量指标的观测与提升，可以不断优化内容和用户的匹配度，带领账号走出新手期。

2. 稳定期

第二个阶段是稳定期，指内容和用户都得到了验证，短期内不准备变更主要内容类型与预设目标用户的时期。此时，**自媒体的核心目标是：寻求用户增长**，也就是涨粉。这个阶段的看数据重点是规模类指标，就是刚才提及的阅读量或播放量、粉丝数、总赞藏量、内容规模等。此时可以通过复制已验证的爆款内容模式增加发布量、增加投放预算扩充播放量或阅读量、进行粉丝增长类的投放等。这些动作匹配"账号提升在平台中的排位的阶段目标"，也就是增加账号权重。

3. 变现期

第三个阶段是变现期，在稳定期基础上，增加了变现类内容。此时的**核心目标有两个：保持增长并验证商业模式，追求商业价值最大化**。因此这个阶段的看数据重点是营收类指标，也就是刚才提及的销售额、购买转化率、复购率、下单量等。

请注意，这里帮你梳理的是"阶段重点"，但在你的实操过程中，特别是进入稳定运营和商业化变现阶段，质量指标、规模指标与营收指标，都是要兼顾的。

三、通过数据指标监测流量健康度

接下来，我们一起来了解一下，如何从数据角度保持内容的流量健康。

在"爆款迷思"一节中，我介绍了"爆款内容流量漏斗模型"，这个模型层层递进，演示了一条内容像流量先锋，冲进平台算法设置的流量池，获取用户的互动，最终带回一些对你感兴趣的用户，沉淀在你的账号内，成为粉丝的整个过程。这个模型也关乎你的自媒体账号的健康，你需要密切关注每一层漏斗是否都平缓下降而不出现断崖式下滑。

那么如何通过数据指标监测这个横向的漏斗模型呢？

下面我们一层一层来拆解：

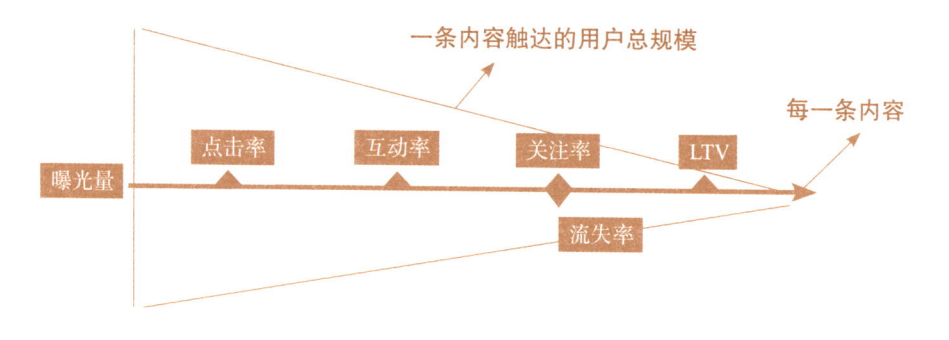

流量漏斗模型图

1. 曝光量

何为"曝光量"？你可以理解为平台"分配"给内容的流量，也就是你的内容被展现给了多少用户。大多数平台，曝光量的总和都是一个黑盒。但你可以观测到总曝光量的局部来做到心中有数。例如抖音一条内容的部分曝光量等于播放量（但并非全部）；视频号同理；而小红书则可以通过投放薯条获取部分曝光量。

完全弄清楚曝光量的具体数量意义不大，但心中有曝光量的概念，尽可能提升这个总量，是你的数据优化方向。提高曝光量，可以关注以下三个要点。

· **你需要关注所有流量入口。**

用户是从不同流量入口看到你的内容的，包括首页推荐、搜索、转发、关注推送等，因此你需要运营和重视每一个流量入口，从每个流量入口来的用户，看到的内容都是稳定且一致的。

· **曝光量与内容的互动量强相关。**

关注和提升"质量指标"，也就是关注点赞、评论、转发、收藏等数据，利于形成良性循环。

· **曝光量也与账号权重有关。**

我在"算法原理"那一节中提及，平台算法会根据账号的粉丝量、持续度、健康度等指标来判断是不是一个可持续的优质品牌，因而决定了推送流量的权重也不同。

2. 点击率

点击率（CTR），也就是内容的被点击次数与被展现次数的比值。

随着内容被展示，产生点击的用户只有一部分，因而用户规模呈现出了漏斗状。

在内容运营中，点击率是重要的指标，代表了内容的质量以及受欢迎程度。

影响点击率的重要因素是匹配率，也就是你的内容与用户属性之间的匹配度。如果内容与目标用户人群不匹配，也就是你的目标用户对你的内容不感兴趣，点击率肯定低。在实操中，如果点击率低，则需要根据不同平台的特点，具体分析是内容的哪一部分与目标用户人群不匹配。比如小红书，决定用户是否点击的是封面和标题，如果点击率低，就需要根据目标用户画像调整封面和标题的内容；而公众号，决定用户是否点击的要素是标题，如果点击率低，则需要优化标题。

3. 互动率

互动率即互动量与点击量之间的比值。互动，我们很熟悉，点赞、评论、收藏、转发都是互动的组成部分，但只有部分用户会产生互动，因而产生了一个新的漏斗节点数据——互动率。

互动率越高，你的内容越容易被平台判定为优质内容，权重提升，会获得平台更多的曝光量。

关于如何提高互动，我在"互动"那一节中详细介绍了方法，在这里就不再具体展开。

4. 关注率

关注率指的是一条内容的关注量与点击量（播放量）的比值。

这个数值高，一般代表着你的内容受到了目标用户的喜爱，且让用户感觉有长期价值。同时，用户理解了你的人设，或认可了你的个人魅力，对你进行了关注。

关注率是衡量你的账号健康度的一个重要指标，帮你从虚荣指标中脱身。我们经常会看到有博主生产了一条百万点赞的爆款视频，但粉丝增长量却不匹配。这有两种可能：内容与定位和人设不直接相关，爆款是无意中"撞出来的"；内容缺乏"人格属性"，仅仅具备工具价值和围观价值，无法带来较多关注。关注率的提升，建议你结合"定位与人设""用户与增长""个人IP"这几节来学习，核心要点就一个：强化内容、人设、品牌与用户的"四位一体"匹配度，在这个范围内追求爆款。

5. 用户流失率

用户流失率，与前者相对，指的是一条内容带来的流失用户与点击量（播放量）的比值。

这个数据过高，意味着这条内容对老用户来说吸引力不足。如果流失用户大于新增用户，说明内容的留存能力差，长此以往，用户池子可能都要干涸了，账号会进入不健康状态。

提升用户留存率，需要观测关注率和流失率，提高关注率的同时减少用户流失，才能保证大量的用户留存。这个数据指标如何提升，需要结合"用户思维"那一节来学习：内容不仅要对新用户友好，有拉新效应，也要兼顾老用户，有留存能力。

6. 用户价值

流量漏斗模型需要关注的第六个数据是LTV，也就是用户价值。

这个数据的意思是你的付费用户在某个周期内为你带来的商业价值。

观测这个数据有一个前提：你的账号已经商业化，并可以计算用户产生的价值。

这个数据是流量漏斗模型的最后一环，而且是最核心的一环，因为当用户产生的商业价值大于成本时，你的账号才可以持续发展。

这就需要你根据自己的商业模式，拆解与监测一段时间的投入与产出，保证投产比为正。

以上就是流量漏斗模型需要关注的六个数据，六个数据从内容出发，串联了用户、账号权重和商业价值，是你发布每一条内容，每隔一个周期都需要密切关注和复盘的。它们是你的账号得以健康持续的基础模型，指引你调整方向和不断迭代。

四、主流平台的关注数据

那么在本章节的最后一部分，我来介绍一下目前几个主流的社交媒体平台及需要格外关注的数据。这里特别强调需要格外关注，也就是说之前我们介绍的数据指标和模型都要兼顾，因为平台属性不同，在此基础上还需要特别关注的数据。

1. 抖音

第一个平台是抖音。在这个平台，你需要格外关注 2 秒跳出率和 5 秒完播率。

2 秒跳出率，指的是视频播放前 2 秒，播放用户中有多少用户划走了。此数据越低说明 2 秒跳出的用户越少。

2 秒，是用户刷视频时手指响应的平均速度，其实也就代表着用户第一眼看到你的内容有没有被吸引。短短 2 秒，用户能看到什么呢？它可能是一个极具吸引力的话题，也可能是一瞬间呈现给用户的氛围。

因此，影响 2 秒跳出率的主要是以下两个要素。

一是选题，也就是你在开头抛出的整个内容的核心主题。

二是 2 秒内视频的信息，包括画面、音效、氛围和辅助信息，信息量越高，2 秒跳出率越低。

这也是降低 2 秒跳出率的两个关键优化点。

而 5 秒完播率，就是视频前 5 秒播放人数与总播放人数的比值。

影响 5 秒完播率的最重要因素是开头，更像是视频的"先导片"或"试看版"，在实操过程中，如果你发现自己的 5 秒完播率低，那么你可以对照"开头"那一节给到的技巧，去优化自己的开头。

在抖音平台，我们还需要特别关注铁粉率，也就是说"铁粉用户"在粉丝总量中的占比。

抖音对于"铁粉"的说明是"大力支持你的粉丝，他们长期喜爱你的作品，其完播、互动数据远高于平均水平"，但具体以什么标准去界定，抖音官方还未公布相关数据。

在抖音的官方说明中，提到两则讯息：

一是抖音会增加你的视频在你铁粉中的曝光量，让你的视频流量更加稳定。

二是核心粉丝的变现价值大：铁粉在整体粉丝中的占比很低，

但抖音中一半以上的付费行为是由铁粉做出的，其付费率是其他人的 6 倍以上。

铁粉机制的推出，也带来内容创作逻辑的改变。很多自媒体人通过不断复刻自己的爆款内容反复触达平台上的用户，带来粉丝量的增长。但是在铁粉机制推出后，同样的内容会令老用户反感，若铁粉不产生互动，就无法撬动更大的流量，自然也无法完成拉新。

因此，我们需要特别关注自己的铁粉数量、占比以及触达率，也就是关注核心老用户的留存，内容推陈的同时需要不断出新。

2. 小红书

第二个平台是小红书。在小红书中，点击率定生死。

在爆款内容流量漏斗模型中我们了解到，所谓点击率，也就是内容被点击次数与被展现次数的比值。

由于小红书的分发逻辑，只有用户点击进入了你的内容，才算是真正意义上的内容被看到。那么如何提升点击率呢？

影响小红书点击率的第一个要素是封面与标题。在小红书中我们经常会看到，两条内容所讲述的话题和内容都差不多，但是数据有很大差异，这通常就是由封面的差异导致的。在优化封面时，你可以运用"标题与金句"那一节中我为你介绍的方法，将标题用清晰的文字展现在封面上。

当然，在这种点击率定生死的逻辑下，会滋生大量的标题党和哗众取宠的封面。我仍旧不建议采用这种"蒙骗算法"的方式获取流量。回顾我们的流量漏斗模型，如果空有点击率，而用户的互动率、关注率甚至与账号商业模式匹配的用户终身价值都有瑕疵，也无法支撑一个新媒体账号长期健康发展。

3. 视频号

下一个平台是视频号。视频号我们需要额外关注的一个重要数据是播放量。

不同于抖音几乎全部依赖平台推送的流量，视频号所处的微信生态，有多个不同的流量入口，而不同的流量入口的影响因素也各不相同。

第一个流量入口是视频号主页推送，这个入口和抖音相似，视频直接开始播放，因此你的开头能否留住用户十分重要。

第二个流量入口是订阅号消息推送，在这里，用户看到的是你的封面和标题，内容的这两个部分是吸引用户、提高播放量的关键。

第三个流量入口是转发至聊天框或朋友圈，在这里，用户看到的是你的封面，因此在这个流量入口提高播放的关键，就是你的封面。

需要注意的是，由于微信平台的特点，转发至朋友圈或聊天框会带来指数式的曝光增长，因此需要特别关注第三个流量入口，也就是转发。要想获得更多转发，你的内容要具有"社交价值"，可以参考"互动"一节中有关提升转发的实用技巧。有时你会发现自己的转发量并不低，但是播放量却没有很明显增长，这就说明你的封面可能出了问题，看过内容的人赞同你的内容价值观，并进行了转发这个动作，但是因为封面不吸引人，在朋友圈或聊天中看到这个内容的人，并没有兴趣点入。

4. 公众号

最后来到公众号。在公众号上，我们需要重点关注的数据是阅读量。

公众号的阅读量也有不同的流量入口。

第一个流量入口是订阅号消息，在这个流量入口，用户看到的是你的封面+标题。

第二个流量入口是转发至朋友圈或聊天框，在这个流量入口，用户看到的是你的标题、导言和小封面。

你需要尤其关注第二个流量入口。在过去几年，一些现象级的公众号爆款文章，无一不是击中了人们的共鸣点，引起大量转发，因而带来了阅读量的指数式增长。

因此，当公众号内容的阅读量过低时，你就需要反思，封面、标题、导言，是哪个方面出了问题，并按照我在之前章节中为你总结的方法和技巧进行优化。

这一节，我为你介绍了自媒体人必须了解的"数据"，帮你理解数据指标的全貌与需要重点关注的数据，战胜"数据焦虑"。

同时你会发现，这些看数据技巧仍旧延续了我们整本书的主旨：建立思维和逻辑，比一头扎进具体事项更重要。

致谢

首先我想先感谢这本书的读者，也就是你。在这个注意力稀缺的时代，谢谢你付出了时间、精力，愿意跟随我一起度过一段阅读之旅。

同时，我也想向你介绍一下这本书从诞生到出版过程中提供帮助的几位朋友，谢谢他们在专业、知识、洞见与情感方面给予我动力。

感谢北京大学新闻与传播学院教授胡泳老师，作家、《三联生活周刊》资深媒体人苗炜先生，新媒体品牌"新世相"创始人张伟先生，作家、商业访谈品牌《详谈》主理人李翔先生。他们都为本书写了推荐语，对我有许多溢美之词，使我获得了鼓励和情绪满足。他们都是媒体行业的卓越实践者，曾经参与塑造了中国商业化媒体黄金时代，在社交媒体繁荣时更新迭代了新的内容品牌，既获得了尊敬也收获了影响力。他们各自的内容探索旅程，启发了本书的核心理念：永恒的内容原理可以跨越时代。他们的成就也激励了包括我在内的内容从业者，尊重常识、追求智慧和向往审美，是媒体亘古不变的价值。

我要感谢本书的策划编辑张璞玉女士和运营方蓉女士，她们在本书策划、撰写和发行过程中倾注了热情与心血，可以说操碎了心。不论是我天马行空，还是陷入低谷止步不前时，她们能够将我拉回到正确的轨道，使这本书得以顺利出版。

最后我还要感谢文海晶女士、林密女士和李翔先生（就是前面感谢过一遍的那位），他们作为我多年的老友，生活中的陪伴者，以及从未间断的情感交流与智力谈话对象，帮助我保持了一个写作者的敏锐和健康的生活方式。

于困困

2025 年 1 月 28 日于北京

附 录
参考书单

《定位》[美]杰克·特劳特、艾·里斯(《Positioning: The Battle for Your Mind》Jack Trout, AI Ries)

《引爆用户增长》黄天文

《营销管理》[美]菲利普·科特勒、凯文·莱恩·凯勒(《Marketing Management》Philip Kotler, Kevin Lane Keller)

《人物与视角》[美]奥森·斯科特·卡德(《Characters & Viewpoint》Orson Scott Card)

《经典人物原型45种》[美]维多利亚·林恩·施密特(《45 Master Characters:Mythic Models for Creating Original Characters》Victoria Lynn Schmidt)

《故事》[美]罗伯特·麦基(《Story:Substance,Structure,Style,and tihe Principles of Screenwriting》Robert McKee)

《人物》[美]罗伯特·麦基(《Character: The Art of Role and Cast Design for Page, Stage, and Screen》Robert McKee)

《对白》[美]罗伯特·麦基(《Dialogue: The Art of Verbal Action for Page, Stage,and Screen》Robert McKee)

《故事写作大师班》[美]约翰·特鲁比（《The Anatomy of Story: 22 Steps to Becoming a Master Storyteller》John Truby）

《故事处方》[美]丹提·W. 摩尔（《The Story Cure: A Book Doctor's Pain-free Guide to Finishing Your Novel or Memoir》Dinty W. Moore）

《救猫咪》[美]布莱克·斯奈德（《Save the Cat！The Last Book on Screenwriting That You'll Ever Need》Blake Snyder）

《小说的骨架》[美]凯蒂·维兰德（《Outlining Your Novel: Map Your Way to Success》K. M. Weiland）

《创意写作大师课》[美]于尔根·沃尔夫（《Your Creative Writing Masterclass》Jurgen Wolff）

《小说机杼》[英]詹姆斯·伍德（《How Fiction Works》James Wood）

《写作这回事》[美]斯蒂芬·金（《On Writing: A Memoir of the Craft》Stephen King）

《从生活到小说》[美]罗宾·赫姆利（《Turning Life into Fiction》Robin Hemley）

《小说创作谈》[美]大卫·姚斯（《On Writing Fiction: Rethinking Conventional Wisdom about the Craft》David Jauss）

《开始写吧！》[美]雪莉·艾利斯（《Now Write!: Fiction Writing Exercises from Today's Best Writers and Teachers》Sherry Ellis）

《冲突与悬念》[美]詹姆斯·斯科特·贝尔（《Conflict &

Suspense:Elements of Fiction Writing》James Scott Bell）

《从创意到畅销书》[美] 詹姆斯·斯科特·贝尔（《Revision and Self-Editing for Publication: Techniques for Transforming Your First Draft into a Novel That Sells》James Scott Bell）

《畅销作家写作全技巧》[日] 大泽在昌（《売れる作家の全技術》Arimasa Osawa）

《哈佛非虚构写作课》[美] 马克·克雷默、温迪·考尔（《Telling True Stories: A Nonfiction Writers' Guide from the Nieman Foundation at Harvard University》Mark Kramer, Wendy Call）

《电影化叙事》[美] 詹尼弗·范茜秋（《Cinematic Storytelling: The 100 Most Powerful Film Conventions Every Filmmaker Must Know》Jennifer Van Sijll ）

《思考，快与慢》[美] 丹尼尔·卡尼曼（《Thinking, Fast and Slow》Daniel Kahneman）

《自我与面具》[美] 玛丽·卡尔（《The Art of Memoir》Mary Karr ）

《帕拉尼克谈写作》[美] 恰克·帕拉尼克（《Consider This: Moments in My Writing Life After Which Everything Was Different》Chuck Palahniuk）

《文案训练手册》[美] 约瑟夫·休格曼（《The Adweek Copywriting Handbook》Joseph Sugarman）

《一个广告人的自白》[美] 大卫·奥格威（《Confessions of an Advertising Man》David Ogilvy ）

《广告文案》乐剑峰

《超文案》朱冰

《我们在为什么样的广告买单》[英]罗伯特·希思（《Seducing the Subconscious: The Psychology of Emotional Influence in Advertising》Robert Heath）

《李诞脱口秀工作手册》李诞

《英美小说叙事理论研究》申丹、韩加明、王丽亚

《毛姆谈写作》[英]威廉·萨默塞特·毛姆

《我为什么要写作》[英]乔治·奥威尔（《Why I Write》George Orwell）

《疯传》[美]乔纳·伯杰（《Contagious: Why Things Catch On》Jonah Berger）

《乌合之众》[法]古斯塔夫·勒庞（《The Crowd: A Study of the Popular Mind》Gustave Le Bon）

《内容算法》闫泽华

《信息乌托邦》[美]凯斯·R.桑斯坦（《Infotopia: How Many Minds Produce Knowledge》Cass R. Sunstein》

《增长黑客》[美]肖恩·埃利斯、摩根·布朗（《Hacking Growth: How Today's Fastest-Growing Companies Drive Breakout Success》Sean Ellis, Morgan Brown）